John Butler/Frank M. Scheelen

Managementkompetenz –
der Weg zum erfolgreichen Unternehmer

John Butler/Frank M. Scheelen

Managementkompetenz – der Weg zum erfolgreichen Unternehmer

Potenziale nutzen, Synergien schaffen, Kernkompetenzen optimieren

Aus dem Englischen übersetzt von
Heike Schlatterer und Karin Miedler

Die Deutsche Bibliothek – CIP-Einheitsaufnahme

Butler, John:
Managementkompetenz – der Weg zum erfolgreichen Unternehmer : Potenziale nutzen, Synergien schaffen, Kernkompetenzen optimieren / John Butler/Frank M. Scheelen. Aus dem Englischen übers. von Heike Schlatterer und Karin Miedler. – Landsberg/Lech : mi, Verl. Moderne industrie, 2000
Einheitssacht.: Successful entrepreneurial management <dt.>
ISBN 3-478-38500-8

© 2000 verlag moderne industrie, 86895 Landsberg/Lech
Internet: http://www.mi-verlag.de

Titel der irischen Originalausgabe: Successful Entrepreneurial Management

Umschlaggestaltung: Vierthaler & Braun, München
Satz: Fotosatz Reinhard Amann, Aichstetten
Druck: Himmer, Augsburg
Bindearbeiten: Thomas, Augsburg
Printed in Germany 380 500/090001
ISBN 3-478-38500-8

Inhaltsverzeichnis

Einleitung

In den vergangenen zehn Jahren arbeitete ich als Berater und Mentor für mehrere tausend Firmenbesitzer und Unternehmer. Ich sah ihnen in die Augen, hörte mir ihre Geschichte an und hinterfragte ihre Motive und Handlungen. Bei der Beratung und beim Coaching stellte ich fest, dass die Geschichten bei 80 % meiner erfolgreicheren Kunden eine enorme Ähnlichkeit aufwiesen.

Zuerst gaben mir alle Klienten ein Sammelsurium an Informationen, bei denen ich keine besonderen Gemeinsamkeiten feststellen konnte. Dann aber erkannte ich bei jedem bestimmte Verhaltensmuster, Einstellungen und einen besonderen Stil. Je deutlicher diese Gemeinsamkeit zu Tage trat, desto entschlossener war ich, das „Geheimnis" des unternehmerischen Erfolgs zu entschlüsseln.

Zu der Zeit war ich an verschiedenen Projekten zum Thema Management und Organisationsentwicklung mit zahlreichen professionellen Managern beteiligt, die Teams führten oder Unternehmen und Organisationen führen. Ich stellte fest, dass einige der Ansicht sind, für das Management sei man geboren. Die Mehrheit versucht jedoch oft erfolglos, Management als Wissenschaft zu betreiben und als Fähigkeit auszuüben. Nur eine kleine Elite weiß, dass professionelles Management eine Mischung aus angeborenen Fähigkeiten, erlernten Kompetenzen und einer reifen mentalen Einstellung ist.

Wenn nur...

Wenn sich der Unternehmer und der professionelle Manager gegenüberstehen, spielen sie das „Wenn-nur"-Spiel. Der Manager erklärt: „Wenn ich nur die Fesseln der Unternehmensbürokratie abschütteln könnte, würde ich mein enormes Potenzial mit Leichtigkeit ausschöpfen. Ich will Risiken eingehen und Neues ausprobieren, aber das System, in dem ich mich befinde, schränkt mich zu sehr ein." Der Unternehmer sagt: „Wenn ich nur die Fähigkeiten eines professionellen Managers hätte, würde ich mein Unternehmen disziplinierter, effektiver und mit einer stromlinienförmigeren Management-struktur planen, organisieren, führen und kontrollieren."

Meiner Meinung nach will die Hälfte aller Manager und Führungskräfte in Wirklichkeit Unternehmer sein. Außerdem glaube ich, dass die Hälfte aller Geschäftsinhaber und Unternehmer wünscht, sie könnten den „echten" Managern etwas von deren Professionalität abschauen. Ich behaupte, dass Unternehmer und Manager sehr viel voneinander lernen können. Sie müssen nur den unternehmerischen Geist des Managements, die Ethik und Methodik annehmen.

Manager legen sich selbst mentale, psychologische und reale Beschränkungen auf. Die häufigsten Beschränkungen sind mentaler Natur. Das Glaubenssystem der Manager unterscheidet sich von dem der Unternehmer. Ihr Bedürfnis nach Stabilität, Struktur und Sicherheit ist genau das Gegenteil vom Credo eines Unternehmers. Manager sind darauf konditioniert, Aufgaben auf eine bestimmte Weise zu erledigen. Sie stehen zwei Herausforderungen gegenüber: zum einen aus ihrer eigenen mentalen Komfortzone auszubrechen, zum anderen, mit den Einschränkungen in ihrem Unternehmen umzugehen.

Der Unternehmer dagegen besitzt mehr Freiheit und ist nicht so vielen organisatorischen Zwängen ausgesetzt.

Nur wenige Menschen verstehen, was einen Unternehmer motiviert. Viele denken, er werde nur von Geld, Gier oder Eigeninteresse getrieben. Sie verstehen nicht, dass Unternehmer eine „spirituelle Einsamkeit" besitzen. Das bedeutet jedoch nicht, dass Unternehmer Einzelgänger oder einsam sind. Sie sind besessen von ihrem Ziel, der Leidenschaft ihres Lebens. Ein Laie denkt, dass sich bestimmte Persönlichkeiten besser als Unternehmer eignen. Das ist Nonsens. Die unternehmerische Leidenschaft ist stärker als die Persönlichkeit, weil sich das stärkere Gefühl und der stärkere Trieb letztendlich immer durchsetzen. Meiner Ansicht nach sind Unternehmer süchtig danach, ihr Potenzial sinnvoll anzuwenden.

Mitgefangene

Alle Unternehmer sind in zweierlei Hinsicht frustriert. Zum einen versuchen sie, diese Frustrationen zu erklären, und zum anderen suchen sie stets Kontakt zu jemandem, der sie wirklich versteht. Zu diesen Frustrationen kommt noch hinzu, dass Unternehmer, die andere Unternehmer treffen, Probleme haben, ihr Dilemma in Worte zu fassen. Dennoch können sie es bei einem anderen Unternehmer erkennen, spüren und sogar fühlen. Sie sind Gefangene ihres eigenen unternehmerischen Lebenswegs.

Nur selten trifft ein Unternehmer Gleichgesinnte, die seine innere Unruhe verstehen. Für den Unternehmer besteht der wahre Kampf darin, mit jemandem Kontakt aufzunehmen, der diese Gefühle und seine Lebensform versteht.

Im Wörterbuch wird ein Unternehmer definiert als „jemand, der ein Unternehmen organisiert und leitet und Risiken in der Hoffnung auf Gewinn auf sich nimmt." Das persönliche Risiko und das Motiv des Profits unterscheiden den Unternehmer von den Managern und Führungskräften, die ihren Aufgaben für ein festes Gehalt nachkommen.

Veränderungen machen Angst

Aufgrund dieses Unterschieds ist es nicht überraschend, dass Unternehmer und Manager ihre Arbeit seit Generationen mit unterschiedlichen Einstellungen angehen. Diese verschiedenen Ansätze konnte man in der Vergangenheit noch hinnehmen. Heute ersetzt die Auswahl die Gewissheit. Die Auswahl macht Angst. Wenn wir den ursprünglichen Unternehmergeist mit den soliden und strukturierten Fähigkeiten eines professionellen Managers kombinieren, erreichen wir eine neue Synergie, die ich als unternehmerisches Management bezeichne. Diese neue Dynamik wirkt sich entscheidend auf den Umgang mit Wahlmöglichkeiten, Veränderungen und der Schaffung von persönlichen und geschäftlichen Vorteilen im 21. Jahrhundert aus.

Manager und Unternehmer auf der ganzen Welt sehen sich widersprüchlichen Anforderungen und Erwartungen, Zwängen und Möglichkeiten ausgesetzt. Die neue Welt ist voller Widersprüche, die in direktem Zusammenhang mit Entwicklungen im Management und in den Unternehmen stehen. Unternehmer sind gefragter als je zuvor. Offenbar treten wir in ein neues Zeitalter ein, in dem die meisten Beschäftigten im Verlauf ihres Berufslebens eine Form der Selbstständigkeit angeboten bekommen. Die Hinweise auf diese Entwicklung hin zur Eigenverantwortung finden sich überall. Sie zeigen sich beim Outsourcing oder neuen Beschäftigungsformen wie Zeitarbeit, Telearbeit und Small-Office/Home-Office (SOHO), bei dem Haushalte als Anbieter und Nachfrager von integrierten Dienstleistungen fungieren.

Kompetenzen im Bereich Management und Arbeitsleistung werden so hoch bewertet wie noch nie zuvor. Verschiedene Beschäftigungsmodelle ersetzen den herkömmlichen „Beruf fürs Leben"! Eine Umfrage des Economic and Social Research Institute (ESRI) zeigt, dass 7 % der Berufstätigen in Teilzeit arbeiten und dass ihre Zahl immer schneller wächst. Etwa 45 % der 65 000 Stellen im Einzelhandel sind Teilzeitarbeitsplätze. Diese Zahl wird sich voraussichtlich noch Anfang des 21. Jahrhunderts auf 75 % erhöhen. Fortschritte in den neuen Technologien und der Telekommunikation ermöglichen dem Einzelnen Freiräume, von denen er bisher nur träumen konnte. Man kann sich dieser Entwicklung nicht entziehen. Anpassungen an eine neue Welt des Individualismus werden unser Leben in unmittelbarer Zukunft dominieren.

Ein neuer Ansatz

Die Wirtschaft wird professionelle Manager brauchen, die über die erforderlichen Fähigkeiten, das Wissen und die richtige Einstellung verfügen, um diese Anpassung erfolgreich zu bewältigen. Die Methoden im Management haben sich im Lauf von 200 Jahren von der industriellen Revolution bis heute entwickelt. Viele Unternehmen, die Probleme haben, verwenden herkömmliche Managementmethoden. Sie fragen sich, warum ihre Unternehmen ins Straucheln gerieten. Aufgrund der schnellen Veränderungen in der heutigen Wirtschaft und Gesellschaft brauchen wir so dringend wie nie zuvor einen neuen Ansatz. Dieses Buch bietet ihn.

Dieses Buch soll Ihre Denkweise infrage stellen und Sie zum Handeln veranlassen, damit Sie sich mit der Mischung aus Management und unternehmerischem Denken zu Ihrem persönlichen und geschäftlichen Vorteil auseinander setzen und sie übernehmen. Nur Sie selbst können dieser Herausforderung Ihren eigenen Stempel aufdrücken. Letztendlich liegt darin Ihre Chance für das unternehmerische Management.

Ebenso wie hervorragende Leistung, Erfolg und Lernen ist auch das unternehmerische Management ein Prozess, bei dem man nie an einem Endpunkt ankommt. Es ist die progressive Entwicklung Ihres Denkens, Ihres Modus Operandi und letztlich der Ergebnisse, die Sie vorweisen.

In diesem Buch werden Sie erfahren, wie Sie die erforderlichen Kompetenzen entwickeln, um ein unternehmerischer Manager zu werden. Viele dieser Kompetenzen kennen Sie bereits als herkömmliche Managementmethoden. Wichtig ist jedoch die Art der Anwendung. Wenn sie auf die herkömmliche Art benutzt werden, ist der Effekt normal oder durchschnittlich. Wenn Sie sie als unternehmerischer Manager anwenden, erzielen Sie damit außergewöhnliche Resultate.

Setzen Sie die herkömmlichen Managementpraktiken nicht herab. Tatsächlich sind nur wenige herkömmliche Prak-

tiken falsch. Viele Manager widersetzen sich Veränderungs-
initativen, klammern sich an alte Denkweisen und orientieren
sich an früheren Erfahrungen („Ein gebranntes Kind scheut
das Feuer"). Ihr begrenztes, lineares Denken hält sie davon
ab, alte Konzepte anzunehmen, die in eine neue Form
gebracht wurden. Warum muss es immer ein Richtig oder
Falsch, Ja oder Nein, Schwarz oder Weiß geben? Es ist gewiss
besser, eine *passende* Antwort zu geben, die auch funktioniert.

Die Werkzeuge Ihres Berufs

Abraham Maslow, der große Vordenker im Bereich der Moti-
vationstheorie, beobachtete einmal seinen dreijährigen Enkel
beim Spielen. Der Dreijährige schlug auf alles in seiner
Reichweite mit seinem neuen Spielzeughammer aus Plastik
ein, den er zum Geburtstag bekommen hatte. Der kluge alte
Maslow erkannte, dass alles wie ein Nagel aussieht, wenn
man als einziges Werkzeug nur einen Hammer hat! Wenn die
Werkzeuge, die man als Manager oder Unternehmer hat, begrenzt sind oder selten gebraucht werden, ist auch ihre Wirkung gering.

Viele Vorstellungen im herkömmlichen Management sind
auf ihre Art hervorragend. Der Grund dafür, dass sie selten
angewandt werden, hat oft mehr mit der mentalen, sogar
moralischen Einstellung zu tun (dem unternehmerischen
Geist!) als mit anderen Faktoren. Es gibt nur wenige wirklich
gute neue Managementfähigkeiten und -konzepte, die nicht
schon seit einigen Jahren bekannt sind. Ob Sie nun also ein
Manager oder ein Unternehmer sind, Sie sollten Ihr Handeln
mit dem unternehmerischen Management neu beleben.

Ich habe das Privileg, mit Menschen zusammenzuarbeiten,
die diesem Profil des vorbildlichen unternehmerischen Managers entsprechen. Bei einigen handelt es sich um Angestellte
mit festem Gehalt, die außerordentliche Prämien erhalten,

weil sie das professionelle Management freier und risikorei-
cher gestalten und mit einem ungeheuren Wachstumspoten-
zial versehen. Andere sind reine Unternehmer, die einst
Pioniere waren und über einen reichen Erfahrungsschatz verfügen, weil sie sich die Fähigkeiten eines professionellen Managers selbst angeeignet haben.

Beide Gruppen haben erkannt, dass Unternehmertum und
Management eine starke Verbindung bilden können. Wie
man diese Synergie erreicht, wird in diesem Buch gezeigt.

Prolog

Eine Gelegenheit, sich zu verändern

Mehr...	Hersteller und Wirtschaftsbosse wollen mehr Absatz, mehr Profit, schnellere Abläufe, effizientere Systeme, eine höhere Produktivität und mehr Output.
Weniger...	Aber sie wollen weniger Zeit investieren, weniger Personal, weniger Geld und weniger Input, um das zu erreichen.
Mehr...	Konsumenten wollen mehr Autos, bessere Fernseher, schnellere Computer, mehr Freizeit, mehr Vergnügungen, die auf den individuellen Geschmack abgestimmt sind.
Weniger...	Aber sie wollen alles anders, neuer und billiger.

Noch nie zuvor hatten Kunden mehr Auswahlmöglichkeiten. Unternehmen standen noch nie vor so vielen Herausforderungen. Die Möglichkeit zum Ausgleich zwischen Auswahl und Herausforderung, zwischen Angebot und Nachfrage, liegt im Wandel. Veränderungen bieten Chancen.

Ein rascher (beschleunigter) Wandel ist nur ein Problem oder eine negative Herausforderung, wenn Ihnen Ihre eigene Einstellung das vorgibt. Ein rascher Wandel bietet nahezu unendlich viele Möglichkeiten und Chancen für Verbesserungen, Wachstum, Innovationen, ein schnelleres Tempo, Einsparungen, Vereinfachungen und vieles mehr.

In den letzten zehn Jahren des 20. Jahrhunderts mussten Manager und Unternehmensführer ihr Denken und ihre Ansätze von den traditionellen Denkweisen und Ansätzen der vergangenen 20 Jahre ableiten.

Der Massenmarkt muss sich auf einen individuellen Markt umstellen. Der Vertrieb hat sich von lokaler zu globaler Zustellung verändert, die Schneckenpost wird durch E-Mail ersetzt, statt Prospekten gibt es Seiten im Internet, aus dem Einkaufsbummel wurde das Tele- oder Computershopping. Die Realität wird durch eine virtuelle Realität ersetzt, mit 3-D-Bildern von Autos, Kleidern, Möbeln und Schmuck, mit denen man auf seinem eigenen Fernseher- oder Computerbildschirm interagieren kann. Kleider und Autos können nach Ihrem Geschmack und Ihren Farbvorstellungen mit holografischen Bildern gestaltet und angepasst werden, bevor Sie alles per E-Mail oder Voice-Mail (indem Sie mit Ihrem PC sprechen) bei einem automatisierten Kaufhaus am anderen Ende der Welt bestellen. Ausgeliefert wird natürlich frei Haus, zu einem Zeitpunkt, den Sie bestimmen, und zu einem Preis, der Ihrem Geldbeutel entspricht, noch am selben Tag oder spätestens am nächsten.

Wie wäre es, wenn Sie eine Flat Screen an jeder Wand Ihres Büros hätten? Wenn Sie an der Flat Screen vorbeigehen, spricht Ihre speziell auf Sie abgestimmte Mentorin mit Ihnen, sagt Ihnen, was Sie heute essen, misst Ihren Puls und teilt Ihnen mit, wo sich Ihr Partner befindet – und das alles nur im Vorbeigehen, ohne dass Sie überhaupt stehen bleiben müssen. Sie (Ihre Mentorin) bietet Ihnen an, die Einkäufe für Sie zu erledigen, wenn Sie kurz stehen bleiben und eine Liste überprüfen, die sie Ihnen auf der Flat Screen an der Wand zeigt oder am Armaturenbrett Ihres Autos, an Ihrer Armbanduhr, Ihrem Handy oder Ihrem Notebook, das mittlerweile nur noch die Größe einer Kreditkarte besitzt. Wenn Sie nicht stehen bleiben wollen, können Sie alles erledigen, wenn Sie an der Flat Screen vorbeigehen oder durch die Tür gehen, Sie können die Liste abhaken, wenn Sie in Ihr Auto steigen; Sie geben Ihren PIN-Code an, bevor Sie Ihre Mentorin bitten, Ihnen Ihre Reiseagentin zu schicken, damit Sie mit ihr Ihre Reisepläne direkt auf der Flat Screen besprechen können. 20 Jahre später brauchen Sie keine Monitore mehr, Sie sehen und übermitteln Ihre Befehle mittels Gedankenübertragung über einen Chip und einen

Monitor, die mit Ihrem Gehirn und Ihren Augen verbunden sind.

Derzeit verändern sich Unternehmenskulturen fast so schnell wie Stimmungen. Sie kaufen ein Auto und haben es am nächsten Tag schon wieder satt? Ersetzen Sie es durch das gleiche Auto in einer anderen Farbe oder stoßen Sie es einfach ab. Und machen Sie sich keine Gedanken über Ihre Schulden bei der Bank. Es gibt immer noch eine andere Bank. Und das Leben ist dazu da, es jetzt zu leben.

Die neunziger Jahre wurden das „Jahrzehnt des Wandels" genannt. Das erste Jahrzehnt des 21. Jahrhunderts wird das „Jahrzehnt der sofortigen Reaktion" werden. In den sechziger Jahren hatten wir den ersten Menschen auf dem Mond; weniger als 50 Jahre später werden wir den ersten Menschen auf dem Mars haben wollen.

Auf der ganzen Welt halten Millionen Menschen zueinander Kontakt über moderne Telekommunikationsmittel wie Internet, Intranet, Extranet, E-Mail, Telekonferenzen und Satellitenfernsehen. Der erste Mensch auf dem Mars ist vielleicht nur noch ein Stück Computersoftware von uns entfernt.

Die Entwicklung elektronischer Kommunikationsmittel und neuer Technologien führt dazu, dass geistiges Kapital und der Informationsfluss größeren Einfluss haben als Güterströme. Der Mikrochip, der vor 30 Jahren noch nicht einmal existierte, ermöglicht dem Menschen Dinge, von denen er früher nicht zu träumen wagte.

Die Geschwindigkeit des Wandels hat ein bisher unbekanntes Ausmaß erreicht. Veränderungen vollziehen sich in der Wirtschaft, der Gesellschaft, der Politik und in der Freizeit. Wie man sich dieser Geschwindigkeit anpasst, wie man damit umgeht, wie man die vielen Variablen handhabt, die sich mit dem Wandel verändern, das ist eine große Herausforderung und eine große Chance, der sich Geschäftsleute und Angestellte auf der ganzen Welt im 21. Jahrhundert stellen müssen.

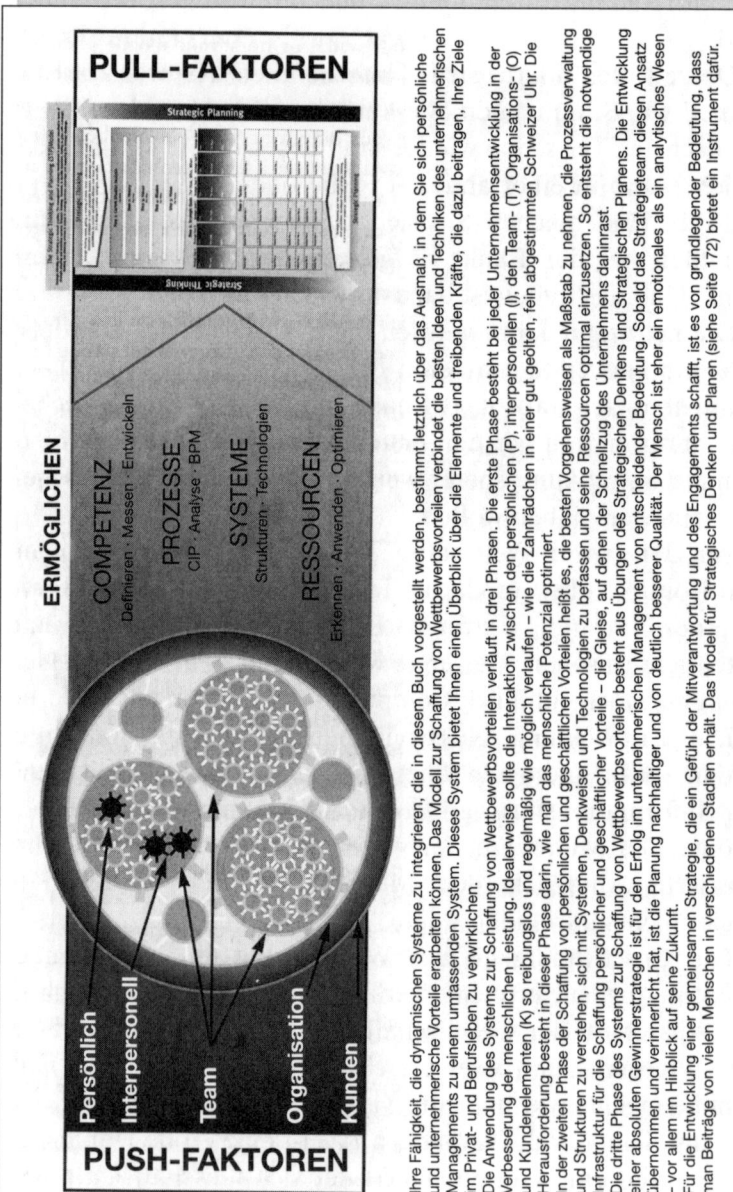

Ihre Fähigkeit, die dynamischen Systeme zu integrieren, die in diesem Buch vorgestellt werden, bestimmt letztlich über das Ausmaß, in dem Sie sich persönliche und unternehmerische Vorteile erarbeiten können. Das Modell zur Schaffung von Wettbewerbsvorteilen verbindet die besten Ideen und Techniken des unternehmerischen Managements zu einem umfassenden System. Dieses System bietet Ihnen einen Überblick über die Elemente und treibenden Kräfte, die dazu beitragen, Ihre Ziele im Privat- und Berufsleben zu verwirklichen.

Die Anwendung des Systems zur Schaffung von Wettbewerbsvorteilen verläuft in drei Phasen. Die erste Phase besteht bei jeder Unternehmensentwicklung in der Verbesserung der menschlichen Leistung. Idealerweise sollte die Interaktion zwischen den persönlichen (P), interpersonellen (I), den Team- (T), Organisations- (O) und Kundenelementen (K) so reibungslos und regelmäßig wie möglich verlaufen – wie die Zahnrädchen in einer gut geölten, fein abgestimmten Schweizer Uhr. Die Herausforderung besteht in dieser Phase darin, wie man das menschliche Potenzial optimiert.

In der zweiten Phase der Schaffung von persönlichen und geschäftlichen Vorteilen heißt es, die besten Vorgehensweisen als Maßstab zu nehmen, die Prozessverwaltung und Strukturen zu verstehen, sich mit Systemen, Denkweisen und Technologien zu befassen und seine Ressourcen optimal einzusetzen. So entsteht die notwendige Infrastruktur für die Schaffung persönlicher und geschäftlicher Vorteile – die Gleise, auf denen der Schnellzug des Unternehmens dahinrast.

Die dritte Phase des Systems zur Schaffung von Wettbewerbsvorteilen besteht aus Übungen des Strategischen Denkens und Strategischen Planens. Die Entwicklung einer absoluten Gewinnerstrategie ist für den Erfolg im unternehmerischen Management von entscheidender Bedeutung. Sobald das Strategieteam diesen Ansatz übernommen und verinnerlicht hat, ist die Planung nachhaltiger und von deutlich besserer Qualität. Der Mensch ist eher ein emotionales als ein analytisches Wesen – vor allem im Hinblick auf seine Zukunft.

Für die Entwicklung einer gemeinsamen Strategie, die ein Gefühl der Mitverantwortung und des Engagements schafft, ist es von grundlegender Bedeutung, dass man Beiträge von vielen Menschen in verschiedenen Stadien erhält. Das Modell für Strategisches Denken und Planen (siehe Seite 172) bietet ein Instrument dafür.

Abb. 1: Das Modell zur Schaffung von Wettbewerbsvorteilen

Kapitel 1

Den Wandel meistern:
Die Realität des 21. Jahrhunderts

Helmut Schmidt war ein hart arbeitender Manager. Er war seit 15 Jahren in der Firma, zwölf davon als Manager. Seine Firma ist ein klassisches Beispiel für die Erfolgsgeschichte von Menschen, Produkten, Service und Gewinn. Helmut Schmidt hatte zu diesem Erfolg beigetragen. Er kannte seine Arbeit in- und auswendig. Er war ein treuer und arbeitswilliger Mitarbeiter. Aber dann geschah etwas Merkwürdiges mit ihm, das in all seinen 15 Jahren bei der Firma nicht vorgekommen war.

Helmut Schmidt arbeitete sogar noch fleißiger und war nach wie vor produktiv; dennoch fand er es immer schwieriger, mit der zunehmenden Geschwindigkeit des Wandels Schritt zu halten. Seine Firma und deren Branche veränderten sich rapide. Helmut Schmidt verstand nicht, wie das so schnell vor sich gehen konnte.

Das ungeheure Ausmaß der Veränderungen überwältigte ihn. Der Strudel der Ereignisse riss ihn mit sich fort, und er konnte nur hilflos zusehen. Er saß in der Falle wie ein Löwe im Käfig. Die Welt hatte sich verändert. Aber Helmut Schmidt arbeitete einfach nur hart.

Sein Vorgesetzter wusste nicht, wie man Helmut Schmidt am besten helfen sollte, mit der neuen Realität fertig zu werden. Ich stellte ihm die grundlegende Frage: „Wenn Sie das wüssten, was Sie jetzt über Helmut Schmidt wissen, würden Sie ihn dann immer noch einstellen?" Der Vorgesetzte antwortete mit einem entschiedenen „Ja".

Helmut Schmidt war einer von vielen Angestellten in der Firma, die ähnliche Schwierigkeiten hatten. Im Rahmen einer unternehmensweiten Veränderungsstrategie begann ich, speziell mit Helmut Schmidt zu arbeiten. Wir definierten, maßen und entwickelten seine Kernkompetenzen. Mit der Unterstützung seines Vorgesetzten begann Helmut Schmidt einen zweijährigen Entwicklungsprozess. Während der ersten sechs Monate unterzog er sich 18 Tage lang einer Leadership-Ausbildung, um sein persönliches und berufliches Wissen auszubauen und seinen Geschäftssinn zu schärfen. Er wurde im wahrsten Sinne des Wortes zu einer Lernmaschine.

Die Auswirkungen auf sein Familienleben, seine persönliche Arbeitsleistung, seine Effektivität im Team und auf die Beziehung zu seinem Vorgesetzten waren bemerkenswert. Schon nach 15 Monaten wurde Helmut Schmidt mit einer 35-prozentigen Gehaltserhöhung befördert. Er hatte gelernt, klüger und dafür weniger zu arbeiten. Helmut Schmidt nahm die persönliche und berufliche Veränderung an und veränderte sein Leben so zum Besseren.

Die Herausforderung bei Unternehmen XY

„Entweder wir sind Master der Veränderung oder Opfer der Veränderung. Wir haben die Wahl."

Jack Welch

Das Unternehmen XY aus Nordrhein-Westfalen hat eine Belegschaft von 300 Mitarbeitern, einen Umsatz von 300 Millionen Euro und einen Gewinn von 10 %. Ein Außenstehender könnte denken, „die Zukunft sieht rosig aus". Jedoch war die Veränderungsrate außerhalb des Unternehmens erheblich höher als die Veränderungsrate im Unternehmen. Der Geschäftsführer erkannte, dass die Zukunft gar nicht so rosig aussah. „Wir müssen uns auf einen Kampf einstellen. Oder wir müssen uns verändern. Auf jeden Fall müssen wir etwas tun." Die

Frage war nur, was. Der Geschäftsführer und der Vorstand waren der Ansicht, dass sie die Gründe für eine Veränderung kannten und auch wussten, was verändert werden musste. Das Problem aber war das „Wie". Sie standen vor einem Rätsel.

Wir führten qualitative und quantitative Untersuchungen auf jeder Ebene des Unternehmens durch, um festzustellen, wo das eigentliche Problem lag. Wir wollten gewährleisten, dass wir nicht Zeit und andere Ressourcen darauf verwendeten, das „falsche Problem" zu lösen.

Ich führte intensive Einzelgespräche mit der Unternehmensleitung sowie den Managern auf der mittleren Führungsebene und sprach mit der Belegschaft in Fokusgruppen. Meine Kollegen befragten die Kunden; 28 % äußerten sich kritisch über die Serviceleistung. Wir beschatteten die Verkäufer im Innen- und Außendienst und gaben uns als Kunden aus, um unser Bild abzurunden. Wir stellten fest, dass über die strategische Richtung des Unternehmens Unklarheit herrschte, dass die Führung schwach war und es keine richtige treibende Kraft gab. In der Belegschaft gärte es, die Kunden waren unzufrieden, und das Management fühlte sich überarbeitet und sehr gestresst.

Doch innerhalb von zwei Jahren wandelte sich das Unternehmen. Nach enormen Investitionen in die Fortbildung und Entwicklung des Personals schufen wir ein fünfköpfiges Managementteam, senkten die hohen Betriebskosten, entwickelten gewinnträchtige Einheiten, brachten alle in Verkaufsstimmung und führten kontinuierliche Produkt- und Prozessinnovationen ein.

Der Geschäftsführer leitete die Umstrukturierung, und 80 % der Mitarbeiter akzeptierten die Veränderungen innerhalb eines Zeitraums von sechs Monaten. So zeigte der Geschäftsführer, dass es möglich ist, sowohl die harten als auch die weichen Bausteine eines Unternehmens zu ändern. Hier konnte man unternehmerisches Management und Change-Management in Aktion erleben.

Ich habe eng mit Tausenden von Managern, Unternehmern und Geschäftsführern in Hunderten von Unternehmen und Organisationen auf allen Ebenen zusammengearbeitet und ihnen geholfen, mit dem Wandel zurechtzukommen. Aus dieser Perspektive kam ich zu dem Schluss, dass ein Wandel immer zwei Möglichkeiten bietet.

Möglichkeit Nummer 1: Warten

Warten Sie ab, was passiert. Vielleicht geht alles vorüber. Möglicherweise ist es nur eine Mode. Warten Sie auf Verbesserungen bei externen Faktoren, etwa eine veränderte Finanzmarktsituation, die zu einem Wandel beiträgt. Warten Sie, dass sich die Situation bessert. Beten Sie um ein Wunder, hoffen Sie, dass die externen Faktoren einen positiven Einfluss auf Ihre persönliche, geschäftliche oder berufliche Situation haben. Studieren Sie globale Trends und die Finanzmärkte und hoffen Sie darauf, dass sich alle Boote bei steigendem Wasser nach oben bewegen.

Es wird immer positive und negative globale Faktoren geben, die Ihre Entwicklung fördern oder behindern. Diese Faktoren bieten sich praktischerweise als Entschuldigungen für mangelnde Initiative an. Aber wenn Sie warten, werden Sie für immer warten, das kann ich Ihnen versprechen.

Ein gewöhnlicher Manager ist der Meinung, dass er bei einer globalen Verbesserung der Wirtschaftslage mit nach oben getragen wird. Er erwartet, dass etwas passiert und die Probleme sich von selbst lösen. Er lebt von der Hoffnung.

Möglichkeit Nummer 2: Handeln

Handeln Sie. Sie wissen, dass Sie den Wind nicht ändern können, aber Sie können entsprechend die Segel setzen. Sie können die Philosophie und den Ansatz des unternehmerischen Managements übernehmen. Als unternehmerischer Manager arbeiten Sie daran, die Faktoren in Ihrem Kontrollbereich zu bestimmen. Sie bemühen sich, diese Faktoren zu erkennen und zu optimieren, und Sie werden sie so gut wie möglich nutzen. Sie werden sich aufmachen und sich selbst neu positionieren und Sie werden das bisher unzureichend genutzte Potenzial Ihres Unternehmens voll ausschöpfen. Das ist Ihr Schlüssel, mit dem Sie den Wandel meistern.

Sie als der unternehmerische Manager können lernen, die kontrollierbaren internen Ressourcen, Prozesse, Systeme und Funktionen zu optimieren, und so von den Chancen profitieren, die ein beschleunigter Wandel mit sich bringt. Sie müssen stets wachsam und vorbereitet sein. Die Kräfte, die den Wandel verursachen – Technologie, Wettbewerb und Globalisierung –, werden nicht einfach verschwinden. Doch sie können wie eine Windböe genutzt werden, wenn Sie die Segel Ihres Schiffes entsprechend setzen. Daher sollten Sie den Wandel als eine Chance sehen, die Sie aktiv wahrnehmen müssen.

Verantwortung übernehmen

Von Niccolo Machiavelli, dem Begründer der modernen Politikwissenschaft, stammt der Ausspruch:

„Es ist gewiss kein geringes Wagnis, von zweifelhaftem Erfolg und äußerst gefährlich, eine neue Ordnung einzuführen."

Veränderungen waren schon immer schwierig. Doch auch die Veränderungen selbst haben sich grundlegend verändert. Dieses Buch möchte Ihnen eine neue Denk- und Handelsweise vorstellen – nämlich Verantwortung für die Veränderung zu übernehmen –, das so genannte unternehmerische Management. Dabei gehen wir davon aus, dass Sie ein unternehmerischer Manager sind oder sein wollen.

In der wettbewerbsorientierten Welt von heute müssen Sie den Wandel annehmen und steuern. Als unternehmerischer Manager entwickeln Sie interne Veränderungsstrategien, damit Ihr Unternehmen sich den Veränderungen auf dem lokalen und globalen Markt stellen und anpassen kann.

Wenn Sie den Wandel nicht nur analysieren und Nutzen daraus ziehen, sondern auch die Veränderungen strategisch managen und verstehen, wie Sie Ressourcen und Schlüsselkompetenzen einsetzen, können Sie sich als unternehmerischer Manager wahrscheinlich besser anpassen und in der sich rasch verändernden Wirtschaft des 21. Jahrhunderts Erfolg haben.

Die Veränderung beginnt bei Ihnen

Die treibenden Kräfte des Wandels wie technischer Fortschritt, Globalisierung, neue Beschäftigungsstrukturen, neue Organisationsstrukturen und Umweltprobleme zerschlagen die alten Systeme und Methoden. 80 % aller Veränderungsinitiativen stoßen auf Schwierigkeiten oder erreichen ihre Ziele nicht. Veränderungen sind destruktiv, obwohl sie eigentlich konstruktiv sein sollten. Der wichtigste Grund dafür liegt darin, dass der Wandel schlecht gemanagt wird. Die meisten Manager wissen nicht, wie man mit Veränderungen umgeht.

Wenn Sie im 21. Jahrhundert ein erfolgreicher Manager sein wollen, müssen Sie ein unternehmerischer Manager sein, der sich rasch auf einen wirtschaftlichen Schock wie etwa den Zusammenbruch eines Markts, eine Ölkrise, eine plötzliche Veränderung der Zinsen oder lokale Veränderungen einstellen kann. Sie werden neue Denkweisen, Kompetenzen und Arbeitsbeziehungen kennen lernen. Sie sollten sich auf die kommende Situation vorbereiten, damit der Wandel nicht zu einem Problem, sondern zu einer Chance für Sie wird.

Bei früheren Initiativen zum Change-Management konzentrierte man sich hauptsächlich auf die Frage, *warum* eine Veränderung notwendig war, und versuchte, das neue Konzept jedem im Unternehmen schmackhaft zu machen. Heute kennen die meisten Manager den Grund. Sie wissen, dass die Ursachen in neuen Technologien, veränderten Märkten, neuen Konkurrenten, wirtschaftlichen Faktoren und der Globalisierung zu suchen sind.

Die meisten Manager wissen auch, *welche* Veränderungen erforderlich sind. Viele Unternehmen haben sich so nebenbei mit der Kundenbetreuung, ISO-9000-Standards, Just-In-Time-Management, Total Quality Management, World Class Manufacturing, Process Re-Design, Empowerment, eigenverantwortlichen Arbeitsteams usw. beschäftigt. Das „Warum" und das „Was" einer Veränderung sind heute viel klarer als noch vor zehn Jahren. Jetzt ist der richtige Zeitpunkt, das „Wann" dafür gekommen.

Als unternehmerischer Manager müssen Sie heute praktisch Ihre gesamte Zeit darauf verwenden, wie Sie die erwünschte Veränderung durchführen. Die meisten Manager wissen das nicht. Warum betrachtet man heute so zynisch Maßnahmen, die sich doch als richtig erwiesen haben? Die Antwort lautet, dass die Mittel oder Systeme die richtigen waren, nur die Anwendung (das „Wie") war schlecht.

Dieses Buch bietet ein erprobtes System von Strategien und Taktiken, mit deren Hilfe man den Übergang von einem gewöhnlichen Manager zu einem außergewöhnlichen Manager bewältigt, zu einem unternehmerischen Manager, der weiß, wie er vorgehen muss, und schnell handelt. Dem Buch liegt das Prinzip zugrunde: „Wer Menschen und Organisationen verändern will, muss sich zuerst selbst ändern."

Wenn Sie die Konzepte des Change-Management übernehmen, die auf den folgenden Seiten vorgestellt werden, sollten Sie diese zunächst auf sich selbst anwenden und dann auf andere, Ihr Team, Ihre Abteilung oder Ihre Gruppe und schließlich auf Ihr ganzes Unternehmen.

Motivation zur Veränderung

Man lässt sich selten auf einen neuen Vorgang ein, wenn man nicht dazu gezwungen wird – es sei denn, man leidet unter Schmerzen, Unruhe oder Unzufriedenheit. Andererseits besitzen Verbesserungen oder potenzielle Vorteile eine gewisse Anziehungskraft.

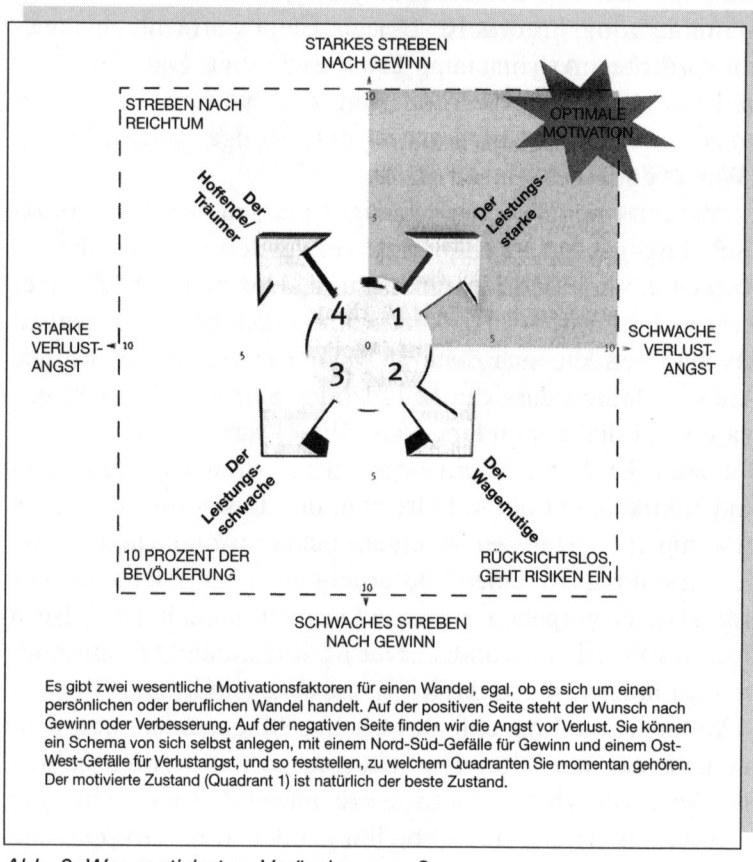

Es gibt zwei wesentliche Motivationsfaktoren für einen Wandel, egal, ob es sich um einen persönlichen oder beruflichen Wandel handelt. Auf der positiven Seite steht der Wunsch nach Gewinn oder Verbesserung. Auf der negativen Seite finden wir die Angst vor Verlust. Sie können ein Schema von sich selbst anlegen, mit einem Nord-Süd-Gefälle für Gewinn und einem Ost-West-Gefälle für Verlustangst, und so feststellen, zu welchem Quadranten Sie momentan gehören. Der motivierte Zustand (Quadrant 1) ist natürlich der beste Zustand.

Abb. 2: Was motiviert zu Veränderungen?

Jeder Einzelne und jedes Unternehmen wird aus zweierlei Gründen motiviert. Auf der negativen Seite steht die Angst vor Verlust (Schmerz). Auf der positiven Seite finden wir das Streben nach Gewinn. Wenn diese positiven und negativen Faktoren für Sie nur von passivem oder akademischem Interesse sind, wird es vermutlich nicht zu einem bedeutenden persönlichen oder organisatorischen Wandel kommen. Als unternehmerischer Manager haben Sie die Aufgabe, einerseits den Wunsch nach Verbesserungen zu verstärken und andererseits das Potenzial für Unbehagen oder Verlust zu verringern. Beide Aufgaben erfordern ein hohes Maß an Einflussnahme. Wir sprechen hier von einem Push- und Pull-Ansatz.

Drei Schritte zur Veränderung

Die Geschichte von drei Maurern, die nebeneinander an einem Gebäude arbeiten, bietet uns ein klassisches Beispiel für die Philosophie des unternehmerischen Managements. Ein Passant fragt den ersten Maurer, was er mache. Der antwortet: „Ich setze Ziegel aufeinander". Der Passant stellt dem zweiten Maurer dieselbe Frage. Dieser antwortet: „Ich baue eine Mauer." Der dritte Maurer erklärt auf dieselbe Frage: „Ich baue eine Kathedrale." Konzentrieren Sie Ihre Bemühungen auf ein langfristiges Gesamtkonzept, nicht auf ein kurzfristiges Konzept, das sich schnell erledigen lässt. Eine Kathedrale ist eine weitaus großartigere Vision als eine bloße Ziegelmauer.

Die meisten Veränderungsinitiativen verfehlen ihr Ziel, weil anfänglich nicht das Gesamtkonzept dargelegt wurde, weil man versäumte, das gewünschte Ergebnis zu visualisieren und über die vielen Schritte zu entscheiden, die zum Erreichen des Ziels notwendig sind. Es genügt nicht, einfach irgendetwas zu tun. Alles muss sich in ein Gesamtkonzept einfügen. Jede Veränderungsinitiative sollte ein Ziegelstein beim Bau der Kathedrale sein, ein Schritt, mit dem man einen höheren strategischen Zweck verfolgt. Im Folgenden werden die drei Schritte bei diesem Vorgang erläutert.

Schritt 1: Sorgen Sie für frühe Erfolge

Als unternehmerischer Manager müssen Sie schon früh handfeste Ergebnisse vorweisen. Das zeigt den Pessimisten, dass Sie es ernst meinen und dass Sie bereits auf klar definierte Ziele hinarbeiten. Kleine Veränderungen können „die neue Ordnung" verdeutlichen. Einfache Verbesserungen im Umfeld wirken oft Wunder, und das meist zu geringen Kosten und mit wenig Aufwand. Fragen Sie einfach: „Was können wir sofort unternehmen, um die Lage hier zu verbessern?" Dann machen Sie sich ans Werk. Tun Sie etwas. Irgendetwas. Aber tun Sie es sofort.

Dieser Schritt ist auf persönlicher Ebene ebenso wichtig wie für Ihr Team. Jedem im Betrieb muss bewusst werden, dass eine Veränderungsinitiative ein langfristiger gradueller Prozess ist. Ansonsten werden Zynismus und Skepsis dominieren, und allein schon diese Einstellung wird die meisten guten Initiativen zu Fall bringen. Eine veränderte Einstellung hilft bei der Durchführung. Allerdings müssen Sie die anderen überzeugen, beeinflussen und ihnen die Idee verkaufen. Setzen Sie spezifische Ziele.

Der Eigentümer eines Unternehmens, den ich als Klient beriet, unterzog seinen Betrieb an einem verlängerten Wochenende einem gründlichen Großreinemachen. Er wollte damit seinen neuen, frischen Ansatz betonen. Der Eigentümer ließ alle Räume streichen. Er strukturierte einige Büros um. Als er sein eigenes Büro umräumte, fiel ihm auf, dass es als Räumlichkeit besser für den Leiter der Kundendienstabteilung geeignet war. Zur allgemeinen Überraschung zog er in ein bescheideneres Büro um.

Sichtbare äußere Veränderungen können Ihre Entschlossenheit sofort verdeutlichen. Der Schlüssel für den Beginn eines Veränderungsprozesses liegt in einer Veränderung der Einstellung. Allerdings nimmt dieser Prozess mehr Zeit in Anspruch als die äußeren Veränderungen; außerdem ist er häufiger von Rückschlägen und Enttäuschungen gezeichnet.

Schritt 2: Konzentrieren Sie sich auf Verbesserungen

Alte Leistungssysteme können den Fortschritt blockieren. Die meisten Menschen sind von Natur aus voreingenommen gegenüber Veränderungen. Es kann jedoch notwendig sein, den Stier bei den Hörnern zu packen und einige Missstände direkt anzugehen. Regulierungen, Grundsätze und Vorgehensweisen wurden im Lauf der Zeit in Ihr System aufgenommen, sind jetzt aber vielleicht zu teuer oder unnötig.

Experten der Qualitätsverbesserung vertreten die Ansicht, dass zwischen 25 und 35 % der Einnahmen auf Fehleinschätzungen, Überarbeitungen, Fehler, Rabatte, Garantieleistungen, Rückerstattungen und viele andere indirekte Verluste verschwendet werden. Die Kosten für solche Fehler können in den meisten Unternehmen nicht wieder hereingeholt werden. Eine massive Erhöhung der Gewinne lässt sich ganz einfach damit erreichen, dass man die Dinge von Anfang an richtig erledigt.

Joseph Juran, der große Vordenker im Bereich Qualitätsförderung, erklärte in einem Interview für das Fortune Magazine (Januar 1999): „Das Ringen um Qualität wird uns Jahrzehnte beschäftigen... es ist ein langsamer Prozess. Das größte Hindernis sehe ich in den Unternehmenskulturen... Unweigerlich heißt es in jeder Branche: ‚Bei uns ist das etwas anderes‘. Jedes Unternehmen wiederum behauptet: ‚Wir sind anders‘. Und innerhalb der Unternehmen sind die Manager alle anders... bei der Qualität sind die Probleme aber stets identisch."

Sie sind als unternehmerischer Manager dafür verantwortlich, dass Ihr Produkt oder Ihre Dienstleistung den Anforderungen entspricht und dass das Engagement und Fachwissen Ihrer Belegschaft ebenso wie die Leistungsstandards in Ihrem

Unternehmen auf dem höchsten Stand sind. Deming erklärte dazu: „90 % des Ausschusses, der Fehler, Unzulänglichkeiten und Probleme entstehen während der Fertigung." Berücksichtigen Sie daher Maßstäbe, Verantwortung, Psychologie und Standards in Ihren Prozessen.

Eine Führungskraft im Unternehmen eines Klienten, das 700 Leute beschäftigt, reduzierte die Managementstruktur von sieben auf vier Ebenen und richtete kleine Betriebseinheiten ein, um den Beschäftigten mehr Eigenverantwortung zu geben. Alle Mitarbeiter, auch die Manager, befanden sich fast über Nacht in einem eigenen kleinen Unternehmen. Was für ein Schock! Keiner konnte sich mehr der Verantwortung entziehen. In einem kleinen Unternehmen ist jeder verantwortlich.

Jeder Mitarbeiter musste sich zwei Herausforderungen stellen. Die eine war äußerlich, strukturell und verfahrenstechnisch. Dieser Herausforderung konnte man relativ leicht entgegentreten. Die andere war emotional und mental und lag im Bereich persönlicher Blockaden. Diese Herausforderung schuf ein großes Machtvakuum hinsichtlich der Frage, wer die Verantwortung übernehmen würde. Der Übergang zu einer neuen Unternehmenskultur ist nicht so einfach wie der Übergang von einem Gebäude zum anderen.

Die Managementteams in einem anderen Unternehmen, das von mir beraten wurde, hielten es für kosteneffizient, den Bereich Auslieferung an andere Unternehmen zu vergeben, anstatt die Kosten für das erforderliche Personal und den Transport selbst zu tragen. Ein anderer Kunde von mir beschloss, dass es wirtschaftlich sinnvoll war, an Samstagen und über die Mittagszeit zu öffnen.

Wieder ein anderer Kunde machte folgenden Vorschlag: „Wir sollten wöchentlich ein Gespräch ansetzen, bei dem wir Probleme beilegen, die im Team auftauchen." Wenn Sie selbst und der Veränderungsprozess glaubhaft wirken wollen, müssen Sie vielleicht einige „heilige Kühe" schlachten.

Dann weiß jeder, dass es Ihnen ernst ist. Wir alle sind Gewohnheitstiere und neigen dazu, rasch wieder in den gemütlichen alten Trott zurückzufallen. Das ist eine Gefahr, mit der Sie rechnen müssen.

Bei der Einführung einer „neuen Ordnung" sollten Sie den Blick stets in die Zukunft richten. Außerdem sollten Sie Ihre Mitarbeiter mit Lob immer wieder anspornen. Nach den ersten Schritten werden sich die meisten Ihrer Initiative in der Hoffnung anschließen, dass „die Sache bald wieder einschlafen wird". Lassen Sie es nicht so weit kommen. Die Leute müssen überzeugt und aufgebaut werden, und Sie müssen mit ihnen reden.

Schritt 3: Sorgen Sie für Beteiligung

Die Beziehung zu den verschiedenen Interessensgruppen ist entscheidend für Ihren Erfolg. All Ihre schönen Ideen und Initiativen werden im Sande verlaufen, wenn sie nicht von den Personen unterstützt werden, die von Ihren Entscheidungen betroffen sind. Mit dem sich wandelnden globalen Wirtschaftsklima werden die Regeln für den Wettbewerb neu geschrieben. Das hat zur Folge, dass Personen und Beziehungen mehr denn je die Garantie für einen nachhaltigen Erfolg darstellen.

Dies kann nur durch intensivere Beziehungen und Vertrauen zu den wichtigsten Interessensgruppen erreicht werden. Da eine solche Entwicklung Zeit erfordert, muss sie als Hauptergebnisbereich eingeplant werden. Der Aufbau von Beziehungen lässt sich nicht abkürzen. Zwischen dem Grad an Beteiligung, den Sie Ihren Angestellten erlauben, dem daraus resultierenden Maß an Engagement und dem Gesamtergebnis besteht ein direkter Zusammenhang.

Das Unternehmen von morgen hat einen eigenen Zugang zu seinen Interessensgruppen. Je besser Sie die Beteiligten kennen, desto besser wissen Sie, wie Sie diese beeinflussen können. Sie müssen Ihr Vorgehen so gestalten und aufeinander abstimmen, dass alle Beteiligten miteinbezogen werden. Die Mitglieder der verschiedenen Interessensgruppen werden zwei Fragen stellen: „Wie wird sich das auf mich auswirken?" und „Was halte ich von den Verantwortlichen und den vorgeschlagenen Veränderungen?"

Wenn Sie Ihr Unternehmen verändern wollen, ist es wichtig, mit Hilfe von mindestens zwei bis vier Meinungsführern Brücken zu jeder Interessensgruppe zu schlagen. Insgesamt sollte Ihr Ansatz so viele Personen wie möglich einschließen. Nur dann können Sie Ihr Vorhaben verwirklichen, Ihr Unternehmen zu verändern, zu verbessern und so einen Wettbewerbsvorteil zu schaffen.

Die fünf großen Interessensgruppen

Es gibt fünf wichtige Interessensgruppen, für die Sie jeweils einen anderen Ansatz benötigen.

1. Kunden

Ihre Kunden zahlen alle Rechnungen. Also sollten Sie die Kunden nach deren Einschätzung des Unternehmens fragen.

Vor kurzem führte ich für ein Unternehmen eine Kundenbefragung durch. Dabei befragten wir 200 wichtige Kunden, wie sie ihr Verhältnis zur Firma und deren Serviceleistung beurteilten. Das Feedback war erschreckend. Es zeigte, dass mein Klient kurz davor stand, Zeit und Geld in die Behebung des falschen Problems zu investieren.

Das Ergebnis beeinflusste die Art des Unternehmens, verlorenen Boden auf dem Markt zurückzuerobern, sowie den Übergang von seinem aktuellen Leistungsniveau zu den angestrebten Leistungen. Es zeigte, dass ein großer Unterschied zwischen den Verbesserungswünschen der Kunden und dem bestand, was das Management und die Belegschaft für die Wünsche der Kunden hielten.

Im Unternehmen dachte man, man brauche eine umfassendere Produktpalette. Die Kunden dagegen wollten, dass schneller und freundlicher auf sie eingegangen wurde. Aufgrund der Rückmeldungen stoppte das Unternehmen die Entwicklung der Produktpalette und konzentrierte sich auf die Lösung der wirklichen Kundenprobleme. Kunden zu halten, ist harte Arbeit und erfordert eine gut durchdachte Strategie.

2. Mitarbeiter

Die meisten Veränderungsinitiativen stehen und fallen, haben Erfolg oder scheitern mit der Einstellung der Mitarbeiter hierzu. Daher sind Ihre Fähigkeiten im Umgang mit Ihren Mitmenschen ein entscheidender Faktor. Der Erfolg einer Initiative im Change-Management hängt davon ab, wie Sie die Mischung der Meinungen, Einstellungen, Werte, Bedingungen und Persönlichkeiten handhaben, die die Kultur Ihres Unternehmens bilden. Die richtige Vorbereitung und eine gute Planung sind notwendig, wenn Sie Mitarbeiter dazu bringen wollen, bei der Umsetzung einer Veränderungsinitiative mitzuarbeiten. Überstürzen Sie nichts, wenn andere schon gescheitert sind.

Sie müssen nicht nur überlegen, wie Sie Einzelne miteinbeziehen, sondern auch, wie verschiedene Gruppen und Teams (zum Beispiel Produktion und Verkauf) interagieren werden.

Ich war einmal Zuhörer bei der Feedback-Sitzung einer Abteilung eines Unternehmens. Alle waren sich einig, dass der ISO-9000-Standard, der erreicht worden war, „nur eine Modeerscheinung" sei. Er sah gut aus, aber intern hielt sich niemand an den Standard. Außerdem, erklärten sie, blockiere er wirkliche Verbesserungen, sei teuer und führe zu Unzufriedenheit bei den Kunden. Als wir eine Analyse der Serviceleistung des gesamten Unternehmens und seiner Kunden durchführten, stellten wir fest, dass die Ursachen für diese Probleme viel tiefer lagen – es fehlte an einer sinnvollen Beteiligung und an Anerkennung.

Um Mitarbeiter für eine Veränderung erfolgreich zu motivieren, braucht man eine gute Kommunikation, systematische Planung, Ehrlichkeit und Glaubwürdigkeit, „Empowerment" und vor allem Engagement und Vertrauen. Ihre Rolle als unternehmerischer Manager besteht in der Schaffung eines Umfelds, in dem Eigenschaften wie Selbstständigkeit unter den einzelnen Angestellten gedeihen können. Was würden die Mitarbeiter tun? Wie würden *sie* mit dem Problem umgehen, wenn es ihr Unternehmen wäre?

Obwohl die meisten Leute eine Lösung für die Probleme bei ihrer Arbeit im Kopf haben, unternehmen sie nichts, denn sie haben sich an den Gedanken gewöhnt, dass ihre Fähigkeiten begrenzt sind und dass sie für die Schaffung eines besseren Arbeitsumfelds die Hilfe ihres Managers brauchen. Diesen Zustand bezeichnet man als „erlernte Hilflosigkeit". Die meisten Manager und Unternehmer verbinden mit dem Begriff Empowerment Vorstellungen von Kontrollverlust und einem organisierten Chaos. Dabei ist es eine Frage des Vertrauens, der Mühe und verschiedener anderer Empfindungen.

Als unternehmerischer Manager erkennen Sie, dass Empowerment einer der Schlüssel für den Umgang mit Veränderungen ist. Sie verzichten auf Ihre alten Gewohnheiten und Machtpositionen und fördern bei Ihrer Belegschaft die Selbstständigkeit. Dazu ergreifen Sie folgende Maßnahmen:

- Sie bauen systematisch starke Argumente für einen Wandel auf, indem Sie zeigen, wie dieser die Kosten senken, Qualität und Service verbessern und die Standards, Gewinne und Produktivität heben wird. Sie fragen die Mitarbeiter nach deren Meinung. Sie achten aufmerksam auf deren Antworten, dokumentieren ihr Feedback und handeln nach dem Prinzip, dass das Verhältnis zwischen der Beteiligung der Mitarbeiter und dem Maß an Engagement eins zu eins beträgt.

- Sie gehen mit gutem Beispiel voran, denn jeder soll sehen, dass es Ihnen mit Ihrer Initiative ernst ist. Viele Manager investieren enorme Summen in die Veränderung von Systemen, Strukturen und Abläufen, ändern jedoch nichts an ihrem eigenen Verhalten. Es darf keine Kluft geben zwischen dem, was Sie sagen, und dem, was Sie tun. Sie müssen die Veränderungsinitiative über einen längeren Zeitraum hinweg vertreten und damit Ihr persönliches Engagement beweisen.
- Sie zeigen, dass Sie selbst sich verändert haben. Sie ermutigen andere Personen und Teams, ihre Probleme zu lösen. Sie institutionalisieren den Wandel.

Ich fungierte als Unternehmensbrater für das Management eines traditionsreichen, 100 Jahre alten Unternehmens, das kommerziell sehr erfolgreich war und hohe Gewinne abwarf. Doch der Geschäftsführer erkannte, dass sich die Branche rasch veränderte. Neue Unternehmen aus anderen Branchen begannen, sein Produkt besser, schneller und billiger zu liefern. Zusammen mit dem Geschäftsführer arbeiteten wir über zwei Jahre lang an einem umfassenden, integrierten, organisationsweiten Veränderungsprozess. Und wir hatten Erfolg.

Der wichtigste Grund für diesen Erfolg im Change-Management lag meiner Ansicht nach in der persönlichen Veränderung des Geschäftsführers. Er erkannte, dass sich das Unternehmen in eine Richtung entwickelt hatte (hinsichtlich der Vorbereitungen auf die Zukunft), die mehr eine Reflektion seines eigenen Denkens und Stils war. Es lag nicht am sich verändernden Markt, nicht am technischen Fortschritt oder der zunehmenden Globalisierung. Es lag am Geschäftsführer.

Er beschloss, zunächst sich selbst zu ändern. Noch wichtiger war jedoch, dass er erkannte, dass er lernen musste, wie man das machte. Er änderte nicht nur sein Denken und seinen Führungsstil, sondern auch sein Äußeres und seine Kleidung, sein Sozial- und Familienleben. Bei einem umfassenden Wandel birgt dieser Schritt nur ein geringes Risiko und kostet nicht viel, doch langfristig gesehen ist er weitaus wertvoller als Investitionen im Prozessbereich.

Jeder beobachtete die allgemeine Veränderung des Geschäftsführers, die sich innerhalb von sechs Monaten vollzog. Die Reaktionen reichten von Bewunderung bis zu Misstrauen und Spott. Er selbst brachte den Veränderungsprozess beim Personal, im Team und in der Organisation seines Unternehmens in Gang. Nun war es viel einfacher. Er selbst ging mit gutem Beispiel voran.

Ralph Waldo Emerson sagte: „Jede Institution ist der verlängerte Schatten eines einzelnen Menschen." Nie traf das mehr zu als bei diesem Beispiel. Trotz zahlreicher Hindernisse und Herausforderungen gab es nur minimalen Widerstand, als wir mit dem Veränderungsprozess im gesamten Unternehmen begannen.

3. Aktionäre/Besitzer

Die Sorgen und Nöte der Belegschaft verdecken oft die Interessen der Aktionäre/Besitzer. Nur die wenigsten in einem Unternehmen halten inne und fragen: „Was wollen die Aktionäre/Besitzer?" Dennoch gehören sie zu einer sehr wichtigen Interessensgruppe und müssen kontinuierlich informiert werden. Sie sollten in die Planung und aktuelle Entwicklung eines Veränderungsprozesses einbezogen werden. Im Allgemeinen agieren sie auf der Führungsebene des Unternehmens.

Ein überdurchschnittlicher Gewinn für ihr hohes Risiko und ihre Investitionen ist ein legitimes Ansinnen für sie. Risiko wird nicht immer verstanden. Oder es wird bequemerweise vergessen.

In einer offenen Runde, in der die Belegschaft über ihre Gefühle sprechen sollte, stellte ein Mitarbeiter die Vorstandsmitglieder – die Eigentümer – zur Rede und fragte sie nach ihren Nobelautos und danach, wie sie diesen Luxus mit den Bemühungen um Kostensenkung und Lohnkürzungen vereinbaren konnten. Die Antwort eines Vorstandsmitglieds war sehr aufschlussreich. Sie machte die unterschiedlichen Positionen der Interessensgruppen deutlich, bewies aber auch, dass diese gebraucht werden. Das Vorstandsmitglied drückte es ganz einfach aus: „Wir gründeten dieses Unternehmen, weil wir reich werden wollten. Drei von uns nahmen Hypotheken auf ihre Häuser und hohe Kredite auf, um das Unternehmen in Gang zu bringen. Wenn wir gescheitert wären, hätte uns das um 20 Jahre zurückgeworfen. Das ist ein hohes Risiko. Wir entschuldigen uns daher nicht dafür, dass wir einen Gewinn einstreichen, der so hoch ist wie das Risiko, das wir auf uns nahmen. Anders ausgedrückt, wenn das Risiko 20 Jahre bedeutete, dann lautet auch der Gewinn 20 Jahre."

Diese Antwort klärte die Ziele, die die Eigentümer mit dem Unternehmen verfolgten, auf ehrliche und direkte Weise. Sie half auch bei der Entscheidung über die Größe der Belegschaft. Zwei Mitarbeiter in Schlüsselpositionen verließen das Unternehmen kurz darauf, doch zwei andere wandten sich an den Vorstand und investierten in das Unternehmen. Diejenigen, die das Unternehmen verließen, waren vermutlich eifersüchtig, was sich zweifellos auf ihre Leistung auswirkte. Das Ziel, „reich zu werden", ist in einer Demokratie und kapitalistischen Wirtschaft mit Sicherheit ein legitimes Anliegen. Reichtum, Risiken und Veränderungen gehen Hand in Hand.

4. Zulieferer und andere Geschäftspartner

Zulieferer, Unternehmensberater und andere Geschäftspartner können Ihnen helfen und Ihnen eine neue Perspektive des Wandels vermitteln. Sie verfügen über eigene Erfahrungen und können Sie in vielerlei Hinsicht unterstützen.

Ich war einmal an einer Veränderungsinitiative beteiligt, bei der die Buchhaltungsfirma des Unternehmens sehr hilfreich war und Vergleichszahlen von einem erfolgreichen Konkurrenten vermittelte. Teilen Sie Ihren Partnern mit, was Sie machen, und erklären Sie ihnen vor allem die Gründe dafür. Unterschiedliche Perspektiven helfen Ihnen, klar zu denken.

Die Gründe, also das „Warum", sind oft wichtiger als die tatsächliche Vorgehensweise, das „Wie". Sie sollten nicht davon ausgehen, dass Ihre Partner die Gründe kennen oder verstehen. Ihre Partner besitzen keine hellseherischen Fähigkeiten. Also informieren Sie sie.

5. Das lokale Umfeld

Aufgrund des gestiegenen Bewusstseins für Umweltbelange und gesetzliche Vorschriften sollten Sie die Auswirkungen einer Umgestaltung Ihres Unternehmens für das lokale Umfeld überlegen und berücksichtigen. Bei größeren Unternehmen kann es nationale und internationale Auswirkungen geben.

Kommunizieren Sie kontinuierlich

Als unternehmerischer Manager lernen Sie das Newtonsche Axiom kennen, das besagt: „Jeder Körper verharrt im Zustand der Ruhe, solange er nicht durch äußere Kräfte gezwungen wird, diesen Zustand zu ändern." Anders ausgedrückt: Kommunizieren Sie ständig offen mit allen Beteiligten und lassen Sie die Informationen in verschiedene Richtungen fließen. Gehen Sie nicht davon aus, dass die anderen von selbst verstehen, was vorgeht.

Gebrauchen Sie jede Kommunikationsmethode und jeden verfügbaren Kommunikationskanal, damit die Informationen über die Veränderungsinitiative von der oberen Führungsebene zu den Mitarbeitern an der Basis, von den Mitarbeitern zum Management und zurück fließen.

Zu diesen Kanälen gehören:

- Mündliche Briefings aller Art und der „informelle Nachrichtendienst". Regelmäßige zehnminütige Meetings sind großartig
- Schaubilder, Banner und Poster, die den Fortschritt dokumentieren
- Rundschreiben und persönliche Briefe
- Meetings und informative Mittagessen
- Intranet und Internet

Sie können eine Lernbibliothek einrichten, in der den Mitarbeitern Bücher, Software, Audio- und Videomaterialien vor Ort zur Verfügung stehen oder ausgeliehen werden können. Die Bibliothek bietet eine ideale Möglichkeit, die Mitarbeiter mit Denkweisen und praktischen Fähigkeiten vertraut zu machen, die ihnen bei der Bewältigung der Veränderung helfen.

Sie müssen kontinuierlich ein Feedback geben. Halten Sie stets die Augen offen nach Kommunikationskanälen und Methoden, mit denen Sie die Mitarbeiter informieren können. Jemand, der alle demotiviert, erfährt nicht, was vor sich geht.

Messen Sie Ihre Verbesserungen

Wenn Sie zu den Fortschritten ein entsprechendes Feedback geben wollen, müssen Sie die Leistung messen. Gute Leistungsmaßstäbe sollten mit einer Strategie verbunden sein, denn dann ist gewährleistet, dass Sie Signale senden, die alle verstehen und auf die sie reagieren können. Eine solche Bewertung formt auch Ihre Unternehmenskultur. „Was gemessen wird, wird auch erledigt."

Im Folgenden werden fünf Prinzipien beschrieben, die Ihnen helfen, Verbesserungen beim Veränderungsprozess zu messen.

1. Bewerten Sie vorhandene Maßstäbe neu

Vielleicht fühlen Sie sich mit den alten Vorgaben zu wohl. Ersetzen Sie die Maßstäbe, wenn nötig. Bewerten Sie sie neu. Führen Sie neue Maßstäbe ein. Können Sie etwas besser, schneller, billiger, einfacher erledigen? Fragen Sie die „Experten", die mit der Aufgabe besonders vertraut sind, nach Verbesserungsvorschlägen. Hören Sie deren Feedback sehr aufmerksam zu.

2. Bewerten Sie den Vorgang, nicht nur die Ergebnisse

Anhand der Ergebnisse erkennen Sie, dass es ein Problem gibt, Sie wissen aber nicht, wo es liegt. Prozessbewertungen sagen Ihnen das. Für jede negative Auswirkung in Ihrem Betrieb gibt es eine Ursache. Die meisten Ursachen lassen sich bereits beim Ablauf erkennen. Jede Arbeit ist eine Serie von Abläufen, einige sind rentabel, andere weniger rentabel. Positive Ergebnisse (Resultate) sind die Folge davon, dass man die richtigen Abläufe (Mittel) verwendet hat. Als unternehmerischer Manager sollten Sie sich auf die Mittel konzentrieren, den Ablauf. Überlassen Sie anderen die Beschäftigung mit den Endergebnissen. Organisieren Sie Hilfe, wenn nötig.

Schlechte Verkaufsergebnisse lassen sich auf Schwächen bei den Verkaufsfaktoren zurückführen. Es gibt sieben entscheidende Faktoren für den Verkauf: Akquise, Präsentation, Abschluss, der Umgang mit Einwänden, Zeit- und Gebietsmanagement; Produktkenntnis und persönliche Kompetenzen. Wenn man das schwache Glied herausfinden will, muss jeder Faktor untersucht werden.

Inakzeptabel lange Zeitspannen zwischen der Bestellung und der Auslieferung lassen sich beispielsweise über Abrechnung, Verwaltung und Verteilungskanäle zurückverfolgen.

Auch zwischenmenschliche Beziehungen bestehen aus einer Serie von Abläufen. Das enge Verhältnis zwischen Verkäufer und Kunde lässt sich zum Beispiel erheblich verbessern, wenn man die richtigen Fragen stellt, aufmerksam zuhört und beobachtet. Professionelles Zuhören ist eine Fähigkeit, die nur wenige Manager besitzen; dennoch ist sie für den Erfolg unabdingbar. Sie müssen diese Fähigkeit beherrschen. Wenn Sie beispielsweise mit dem Kopf nicken, sagt Ihr Gegenüber doppelt so viel. Wenn Sie etwas vorschlagen (anstatt etwas zu sagen oder anzuordnen), ist die Wahrscheinlichkeit, dass Ihr Vorschlag befolgt wird, doppelt so hoch. Wenn Sie anderer Meinung sind, sollten Sie Gründe nennen.

3. Bewerten Sie Ihr Teamwork

Jeder arbeitet in einem Team. Das kleinste Unternehmen ist ein Team. Es gibt verschiedene qualitative und quantitative Methoden zur Bewertung von Teamwork. Idealerweise wird einmal im Jahr eine umfassende Bewertung durchgeführt. Die natürliche Fortsetzung von persönlicher Kontrolle und Verantwortung besteht in der Optimierung der Leistung der einzelnen Teammitglieder. Eigenverantwortliche Arbeitsteams mit wechselnden Teamleitern haben sich in vielen Branchen auf der ganzen Welt bewährt. Wenn die Mitglieder des Teams gut zusammenarbeiten, können Strategien für einen kontinuierlichen Wandel erhebliche Verbesserungen bringen. Der Teamleiter hat einen starken Einfluss auf die Leistung des Teams. Belegschaft, Kollegen, Kunden und der Chef sollten daher die Schlüsselkompetenzen des Leiters bewerten.

4. Der Übertragungseffekt

Bewerten Sie jede Ressource, jeden Ablauf, jede Kompetenz und jedes System in Ihrem Unternehmen. Jede Komponente wirkt sich auf andere aus. Ich bezeichne dies als Übertragungseffekt. Die Kosten für Qualität sind in den meisten

Unternehmen erheblich. „Die meisten unnötigen Kosten und Möglichkeiten der Verschwendung haben zwei Beine." Führen Sie Bewertungen zur Kostensenkung und Qualitätsverbesserung lieber regelmäßig durch anstatt nur in Krisenzeiten.

5. Legen Sie Maßstäbe fest

Sie sollten nicht nur finanzielle Maßstäbe haben. Legen Sie Vergleichswerte zu Industriestandards und der Leistung Ihrer Konkurrenten fest. Nur so können Sie Kosten, Absatz, Qualität und Vertrieb sowie Zusammenarbeit, die Fähigkeit, auf den Kunden einzugehen, und Beschwerden vergleichen. Welche anderen Kennzahlen könnten Sie heranziehen, um die Hauptergebnisbereiche in Ihrem Unternehmen zu messen? Das „ultimative Maß" ist jedoch, wie Ihre Kunden Sie bewerten. Wie hat sich Ihr Kundenprofil in den letzten drei Jahren verändert? Wie wird es sich in den nächsten drei Jahren verändern? Wann führten Sie die letzte Analyse der Leistung im Kundenservice durch?

Ihr Ziel ist es, die Unternehmensleistung dadurch zu verändern, dass Sie die Antriebskräfte des geschäftlichen Erfolgs messen und steuern. Allerdings müssen Sie diese Maßstäbe mit Veränderungen in Ihrer Strategie verbinden und sie effektiv in Ihr strategisches Managementsystem einbauen. Wenn Sie dafür im gesamten Unternehmen Unterstützung finden wollen, werden Sie auf zahlreiche Schwierigkeiten stoßen. Dazu gehören die Abstimmung der alten und neuen Maßstäbe, die Wahl der Infrastruktur und Technologie und der Umgang mit Informationen und Fragen der Unternehmenskultur.

Steuern Sie den Veränderungsvorgang

Als unternehmerischer Manager verschaffen Sie sich umfassende Kenntnisse über den gesamten Veränderungsvorgang, bevor Sie die erste Initiative starten. Wie machen Sie aus einem Eisblock (Ihr derzeitiger Zustand) eine neue Form, eine Pyramide aus Eis (Ihr angestrebter Zustand)?

Für diese Aufgabe können Sie zwei Methoden anwenden. Die erste Methode ist der so genannte „Hammeransatz", der oft in Krisenzeiten oder als letzter Ausweg gebraucht wird. Bei diesem Ansatz zerschmettern Sie mit dem Hammer den würfelförmigen Eisblock und pressen die Bruchstücke zu einer Pyramide zusammen. Der Vorteil des „Hammeransatzes" besteht darin, dass er sehr schnell durchgeführt werden kann. Allerdings entspricht das Resultat nur selten dem angestrebten neuen Zustand. Oft hat der Ansatz endlosen Widerstand, Zynismus, ein aufgesetztes Engagement und oberflächliche Akzeptanz zur Folge. Beim „Hammeransatz" werden Körper, keine Gedanken bewegt. Eine völlige Akzeptanz umfasst die physische Akzeptanz (die Hände, die die Arbeit verrichten), die mentale Akzeptanz (der Kopf, der darüber nachdenkt) und die kulturelle oder emotionale Akzeptanz (das Herz, das den Vorgang schätzt).

Sie haben noch eine zweite Möglichkeit. Sie können aus dem Eisblock eine Pyramide formen, indem Sie den Eisblock schmelzen und die Flüssigkeit langsam so lenken, dass sie wieder zur Form einer Pyramide gefrieren kann. Diese Methode des Schmelzens, Veränderns und Wiedergefrierens erfordert mehr Zeit, führt aber im Allgemeinen zu der gewünschten neuen Struktur, die nach einem bestimmten Plan geformt ist und die Akzeptanz der Mitarbeiter besitzt. Mit dieser Methode ist es wahrscheinlicher, dass Sie Hände, Köpfe und Herzen gewinnen.

Die Schwierigkeit für Sie besteht darin, die Kluft zwischen der unerwünschten alten Vorgehensweise (Eiswürfel) über

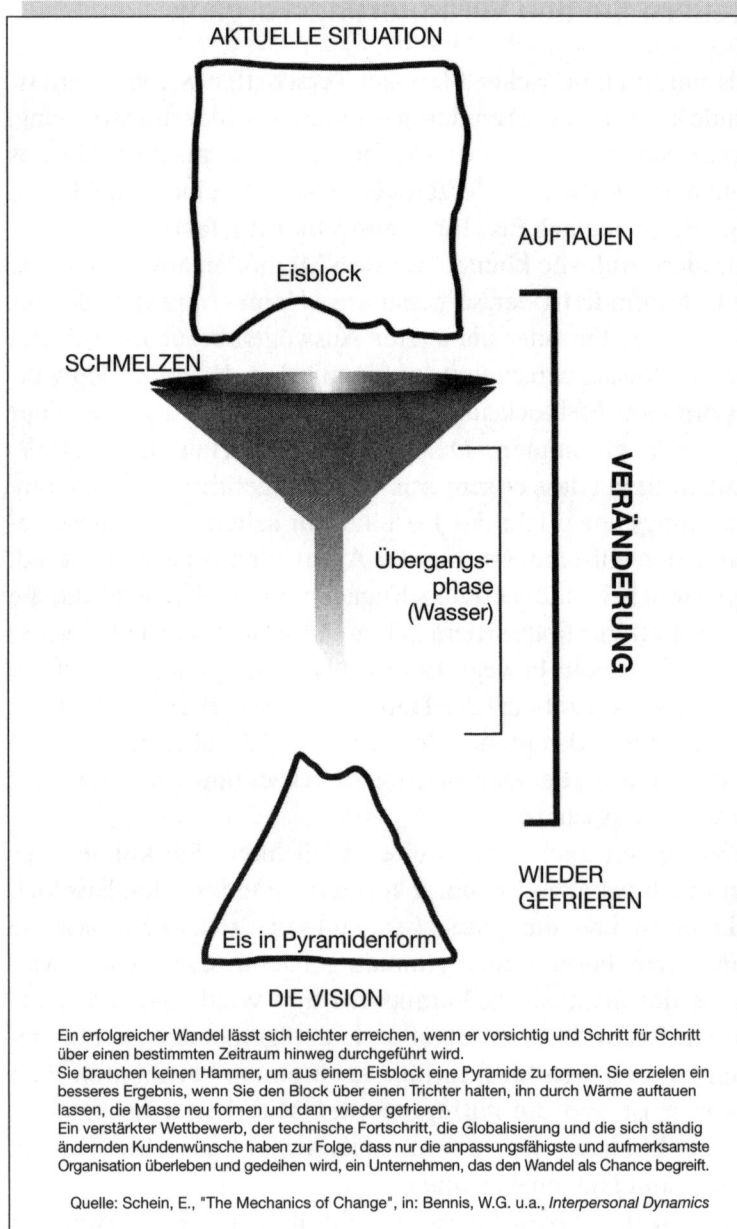

AKTUELLE SITUATION

Eisblock

AUFTAUEN

SCHMELZEN

Übergangs-
phase
(Wasser)

VERÄNDERUNG

WIEDER
GEFRIEREN

Eis in Pyramidenform

DIE VISION

Ein erfolgreicher Wandel lässt sich leichter erreichen, wenn er vorsichtig und Schritt für Schritt
über einen bestimmten Zeitraum hinweg durchgeführt wird.
Sie brauchen keinen Hammer, um aus einem Eisblock eine Pyramide zu formen. Sie erzielen ein
besseres Ergebnis, wenn Sie den Block über einen Trichter halten, ihn durch Wärme auftauen
lassen, die Masse neu formen und dann wieder gefrieren.
Ein verstärkter Wettbewerb, der technische Fortschritt, die Globalisierung und die sich ständig
ändernden Kundenwünsche haben zur Folge, dass nur die anpassungsfähigste und aufmerksamste
Organisation überleben und gedeihen wird, ein Unternehmen, das den Wandel als Chance begreift.

Quelle: Schein, E., "The Mechanics of Change", in: Bennis, W.G. u.a., *Interpersonal Dynamics*

Abb. 3: Der Veränderungsprozess

die Übergangszeit (Wandel) hinweg zur neuen Kultur und Vorgehensweise (Pyramidenform) zu überbrücken. Das Modell des Eisblocks illustriert den Veränderungsprozess. Wie man diesen Übergang meistert, ist eine der größten Herausforderungen für alle unternehmerischen Manager und Unternehmen von heute.

Viele Unternehmen verwendeten im Management die „Vogel-Strauß-Methode". Sie steckten den Kopf in den Sand und hofften, der Wandel würde vorübergehen. Zwangsläufig müssen sie dann erkennen, dass sie nur noch mit der „Hammermethode" den Veränderungsprozess in Gang bringen können. Aber oft ist es dann schon zu spät.

Krise und Erholung

Der chinesische Fluch „Mögest du in interessanten Zeiten leben" war nie zutreffender als heute. Krisen oder plötzliche Veränderungen schockieren die Mitarbeiter, ihre Familien und das Umfeld ebenso wie Interessensgruppen, Zulieferer und Führungskräfte. Normalerweise ist es ein langer Weg von der Krise zur Erholung.

Viele Unternehmen, die sich in Krisensituationen befinden oder denen ein Wandel aufgezwungen wird, durchlaufen einen Prozess von Schock (Shock), Ärger (Anger), Ablehnung (Rejection), Akzeptanz (Acceptance) und Heilung (Healing). Er wird auch als SARAH-Prozess bezeichnet. Meist erkennt ein Unternehmen die Sachlage erst durch eine Krise, weil zum Beispiel ein wichtiger Kunde abspringt oder ein großer Konkurrent den Markt erobert. In solchen Fällen hängt das Überleben des Unternehmens davon ab, inwieweit es den Prozess mitmacht. Wenn ein Unternehmen den Veränderungsprozess schafft, kann es besser mit den langfristigen Auswirkungen des Wandels fertig werden.

Die einzelnen Schritte des SARAH-Prozesses sehen folgendermaßen aus:

Schock: Einzelne, Teams und ganze Unternehmen landen schlagartig auf dem Boden der Tatsachen. Der Schock lässt sich mit einem traumatischen Erlebnis wie beispielsweise einem Autounfall vergleichen.

Ein wichtiger Klient von mir verlor einmal einen langjährigen Kunden. Dieser Kunde hatte in den vergangenen drei Jahren 50 % des Umsatzes gebracht. Fast alle im Unternehmen waren noch Monate später wie benommen. Ihre erste Reaktion waren Schock und Lähmung. Sie dachten: „Das kann doch nicht wahr sein!"

Ärger: Einzelne und Teams im Unternehmen waren verärgert und wütend auf den Kunden, aber auch auf die Unternehmensleitung und die Verkaufsabteilung, weil diese die Katastrophe nicht vorhergesehen hatten. Zwei Monate lang gab es nur Schuldzuweisungen. Verlustangst, drohende Entlassungen, Bankrott und andere Sorgen beherrschten die Gedanken der Mitarbeiter. Sie alle hatten in einer angenehmen Komfortzone gelebt und wurden von der neuen Situation völlig unvorbereitet getroffen.

Ablehnung: Viele Angestellte ließen das Trauma nicht an sich heran –, oder widerstanden ihm – indem sie sich einredeten, der Kunde wäre ohnehin zu schwierig gewesen. Sie dachten, sie könnten einen ähnlichen Kunden dieser Größe finden. Sie argumentierten, sie könnten die Kosten senken und die Ausgaben reduzieren und so mit der Flaute fertig werden. Einige Mitarbeiter leugneten also die Realität. Einige Mitglieder der Marketingabteilung stürzten sich voller Eifer auf den Markt, um einen neuen Kunden zu werben. Sie verschlossen die Augen vor der Tatsache, dass es zwölf Monate dauern konnte, bis sie einen Kunden dieser Größe finden würden. Die Niedergeschlagenheit wuchs… die Produktion ging zurück… der Stress wuchs… das Engagement ging zurück…

Akzeptanz: Allmählich findet sich jeder mit der Realität ab. Der Verlust des Kunden hat schwer wiegende Auswirkungen

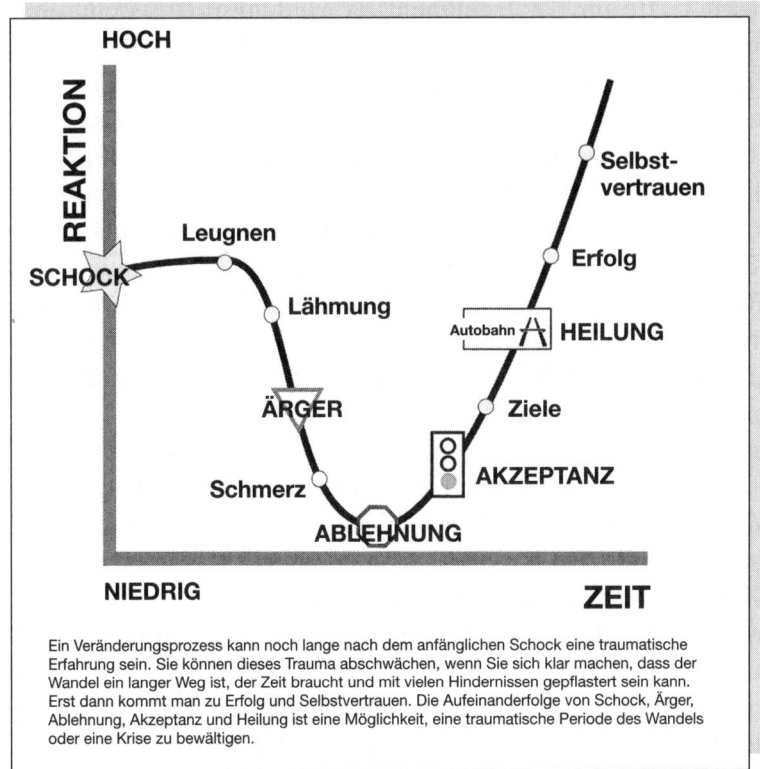

Ein Veränderungsprozess kann noch lange nach dem anfänglichen Schock eine traumatische Erfahrung sein. Sie können dieses Trauma abschwächen, wenn Sie sich klar machen, dass der Wandel ein langer Weg ist, der Zeit braucht und mit vielen Hindernissen gepflastert sein kann. Erst dann kommt man zu Erfolg und Selbstvertrauen. Die Aufeinanderfolge von Schock, Ärger, Ablehnung, Akzeptanz und Heilung ist eine Möglichkeit, eine traumatische Periode des Wandels oder eine Krise zu bewältigen.

Abb. 4: Die Bewältigung einer Krise

auf das Unternehmen. Es wird zu Entlassungen kommen. Es wird massive, „hammerartige" Veränderungen im Betrieb geben müssen. Seit Jahren hatte das Unternehmen mit dem Widerstand von Gewerkschaften und der Belegschaft gegen bestimmte Veränderungsinitiativen zu kämpfen. Dieses Mal wurde das gesamte Unternehmen innerhalb von sechs Monaten umgekrempelt. Es hieß: „Friss, Vogel, oder stirb!" Die Mitarbeiter schluckten die Veränderungen.

Heilung: Der Mensch verfügt über die erstaunliche Fähigkeit, sich nach dramatischen Ereignissen zu regenerieren und zu erholen. Auch Unternehmen sind dazu in der Lage. Sehr rasch setzte im Unternehmen der Heilungsprozess ein, und man fügte sich in das Unvermeidliche. Heilung und Hoffnung gingen Hand in Hand. Noch wichtiger war jedoch, dass fast jeder im Unternehmen einen neuen Sinn und ein Ziel sah. Binnen sechs Monaten wurden zwei neue Kunden gewonnen, die etwa 35 % des alten Umsatzes zurückbrachten. Darüber hinaus wurden viele der in diesem Buch vorgeschlagenen Konzepte befolgt. Ständiges Lernen und eine kontinuierliche Weiterentwicklung wurden als Voraussetzung für einen langfristigen Erfolg erkannt. Jetzt bereitet sich das Unternehmen auf zukünftige Schocks vor. Ein kontinuierlicher Wandel ist mittlerweile die Norm und keine gefürchtete Katastrophe mehr.

Ihre Rolle besteht darin, den mit einem Wandel verbundenen Stress zu meistern und so einen erfolgreichen Ausgang zu gewährleisten. Halten Sie sich an den SARAH-Prozess. Viele Manager verzichten auf Veränderungsinitiativen, weil sie den Widerstand, der ihnen entgegenschlägt, für unüberwindlich halten und nicht als emotionale, ja sogar natürliche Reaktion erkennen. Wenn sie wüssten, dass Ärger und Widerstand oft der Sturm vor der Ruhe sind, dann würden sie den Sturm vorüberziehen lassen und den Erfolg ernten.

Leader und Champions

Für das Team, das einen Betrieb bei einem Veränderungsprozess betreut, sind zwei Typen von Spielern notwendig. Die Schlüsselfigur ist der Leader des Veränderungsprozesses, der so genannte Change Leader, der sämtliche Maßnahmen unterstützt und legitimiert. Er versteht das Konzept und die langfristige Bedeutung, die hinter einem Veränderungsprozess stehen, und sieht nicht nur die kurzfristige Dringlichkeit. Die kurzfristige Dringlichkeit muss von der langfristigen Bedeutung unterschieden werden. Anfänglich sind die meisten bedeutenden Veränderungsprozesse nicht sehr dringend. Aber sie sind wichtig.

Ein Krisenveränderungsmanagement ist dringend und gefährlich, doch der SARAH-Prozess kann zu einem besseren Verständnis beitragen und die einzelnen Veränderungsschritte kenntlich machen, die gesteuert werden sollten. Der Change Leader erkennt die Auswirkungen der externen Antriebskräfte, die einen Wandlungsprozess einleiten, und weiß, dass der Vorgang eine Investition in die Zukunft darstellt.

Die internen Champions oder Change Champions sind für die Durchführung des Veränderungsprozesses verantwortlich. Sie verwenden einen systematischen Ansatz aus dem Change-Management wie zum Beispiel das System des unternehmerischen Managements, das in diesem Buch beschrieben wird. Zunächst erschließen sie ihr eigenes Potenzial, dann das der anderen und der Teams und schließlich der gesamten Organisation.

Die internen Champions steuern die entscheidende Übergangsphase von der aktuellen Situation zu der angestrebten neuen Position. Ihre Arbeit ist für den Erfolg des Veränderungsprozesses entscheidend. Interne Champions können effektiv mit Beratern von außen zusammenarbeiten. Alle anderen Beteiligten, vor allem die Mitarbeiter auf allen Ebenen, sind ebenfalls Schlüsselfiguren bei diesem anspruchsvollen und aufregenden Spiel.

Meine eigene Unternehmensberatung arbeitet mit Firmen gemeinsam an der Gestaltung von Wettbewerbsvorteilen und unterstützt kleine, mittlere und große Unternehmen bei Umstrukturierungen. Aus Erfahrung wissen wir, dass bei Veränderungsprozessen die folgenden Faktoren berücksichtigt werden müssen.

1. Die Beteiligung von Change Leadern

Die Change Leader müssen an dem Projekt nicht nur beteiligt sein, sondern es muss auch sichtbar werden, wie sie daran arbeiten. In einem Unternehmen, in dem wir Maßnahmen für eine intensivere Kundenbetreuung einführten, stellte der Geschäftsführer das Programm vor und hörte sich die Analysen der aktuellen Lage während der ersten Stunde jeder Einführung an. Er ermutigte die Mitarbeiter, offen zu sprechen und Rückmeldung über die Probleme zu geben, die sie daran hinderten, sich besonders um die Kunden zu kümmern.

Die Hauptprobleme, die die Beschäftigten nannten, waren eine schwache interne Kommunikation und mangelndes Feedback. Der Geschäftsführer hatte auch während der folgenden zwei Jahre stets ein offenes Ohr und zeigte sich lernbereit, außerdem war er bei den Fokusgruppen der Belegschaft und der Kunden vertreten. Seine Beteiligung und seine Bereitschaft, sich ein fundiertes Feedback anzuhören, bildeten die Grundlage für den Erfolg des Projekts.

2. Disziplinierte Methodik

Der Mensch neigt von Natur aus dazu, sich Veränderungen zu widersetzen. Um diesem Widerstand zu begegnen, braucht man eine disziplinierte Methodik des Wandels. Man kann sie auch als „Doktor"-Ansatz bezeichnen. Untersuchung, Diagnose und ein festes Regelwerk sind notwendig, bevor man über eine Behandlung oder die Verordnung von Medikamenten nachdenkt. Jeder Versuch, den „Doktor"-Ansatz abzukürzen, ist ein Verstoß gegen das Berufsethos. Untersuchen Sie gründlich alle lebenswichtigen Funktionen, erstellen Sie dann eine sorgfältige und professionelle Diagnose für das Problem, berücksichtigen Sie dabei einen systematischen Ansatz und verschreiben Sie erst dann eine Lösung.

Der Mensch widersetzt sich Veränderungen aus verschiedenen Gründen:

- Er fürchtet, er könnte seinen Arbeitsplatz, Status oder die guten Arbeitsbedingungen verlieren.
- Er versteht oder erkennt den Grund für einen Wandel nicht.
- Er mag den Change Leader oder den internen Champion nicht.
- Er betrachtet den Wandel als persönliche Kritik oder hat den Eindruck, dass seine Tätigkeit falsch eingeschätzt wird.
- Die Zeiten sind schlecht!
- Er hat ohnehin eine negative Einstellung.

Die Mitarbeiter akzeptieren Veränderungen bereitwilliger, wenn:

- Sich ihr Einkommen, ihr Status oder die Arbeitsbedingungen verbessern.
- Sie mehr Möglichkeiten zur Weiterentwicklung, Anerkennung und Beförderung haben.
- Der Wandel größere Herausforderungen und Aufregung verspricht.
- Der Wandel notwendig ist und zum richtigen Zeitpunkt erfolgt.
- Ihnen die Art gefällt, wie die Veränderung vorgestellt wird; wenn sie mitreden und sich beteiligen dürfen.

3. Neues Blut, neue Kultur

Wie bequem ist bequem? Bei jedem Wandlungsprozess muss die natürliche Neigung des Menschen zu allem, was Bequemlichkeit und Sicherheit verspricht, berücksichtigt werden. Der angestrebte neue Zustand passt vielleicht nicht zu jeder Unternehmenskultur. Einige Mitarbeiter werden kündigen, weil sie den Übergang auf persönlicher Ebene nicht schaffen. Rechnen Sie bei einer größeren Umstrukturierung mit einer Ausfallrate von mindestens 10 %. Solche Reaktionen machen natürlich auch den Weg frei für neues Blut, was sich wiederum auf die Entwicklung der neuen Unternehmenskultur auswirkt. Anfänglich jedoch lösen die Kündigungen Besorgnis und Angst aus. Verlässt nun jeder das sinkende Schiff?

Bleiben Sie an dieser Stelle stark. Hören Sie zu! Werden Sie nicht panisch! Konzentrieren Sie sich auf den Gesamtzusammenhang und den Prozess an sich. Zeigen Sie Verständnis. Jedes Zähneknirschen, jede Schuldzuweisung wird durch Verlustangst hervorgerufen – Angst davor, Geld, Sicherheit, Status, Identität und die Stelle zu verlieren.

4. Wie man richtige Verbindungen herstellt

Den Wandel erfolgreich zu steuern bedeutet, *wirkliche* menschliche Verbindungen zu schaffen. Stellen Sie keine Vermutungen über den Vorgang an, bevor die zwischenmenschliche Seite nicht geregelt ist.

Drei Prinzipien sind für das Change-Management unabdingbar:

Erstens: Einfühlungsvermögen

Verzichten Sie für eine Weile auf Ihre Rolle als Manager und versetzen Sie sich in die Lage Ihrer Angestellten. Versuchen Sie, sich in sie hineinzufühlen. Wie werden sie sich angesichts der Veränderungsvorschläge fühlen? Wie werden sie darauf reagieren? Die Zustimmung der Beschäftigten ist für eine erfolgreiche Durchführung entscheidend. Ich fordere Manager auf, eine Empathietabelle anzulegen, also eine Liste aller Mitarbeiter, die von der Umstrukturierung betroffen sein werden. Die Manager sollen die zu erwartenden Reaktionen den sechs folgenden Kategorien zuordnen: „Abneigung", „Widerstand", „Neutral", „Akzeptanz", „Willkommen" und „Weiß nicht". Die Empathietabelle kann Ihnen Hinweise darauf geben, wie schnell Sie vorgehen können oder wie der beste Ansatz aussehen könnte.

Unternehmen/Abteilung _____

Name	Abnei-gung	Wider-stand	Neutral	Akzep-tanz	Will-kommen	Weiß nicht

———— ├──┼──┼──┼──┼──┼──┼──┼──┼──┼──┤ ————
          0 1 2 3 4 5 6 7 8 9 10

———— ├──┼──┼──┼──┼──┼──┼──┼──┼──┼──┤ ————
          0 1 2 3 4 5 6 7 8 9 10

———— ├──┼──┼──┼──┼──┼──┼──┼──┼──┼──┤ ————
          0 1 2 3 4 5 6 7 8 9 10

———— ├──┼──┼──┼──┼──┼──┼──┼──┼──┼──┤ ————
          0 1 2 3 4 5 6 7 8 9 10

———— ├──┼──┼──┼──┼──┼──┼──┼──┼──┼──┤ ————
          0 1 2 3 4 5 6 7 8 9 10

———— ├──┼──┼──┼──┼──┼──┼──┼──┼──┼──┤ ————
          0 1 2 3 4 5 6 7 8 9 10

———— ├──┼──┼──┼──┼──┼──┼──┼──┼──┼──┤ ————
          0 1 2 3 4 5 6 7 8 9 10

———— ├──┼──┼──┼──┼──┼──┼──┼──┼──┼──┤ ————
          0 1 2 3 4 5 6 7 8 9 10

———— ├──┼──┼──┼──┼──┼──┼──┼──┼──┼──┤ ————
          0 1 2 3 4 5 6 7 8 9 10

———— ├──┼──┼──┼──┼──┼──┼──┼──┼──┼──┤ ————
          0 1 2 3 4 5 6 7 8 9 10

          ├──┼──┼──┼──┼──┼──┼──┼──┼──┼──┤
          0 1 2 3 4 5 6 7 8 9 10

Abb. 5: Die Empathietabelle des Wandels

Zweitens: Kommunikation

Kommunizieren Sie schriftlich und mündlich. Schriftliche Äußerungen verleihen Ihrer Botschaft mehr Nachdruck. Die Gründe sind oft wichtiger als die Natur der Veränderung selbst. Schaffen Sie Zeit und Raum, damit eine Kommunikation stattfinden kann. Beantworten Sie Fragen ausführlich, auch wenn Ihnen die Antworten offensichtlich erscheinen.

Geben Sie ein Feedback und informieren Sie die Mitarbeiter über den aktuellen Stand der Dinge.

Der Vorteil in der Kommunikation mit einer Gruppe liegt darin, dass jeder zur gleichen Zeit die gleichen Informationen vermittelt bekommt. Niemand kann dann vermuten, dass die Mitarbeiter unterschiedlich informiert werden. Beim Gruppenansatz werden Fragen und Antworten von allen gehört. Dadurch sinkt die Gefahr, dass die Botschaft durch Gerüchte verzerrt wird. Außerdem spart der Gruppenansatz Zeit.

Einzelgespräche haben dagegen den Vorteil, dass die Führungskräfte die Beteiligten individuell von der Notwendigkeit einer Umstrukturierung überzeugen können. Bei Einzelgesprächen finden viele den Mut, ihre persönliche Meinung ohne die Hemmungen vorzubringen, die in der Gruppe entstehen. Und die Manager können die Gelegenheit dazu nutzen, ein persönliches Interesse an jedem Mitarbeiter zu zeigen.

Doch unabhängig davon, ob Sie das Gruppen- oder Einzelgespräch wählen, müssen Sie sich um jeden Beteiligten persönlich kümmern und sein Einverständnis gewinnen.

Drittens: Beteiligung

Mitarbeiter beschweren sich bei einer Neuerung meist, sie seien nicht gefragt worden. Das Gefühl, übergangen zu werden, ist für die Beschäftigten ein großes Problem. Einige Manager und Unternehmer haben das erkannt und als Lösung das so genannte „partizipative Management" eingeführt. Sie stellten fest, dass eine Beteiligung der Mitarbeiter dem Unternehmen und den Beschäftigten nützt.

Ein Beispiel für partizipatives Management ist das PRIDE-Programm von IBM. Der Begriff ist eine Abkürzung für People (Menschen), Responsibility (Verantwortung), Involved (Beteiligung), Developing (Entwicklung) und Excellence (hervorragende Qualität). Die Ursprünge des partizipativen Managements liegen möglicherweise in den Qualitätszirkeln, die in Unternehmen auf der ganzen Welt eingesetzt wurden, allerdings mit wechselndem Erfolg.

Das Change-Management mittels Partizipation kann auf zwei Arten erfolgen:

Zum einen erhalten die Manager vor der Umstrukturierung Anregungen von der gesamten Belegschaft, wägen die Beiträge ab und versuchen dann, den Mitarbeitern die Veränderung schmackhaft zu machen. Es heißt: „Der Mensch unterstützt das, zu dessen Entstehung er beitrug." Außerdem ermöglicht dieser Ansatz den Managern, die Kontrolle über die Entscheidungsfindung zu behalten.

Die zweite Möglichkeit ähnelt mehr einem Problemlösungsansatz. Unter der Führung eines Managers kommt eine Gruppe zu einer Entscheidung über eine Umstrukturierung. Dieser Ansatz führt letztendlich zu einem stärkeren Engagement; er kann jedoch auch riskant sein, wenn der Manager nicht das letzte Wort hat.

Bei einem Wandel ist der Mensch der Schlüssel. Der Erfolg jeder Bemühung um Veränderung hängt in starkem Maß davon ab, ob die Mitarbeiter damit einverstanden sind oder die Neuerung ablehnen. Manager können die Haltung der Beschäftigten beeinflussen, indem sie den Veränderungsprozess an den Prinzipien Einfühlungsvermögen, Kommunikation und Partizipation ausrichten.

Das PITOK®-Modell des Wandels

Dieses Buch basiert auf dem Prinzip, dass Sie die Kontrolle über fünf entscheidende Aspekte (Kompetenzen) Ihres Unternehmens erlangen: persönliche Kompetenz (P), interpersonelle Beziehungen (I), Teamaufbau (T), Organisations-Entwicklung (O) und Kundenorientierung (K).

Ich will Ihnen mit dem PITOK®-Modell ein verständliches System an die Hand geben, das Ihnen hilft, die Faktoren Veränderung, Wachstum und Entwicklung in eine persönliche und geschäftliche Perspektive einzuordnen.

Sie müssen ständig zwei Aspekte des Wandels im Auge behalten. Der erste Aspekt umfasst die Faktoren, über die Sie die größte Kontrolle haben – die PITOK®-Faktoren. Der zweite Aspekt bezieht sich auf die konvergierenden externen Kräfte, die Sie kaum beeinflussen können. Diese globalen Faktoren haben einen starken Einfluss auf die Geschwindigkeit des Wandels.

Das erste Element von PITOK® – P wie persönliche Kompetenz

Jede personelle Veränderung beginnt bei Ihnen. Sie optimieren Ihr Potenzial. Sie klären Ihre Zielvorstellungen und entwickeln Ihre Kompetenzen. Sie bringen Ihre Werte und Einstellungen in Einklang. Persönliches Können bildet nicht nur die Grundlage für das PITOK®-Modell, sondern auch für Ihren Erfolg im Berufs- und Privatleben.

Das zweite Element von PITOK® – I wie interpersonelle Beziehungen

Ihre Fähigkeit, interpersonelle Beziehungen auf jeder Ebene Ihrer geschäftlichen Tätigkeit herzustellen, zu vermitteln und zu beeinflussen, ist die treibende Kraft für sämtliche Vorgänge in Ihrem Unternehmen. Sie können nicht mehr einfach alles dem Schicksal überlassen. Ihre Fähigkeit, Vertrauen und Verständnis zu wecken, ist heutzutage ausschlaggebend für den Erfolg. Tatsächlich zählt diese Fähigkeit zu den immateriellen Vermögenswerten. Immer mehr Geschäftsabschlüsse basieren auf immateriellen Verbindungen, und geistiges Kapital wird oft durch starke persönliche Beziehungen zusammengehalten.

Das dritte Element von PITOK® – T wie Teamaufbau

Was liegt näher, als Ihre starken persönlichen und interpersonellen Fähigkeiten auf größere Gruppen auszudehnen – auf Teams. Sie wissen, welche Bedeutung gutes Teamwork im Sport hat. Sie wissen auch, dass die Synergieeffekte im Team Stress, Verschwendung und Kosten reduzieren und zur Steigerung von Wert, Arbeitsmoral, Energie, Absatz und Produktivität in einem Team beitragen. Wie optimieren Sie das Potenzial Ihres Teams?

Das vierte Element von PITOK® – O wie Organisations-Entwicklung

Ihr Ziel beim Change-Management besteht darin, das Potenzial Ihres Unternehmens zu steigern und so seine strategischen Ziele zu erreichen. Eine Organisation besteht aus Einzelpersonen und Teams. Mischen Sie diese, und die Varianten und Komplexität nehmen deutlich zu.

Das Management dieser Mischung verlangt Führungsqualitäten, Innovationsgeist, strategisches Denken und Planen sowie die Fähigkeit, unterschiedliche Unternehmenskulturen zu akzeptieren. Als unternehmerischer Manager stehen Sie vor der Herausforderung, Einzelpersonen und Teams durch den Wandel zu steuern und einen nachhaltigen strategischen Vorteil aus dieser Veränderung zu ziehen.

Das fünfte Element von PITOK® – K wie Kundenorientierung

Ihre Kunden geben letztendlich den Ausschlag. Sie entscheiden sich ständig für oder gegen Ihr Unternehmen. Heutzutage wissen die Kunden, dass sie so viele Wahlmöglichkeiten wie nie zuvor haben. Kundenbindung ist schwer verdient. Ich wundere mich immer wieder, wie Unternehmen kleine Vermögen darauf verwenden, Kunden zu gewinnen. Doch wenn es dann ums Geschäft geht, behandeln sie die Kunden, als hätten diese keine Bedeutung.

Der Übertragungseffekt persönlicher Kompetenz

Nehmen wir an, dass Ihre Effektivität im Bereich persönliche Kompetenz nur 20 % beträgt. Meiner Erfahrung nach wirkt sich das auch auf die anderen vier Bereiche von PITOK® aus. Ihre interpersonellen Beziehungen leiden darunter, und Ihr Team arbeitet ineffektiv. Letztendlich sind die Auswirkungen im gesamten Unternehmen zu spüren, und auch das Verhältnis zu Ihren Kunden ist davon betroffen.

Bei einer Veränderung der aktuellen Situation oder einer angestrebten Leistungssteigerung sollten Sie daher immer bei sich selbst beginnen. Beobachten Sie die Auswirkungen. Hören Sie auf, Ausreden für mangelnde Leistung zu finden, suchen Sie die Schuld nicht mehr länger in der Marktlage, bei Ihren Kunden, Ihren interpersonellen Beziehungen, der Unternehmenskultur oder -struktur. Machen Sie sich lieber daran, Ihre eigenen Kompetenzen zu definieren, zu messen und zu entwickeln, anstatt bei anderen Menschen, Situationen oder äußeren Bedingungen nach den Antworten zu suchen.

Sie brauchen nur an Ihrem persönlichen Können zu arbeiten, und schon werden Sie eine sofortige Verbesserung in Ihrem Umfeld spüren. Ihre Wahrnehmung wird sich verändern. Ihre neuen Ansichten, Haltungen und Denkweisen werden Sie beflügeln. Sie werden erkennen, dass der Spruch „Wie man in den Wald hineinruft, so schallt es heraus" durchaus zutrifft – wenn Ihre Umgebung im Chaos versinkt, ist das nur eine Widerspiegelung Ihrer eigenen Situation. Die Geheimnisse der Selbstbeobachtung sind schon seit Tausenden von Jahren bekannt. Sie haben vielleicht nur noch nie von ihnen Gebrauch gemacht.

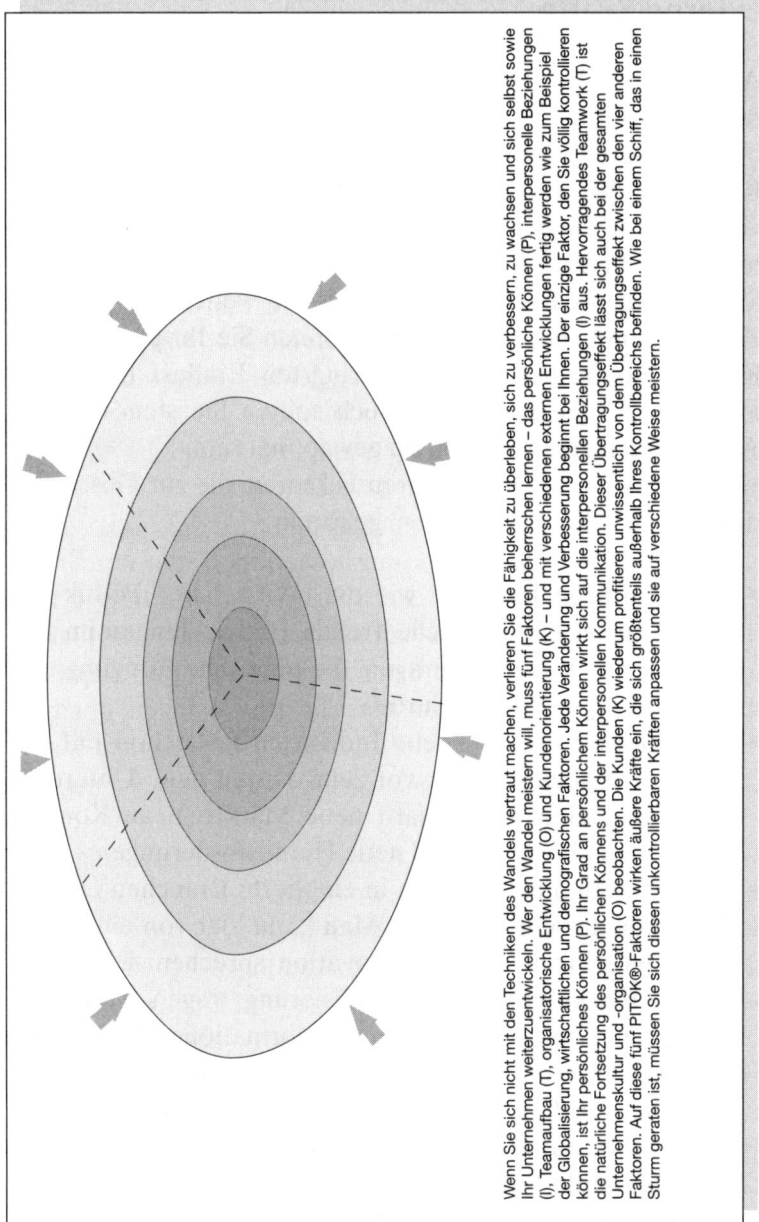

Wenn Sie sich nicht mit den Techniken des Wandels vertraut machen, verlieren Sie die Fähigkeit zu überleben, sich zu verbessern, zu wachsen und und sich selbst sowie Ihr Unternehmen weiterzuentwickeln. Wer den Wandel meistern will, muss fünf Faktoren beherrschen lernen – das persönliche Können (P), interpersonelle Beziehungen (I), Teamaufbau (T), organisatorische Entwicklung (O) und Kundenorientierung (K) – und mit verschiedenen externen Entwicklungen fertig werden wie zum Beispiel der Globalisierung, wirtschaftlichen und demografischen Faktoren. Jede Veränderung und Verbesserung beginnt bei Ihnen. Der einzige Faktor, den Sie völlig kontrollieren können, ist Ihr persönliches Können (P). Ihr Grad an persönlichem Können wirkt sich auf die interpersonellen Beziehungen (I) aus. Hervorragendes Teamwork (T) ist die natürliche Fortsetzung des persönlichen Könnens und der interpersonellen Kommunikation. Dieser Übertragungseffekt lässt sich auch bei der gesamten Unternehmenskultur und -organisation (O) beobachten. Die Kunden (K) wiederum profitieren unwissentlich von dem Übertragungseffekt zwischen den vier anderen Faktoren. Auf diese fünf PITOK®-Faktoren wirken äußere Kräfte ein, die sich größtenteils außerhalb Ihres Kontrollbereichs befinden. Wie bei einem Schiff, das in einen Sturm geraten ist, müssen Sie sich diesen unkontrollierbaren Kräften anpassen und sie auf verschiedene Weise meistern.

Abb. 6: Das PITOK®-Modell des Wandels

Externe Kräfte

Auf die oben beschriebenen fünf Faktoren wirken verschiedene externe Kräfte ein, die immer wieder für Turbulenzen bei der Veränderungsrevolution sorgen. Sie müssen diese Kräfte ständig im Auge behalten, fast so, als ob Sie Ihr Haus vor einem Wirbelsturm schützen müssten. Die fünf Bestandteile von PITOK® lassen sich besser kontrollieren. Beachten Sie aber, dass der Einfluss nachlässt, je weiter Sie sich vom Zentrum entfernen. (Am besten können Sie Ihr persönliches Können kontrollieren.) Den geringsten Einfluss haben Sie auf die externen Kräfte; dennoch sollten Sie stets für eine Auseinandersetzung mit ihnen gewappnet sein.

Zu den wesentlichen äußeren Faktoren, die zur Geschwindigkeit des Wandels beitragen, gehören:

- Wirtschaftliche Faktoren wie die (Wirtschafts-)Politik der Regierung, gesellschaftliche Trends, Entwicklungen im Bildungswesen, kulturelle Fragen, die politische Einigung und die Währungspolitik in Europa
- Heutzutage entstehen neue Industrien fast schon mit der Geschwindigkeit, mit der vor zehn Jahren neue Unternehmen entstanden. Das schafft neue Märkte, neue Konkurrenten, neue Produkte und neue Herausforderungen.
- Viele Unternehmen steigen in etablierte Branchen ein und definieren das Geschäft neu. Man kann hier von einer vollkommenen strategischen Innovation sprechen. Eine Welt ohne Grenzen und die Globalisierung tragen wesentlich zum freien Fluss von Wissen und Informationen bei. Welche Auswirkungen diese Entwicklung in den nächsten zehn Jahren haben wird, wissen wir noch nicht; vermutlich haben wir noch nicht einmal die Spitze des Eisbergs kennen gelernt. Viele führende Wirtschaftsexperten haben prophezeit, dass die größten Marktwirtschaften des 21. Jahrhunderts die Länder der heutigen Dritten Welt sein werden.

- Weltweit werden höhere Sicherheits- und Umweltstandards eingeführt, die sich in den nächsten zehn Jahren auf jede Branche auswirken werden.
- „Ich bin mir absolut sicher, dass die Demografie ein grundlegendes Thema der ersten beiden Jahrzehnte des 21. Jahrhunderts sein wird", erklärte Peter Drucker bei einer Konferenz in London, an der ich im September 1998 teilnahm. Zum ersten Mal seit den Zeiten der Pest nimmt die Bevölkerung in den Industrieländern ab. Drucker argumentierte, dass diese Entwicklung verschiedene Auswirkungen haben werde, darunter eine stärkere Betonung der Ausbildung der wenigen, „wertvollen" Kinder und politische Turbulenzen, wenn die alternde Bevölkerung für die Erhaltung ihrer Ansprüche kämpft. Die Unternehmen müssen sich auf alternde Arbeitskräfte einstellen, das Rentenalter wird vielleicht auf fast 80 Jahre ansteigen, und die Berufstätigen werden flexiblere Beschäftigungsmodelle verlangen.
- Ein weiterer Trend ist nach Ansicht von Drucker die weltweite wirtschaftliche Integration, wenn die Märkte auf extreme und unvorhergesehene Währungsschwankungen reagieren. Kombinieren Sie diese Entwicklung mit einer zunehmenden politischen Fragmentierung und Sie werden erkennen, dass sich das Unternehmen, das wir heute kennen, grundlegend verändern wird.
- Die Revolution im Bereich Telekommunikation steht noch am Anfang. Wir wissen bereits genug, um zu erkennen, dass sie eine unwiderstehliche Kraft besitzt. Der Trend, dass alles besser, schneller, billiger, leichter, neuer, anders und kleiner sein muss, lässt sich nicht aufhalten und wird sich auf Ihr Leben, Ihre Karriere, Ihr soziales Umfeld und Ihr Geschäft auswirken. Er wird sich auf alles auswirken. Sie müssen sich darauf vorbereiten. Sonst bleibt Ihr Unternehmen auf der Strecke.
- Die Konvergierungstendenzen in der Technologie werden es schon bald schwierig machen, beispielsweise den Unter-

schied zwischen einem Fernseher und einem Personal Computer zu erkennen. Es werden sich Mischbranchen in den Bereichen Computertechnik, Kommunikation und Software bilden, oder zwischen den Bereichen Chemie und Elektronik, zwischen dem Einzelhandel und Finanzdienstleistungen.

- Die Erwartungen und Bedürfnisse der Kunden wachsen. Vor noch nicht allzu langer Zeit hieß es, man besäße einen Wettbewerbsvorteil auf dem Markt, wenn man zwei der drei Variablen Qualität, Wert und Preis bieten könnte. Das trifft mittlerweile nicht mehr zu. Heute muss man alle drei Variablen gleichzeitig vorweisen, um einen Wettbewerbsvorteil zu haben.

Das hier vorgestellte Modell soll Ihnen dabei helfen, über die Bewältigung des Wandels aus strategischer Sicht nachzudenken. Unabhängig von Ihrer derzeitigen Position müssen Sie sich bemühen, stets strategisch zu denken. Im weiteren Verlauf dieses Buchs geht es darum, diesen strategischen Vorteil zu schaffen und zu erhalten.

Schritt für Schritt zum Change-Management

Das hier vorgestellte System des unternehmerischen Managements ist praktisch angelegt. Jedes Kapitel beinhaltet Handlungsvorgaben, an die Sie sich halten können. Sie sind so gestaltet, dass Sie dazu motiviert werden, an den vorgestellten Mitteln und Techniken zu arbeiten. Wenn Sie die Ideen nicht umsetzen und die vorgestellten Instrumente nicht verwenden, wird das unternehmerische Management kaum von Nutzen für Sie sein.

Sie müssen die Disziplin aufbringen und die Übungen machen, nur dann profitieren Sie vom Gesamteffekt.

Schritt 1

Sie müssen akzeptieren und anerkennen, dass wir eine Veränderungsrevolution erleben. Überlegen Sie: Wie wirkt sich das auf Sie aus? Inwiefern sind Sie darauf vorbereitet, mit den Veränderungen auf persönlicher und familiärer Ebene, im Beruf und im Betrieb umzugehen? Entschlossenes Handeln ist der Schlüssel, den Wandel als Chance zu meistern.

Schritt 2

Nehmen Sie ein Blatt Papier und bewerten Sie mit einer Punkteskala von eins bis zehn, wie weit Sie auf jeden der fünf PITOK®-Bereiche vorbereitet sind. Schreiben Sie dann drei Handlungsschritte auf, die Sie sofort ergreifen sollten, um von Ihrer derzeitigen Position aus vorwärts zu kommen.

Schritt 3

Erstellen Sie einen Plan, wie Sie mehr Zeit darauf verwenden können, das notwendige Wissen für die Vorbereitung auf die Veränderung zu erlangen. Wie können Sie den Wandel meistern, anstatt ihm zum Opfer zu fallen? Was können Sie in den nächsten zwölf Monaten unternehmen, damit Sie sich in einer besseren Position befinden? Wie viel Geld werden Sie in Ihre Karriere investieren müssen, um Ihre derzeitige Situation aufzuwerten und zu stärken? Dem Tüchtigen winkt das Glück. Werden Sie aktiv.

Kapitel 2

Die Optimierung Ihrer sechs Ressourcen

Ein Freund von mir hatte Schmerzen im Rücken, Nacken, in Schultern und Beinen. Die Schmerzen, so dachte er, kämen von einer Grippe, von Überarbeitung und Erschöpfung. Seine Symptome waren allgemeiner Natur, und sein Arzt verschrieb ihm entsprechende Medikamente, die schmerzstillend wirken sollten. Doch die Schmerzen blieben.

Der Freund ignorierte sie über vier Monate lang („Ich habe zu viel zu tun, um mich behandeln zu lassen, ich muss ein Unternehmen leiten."). Sein Arzt überwies ihn schließlich an einen Spezialisten. Dieser stellte die Diagnose; weder die Grippe noch Überarbeitung oder allgemeine Erschöpfung waren die Ursache der Schmerzen, sondern Gallensteine. Noch am selben Tag kam mein Freund ins Krankenhaus. Es folgte eine erfolgreiche Operation. Schon nach einer Woche fühlte er sich besser.

Das gesundheitliche Problem, das ihn davon abgehalten hatte, Bestleistungen im Unternehmen zu erbringen, sein Familienleben zu genießen und Golf zu spielen, war schließlich erkannt worden. Bis der Spezialist die genaue Ursache des Problems ausfindig machte, war sein ganzer Körper in Mitleidenschaft gezogen worden. Auch sein gesamtes Unternehmen war betroffen, und die bisherige Behandlung mit Schmerzmitteln war erfolglos verlaufen.

Sobald das Problem erkannt worden war und korrekt behandelt wurde, befand sich mein Freund wieder auf dem Weg der Besserung. Bereits nach einem Monat ging es ihm physisch und psychisch so gut wie schon lange nicht mehr.

Die Beseitigung von Hemmschuhen

Eines Morgens stehen Sie vor der Tür zu Ihrem Büro und stellen fest, dass Ihnen ein kleines Stück Metall von etwa vier Zentimetern Länge fehlt, ohne das Sie nicht ins Zimmer können. Sie hören das Telefon klingeln. Weil Ihnen ein kleines Stück Metall fehlt, können Sie einen Anruf nicht entgegennehmen, der eine Bestellung im Wert von einer Million Euro bedeutet. Sie hätten nur den Schlüssel gebraucht.

Ein Hemmschuh ist eine Einschränkung oder ein Hindernis, das eine direkte Fortbewegung von einem Ort zum anderen verhindert. Er hält Sie davon ab, auf direktem Weg und auf dem Weg des geringsten Widerstands von A nach B zu kommen. Er bewirkt, dass „Höchstleistungen" in Ihrem System gebremst werden. Viele Manager und Unternehmer bemühen sich, Veränderungen zu meistern und die Leistung zu optimieren, entfernen dabei aber nicht die Hemmschuhe in ihren Unternehmen. Ihnen fehlt der passende Schlüssel.

Die Zeit, die für die Abwicklung einer Bestellung benötigt wird, kann einen starken Einfluss auf den Verkauf haben. Einer meiner Klienten verfolgte die Irrfahrt einer Bestellung zurück. Die Abteilung für die Bearbeitung der Bestellungen im Unternehmen leitete die Bestellung binnen 30 Minuten weiter. Innerhalb von zwei Stunden hatte die Buchhaltung sie bearbeitet. Doch in der Versandabteilung blieb das Produkt fünf Tage lang liegen, bevor es für die Auslieferung an den Kunden verpackt wurde. Diese Verzögerung war meinem Klienten bis dahin nicht bekannt gewesen. Ebenso wenig wusste er, dass die Kunden den Service seines Unternehmens für langsam hielten. Auf diese Weise gingen viele Aufträge verloren.

Er entfernte diesen Hemmschuh, indem er einfach das

Lager und das Versandsystem in der Auslieferung neu organisierte. Die Kunden erhielten nun innerhalb von zwei Tagen ihre Bestellungen. Mit einem Streich hatte mein Klient lange Verzögerungen und die damit verbundenen Kosten beseitigt.

Als unternehmerischer Manager müssen Sie die Hemmschuhe finden, die die Leistung Ihres Unternehmens behindern. Was könnte Ihr größter Hemmschuh sein?

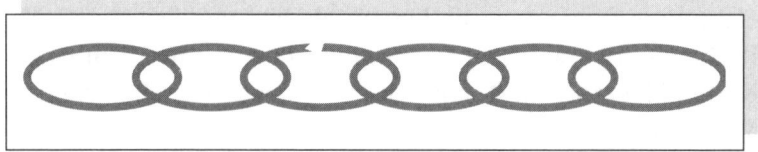

Ihre Fähigkeit, das schwächste Glied in der Kette der Ressourcen zu erkennen und zu stärken oder, wenn nötig, zu entfernen, wird Ihre wichtigste Aufgabe bei der Schaffung von Wettbewerbsvorteilen sein. Durch die Entfernung eines Hemmschuhs setzen Sie eventuell alle anderen Teile des Prozesses und Systems frei.

Ein schwaches Glied in der Kette der Ressourcen kann den gesamten Betrieb schwächen, ineffektiv machen oder lahmlegen. Die meisten Manager wissen nicht, wo sie nach dem schwächsten Glied suchen sollen. Viele Unternehmen haben eine Betriebsblindheit gegenüber ihren eigenen Defekten entwickelt. Die Einfachheit dieses Konzepts erklärt vielleicht, warum diese Verbesserungsmöglichkeit so oft übersehen wird.

Was sind die ausschlaggebenden Faktoren für hervorragende Leistung auf Ihrem Markt? Entstehen sie durch Branchenbedingungen? Sind es betriebsinterne Faktoren? Warum gibt es gewinnbringende Unternehmen in wenig einträglichen Branchen? Warum gibt es unrentable Unternehmen in profitablen Branchen? Wo liegen Ihre Stärken? Wo liegen Ihre Schwächen? Welche Chancen bieten sich Ihnen? Was bedroht Sie? Die Antworten auf viele dieser Fragen kann man in einer ressourcenorientierten Betrachtung des eigenen Unternehmens finden.

Aus der Zusammenarbeit mit Tausenden von Unternehmensleitern und Managern habe ich gelernt, dass die meisten Menschen für ihre Probleme auch Lösungen parat haben, die im Bereich ihrer Möglichkeiten liegen. Der Grund dafür, dass sie die Probleme trotzdem nicht lösen, liegt darin, dass sie die Bedeutung ihrer Hemmschuhe nicht erkennen. Sie wissen nicht einmal, wie man die Hemmschuhe identifiziert und die Probleme, die sie verursachen, löst. Der Vergleich mit den Kettengliedern gehört zum Rüstzeug des unternehmerischen Managers.

Die sechs Glieder der Ressourcenkette

Nach einem Hemmschuh sollten Sie zuerst in der sechsgliedrigen Kette der Ressourcen suchen, die Ihr Unternehmen täglich einsetzt. Dieses Modell ist ein hervorragendes Werkzeug im Management.

Die Verwendung Ihrer Ressourcen

Zu den sechs Gliedern in der Ressourcenkette gehören: Geld, Produkt, materielle und immaterielle Vermögenswerte, Zeit und Menschen. Jedes Unternehmen mit schwacher Leistung hat einen Hemmschuh bei einer oder mehrerer dieser Ressourcen oder Glieder. Überprüfen Sie die sechs Glieder der Ressourcenkette in Ihrem Unternehmen. Schon bald werden Sie Ihre Hemmschuhe finden.

Für die maximale Wirkung müssen diese sechs Ressourcen in Ihrem Unternehmen in organischer, koordinierter, harmonischer Weise funktionieren. Wenn ein Glied nachlässt, funktioniert auch der Rest nicht mehr richtig. Man kann das mit einem Auto vergleichen, bei dem ein Reifen Luft verliert. Alle anderen Teile des Autos, der Motor, die Elektrik und die Karosserie, funktionieren perfekt. Doch der weiche Reifen verlangsamt die gesamte Fahrt. Ähnlich können die sechs Ressourcen Ihrer Firma betroffen sein. Es muss nur eine davon nachlassen, schon wirkt sich dies auf alle anderen aus.

Überprüfen Sie jedes Glied der Kette darauf hin, ob es schwach ist oder einen Hemmschuh aufweist. Eine Kette ist nur so stark wie ihr schwächstes Glied. Wenn Sie das schwache Glied durch ein stärkeres Glied ersetzen, stärken Sie sofort das gesamte System. Verbessern, stärken oder ersetzen Sie jedoch nicht das schwächste, sondern ein anderes Glied, ändern Sie nichts am System insgesamt. Das ist von entscheidender Bedeutung, denn Manager sitzen diesem Fehler immer wieder auf. Sie beseitigen die „falschen Probleme". Wenn wir wieder den Vergleich mit dem Auto heranziehen, ist das etwa so, wie wenn Sie den Motor eines Autos feinabstimmen, obwohl Sie nur etwas Luft in den „weichen" Reifen pumpen müssten.

Doch betrachten wir nun die einzelnen Glieder der Ressourcenkette.

Die Ressource Geld

Manager schenken der Ressource Geld im Allgemeinen große Beachtung. Buchhalter, Wirtschaftsprüfer, Rechnungsprüfer, Finanzbeamte und die Regierung zwingen Unternehmen dazu, sich mit ihren Finanzen zu befassen. Wirtschaftsunternehmen und gemeinnützige Organisationen sind seit Generationen geradezu besessen von finanziellen Leistungsmaßstäben.

Dennoch kann es bei der Ressource Geld noch Hemmschuhe geben, die durch einen Mangel an Betriebskapital, durch Überschuldung, zahlreiche Außenstände, ein schwaches Cashflow-Management, überzogene Kredite, unrealistische Kalkulationen und übertrieben großzügige Budgetierungen verursacht werden. Viele ausgezeichnete Unternehmen

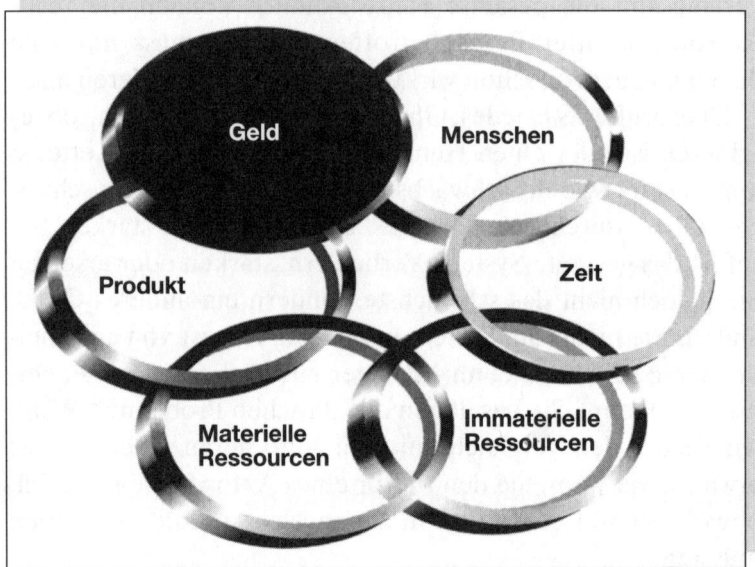

Abb. 7: Die Ressource Geld

sind kunden- und marktorientiert und können hervorragende Absatzzahlen vorweisen, dennoch stimmt etwas nicht: „Wir machen Umsatz, wir haben eine gute Gewinnspanne, und die Kunden lieben uns. Warum haben wir trotzdem so große finanzielle Probleme?"

Vor allem in kleinen und mittleren Unternehmen sind Absatz und Marketing die treibenden Kräfte. Stolz verweisen sie auf Absatz- und Umsatzzahlen. Allerdings kann Umsatz reine Eitelkeit sein. Auf den Gewinn kommt es an.

Welchen Sinn hat es, mit dem Auto zu fahren, wenn die Straße gesperrt ist? Ein unternehmerischer Manager kennt die offensichtlichen und potenziellen Straßensperren. Das unterscheidet die Gewinner vom Durchschnitt. Man muss sein Gehirn einsetzen, nicht die Muskeln. Geschäftigkeit darf nicht mit Geschäft verwechselt werden. Immer wieder wundere ich mich über Manager, vor allem in kleinen und mittleren Unternehmen, die äußerst hart an der falschen Ressource arbeiten. Erst viel später erkennen sie, dass sie sich in eine Sackgasse manövriert haben.

Alle fünf Reifen Ihres Autos (auch der Reservereifen) müssen regelmäßig kontrolliert werden. Pumpen Sie die Reifen auf, wenn der Luftdruck unter den empfohlenen Wert sinkt. Die Optimierung der Leistung in Ihrem Unternehmen ähnelt der Wartung eines Autos.

Ein unternehmerischer Manager verwendet zur Analyse der Finanzressourcen Vergleichszahlen und Prüfsysteme. Er oder sie holt sich fundierten finanziellen Rat, um sicherzustellen, dass die Ressource Geld nicht ein potenziell platter Reifen ist.

Persönliche Fähigkeiten im Umgang mit Finanzen

Ihre Fähigkeit, sich persönliche und geschäftliche finanzielle Vorteile zu schaffen, ist beim unternehmerischen Management von grundlegender Bedeutung. Geld hat einen schlechten Ruf, weil die meisten Menschen nicht genug davon haben. Um ihren Mangel zu rechtfertigen, sagen sie: „Geld ist die Wurzel allen Übels" oder „Glück lässt sich nicht kaufen". Beide Vorstellungen sind völlig falsch. Sie werden nur als Vorwand verwendet, wenn man kein Geld hat. Geld ist nicht die Wurzel allen Übels; ein katastrophales Finanzmanagement dagegen schon! Tatsächlich ist Geld eine Sprache, die überall verstanden wird.

Wollen Sie reich oder vermögend sein? Das ist ein großer Unterschied. Reichtum hat viele Pseudosymbole, zum Beispiel die Privatschule oder Universität, die man besucht hat, oder das Prestige, das mit einem bestimmten Beruf verbunden ist, oder die Gegend, in der man wohnt. Reichtum orientiert sich an Statussymbolen.

Finanziell unabhängig oder vermögend zu sein bedeutet, ein Vermögen auf Lebenszeit zu schaffen. Der beste Maßstab ist Ihr Eigenkapital. Der Nettowert ist der aktuelle Wert

Ihres Vermögens abzüglich Ihrer Verpflichtungen. Die Schaffung von Vermögen erfordert eine bestimmte geistige Einstellung und ist das Ergebnis eines Lebensstils, der von harter Arbeit, Ausdauer, Planung und vor allem Selbstdisziplin geprägt ist.

Der Grundsatz für den finanziellen Erfolg lautet: „Geben Sie weniger aus, als Sie verdienen." Vermögen ist nicht gleich Einkommen. Menschen mit hohem Einkommen verdienen das große Geld, doch sie müssen auch für hohe Hypotheken und in Deutschland hohe Steuerzahlungen aufkommen.

Großverdiener verwenden ihr Gehalt oft für die Erhaltung ihres aufwändigen Lebensstils. Oft sind sie Gefangene ihres hohen Lebensstandards und süchtig nach Statussymbolen. Die meisten Vermögensschaffenden sind dagegen selbstständig und verwenden ihr Geld für Investitionen in ihr Unternehmen oder für ihre persönliche oder familiäre Vermögensplanung. Traurig ist an dieser Geschichte, dass viele Großverdiener nur geringe Ersparnisse haben. Sie leben von der einen Gehaltsüberweisung zur nächsten. Gemäß Studien verfügt ein Durchschnittshaushalt in Deutschland über wenig Kapital, so dass er davon ohne Gehalt nicht einmal drei Monate leben kann.

Vor einiger Zeit arbeitete ich mit einem Klienten mit hohem Einkommen, dessen Finanzen völlig in Unordnung waren. Jahrelang hatte er über seine Verhältnisse gelebt und war scheinbar unfähig, weniger auszugeben, als er verdiente. Er war verschuldet, und seine Finanzlage war stark angespannt. Seine ganze Karriere war gefährdet, weil er sich nicht auf die wichtigsten Leistungsfaktoren konzentrieren konnte.

Dieser gebildete Profi mit zwei Universitätsabschlüssen in der Tasche war wie gelähmt angesichts der Vorstellung, seine eigenen Finanzen zu regeln. Sein Eigenkapital war unbedeutend, und seine Philosophie, ein Loch mit einem anderen zu stopfen, belastete seine Ehe schwer. Er selbst war völlig verwirrt, dass er so viel verdienen konnte und seine Finanzen trotzdem in einem so fürchterlichen Zustand waren. Ich arbeitete sechs Monate lang intensiv mit ihm, um seine Einstellung zu ändern, und half ihm, einige einfache, aber grundlegende finanzielle Entscheidungen zu treffen.

Meistern Sie Ihre Finanzen

Ich habe mit über 1000 Unternehmern und mit vielen Tausend Managern eng zusammengearbeitet. Meiner Ansicht nach ist es möglich, in beiden Ausgangspositionen reich zu werden. Im Lauf der letzten 20 Jahre habe ich mich immer wieder erkundigt, wie man seine Finanzen am besten in den Griff bekommt. Ich habe gelitten und die Früchte meiner Arbeit auf verschiedene Weise genossen.

Hier sind meine persönlichen Erkenntnisse für Sie. Wenden Sie einige oder alle an, und ich garantiere Ihnen, dass sich Ihre finanzielle Lage verbessern wird. Suchen Sie nicht mehr länger nach der einen großen Chance, die Sie reich machen wird. Eine Spielernatur treibt Sie in den Ruin. Die meisten meiner finanziellen Weisheiten lassen sich auf Ihre persönlichen oder finanziellen Angelegenheiten übertragen. Ich habe die Erfahrung gemacht, dass jemand, der bei finanziellen Fragen im Geschäft nachlässig ist, garantiert auch zu Hause nachlässig ist. Ich könnte Ihnen Geschichten von vernünftigen Leuten mit ungeregelten Finanzverhältnissen erzählen, die Ihnen den kalten Schweiß auf die Stirn treiben würden – wie der Mann mit dem schönen Haus ohne Hausratversicherung oder der Einzelhändler mit viel Bargeld, der keine Altersvorsorge hat, oder die vielen Leute, die es nie schaffen, ihr Testament zu machen. Im Folgenden werden die besten Ideen aufgelistet.

Setzen Sie sich zunächst zum Ziel, sofort Ihre Schulden loszuwerden

Wenn Sie denken, Sie könnten von der Hand in den Mund leben oder ein Loch mit einem anderen stopfen, müssen Sie damit sofort aufhören. Setzen Sie sich mit einem Blatt Papier hin und fragen Sie sich: Warum bin ich im Minus? Warum habe ich finanzielle Probleme? Es ist wichtig, dass Sie sich schriftlich Gedanken über Ihre Finanzen machen. Plus und Minus erzählen die wahre Geschichte von Ihrer derzeitigen Finanzsituation.

Es gibt zwei Ursachen für finanzielle Misswirtschaft: Entweder gibt man sein Geld zu großzügig aus, wenn es einem gut geht, oder man leiht sich zu viel, wenn man bereits verschuldet ist.

Wenn Sie aufgelaufene Schulden haben, sollten Sie zu Ihren Schuldnern gehen und mit ihnen einen Plan ausarbeiten, wie Sie sie im Lauf der Zeit auszahlen. Versuchen Sie es mit einem Kuhhandel. Befreien Sie sich aus den Klauen der Geldverleiher. Selbst wenn Sie pleite sind, müssen Sie nicht arm sein. Stellen Sie einen Plan auf, wie Sie Ihre Schulden mit der Zeit abtragen können.

Kaufen Sie nicht mehr länger auf Kredit. Bezahlen Sie bar oder kaufen Sie das Produkt erst gar nicht.

Überprüfen Sie Ihre Kreditkarten. Wenn Sie sich etwas nicht leisten können, dann kaufen Sie es auch nicht. Wenn Ihre finanzielle Lage katastrophal ist, sollten Sie Ihre Kreditkarten abgeben (sperren Sie höchstens eine).

Beginnen Sie sofort mit der Ordnung Ihrer Finanzen. Lassen Sie sich nicht davon abbringen. Es ist nicht so einfach, wie es aussieht. Wie viele Unternehmungen haben Sie angefangen und nicht fortgeführt? Wahrscheinlich Dutzende.

Drei Schritte, um sich selbst zu organisieren

Wie organisiert man sich selbst? Setzen Sie sich erstens einmal hin und rechnen Sie Ihr Eigenkapital aus. Das ist relativ einfach. Wenn Sie all Ihre Vermögenswerte verkaufen würden, Ihre Schulden begleichen und am nächsten Morgen mit dem verbleibenden Bargeld in einem Koffer nach Australien fliegen würden, wäre das Ihr Eigenkapital. Sie müssen eine Akte anlegen und anfangen, alles zusammmen mit Ihrem Lebenspartner und/oder Ihren Geschäftspartnern aufzuschreiben. Zweitens müssen Sie Ihren Cashflow ausrechnen und sich völlig auf das Cashflow-Management konzentrieren. Sie müssen weniger ausgeben, als Sie verdienen. Geben Sie weniger aus als Ihr Nettoeinkommen? Sie müssen vielleicht mehr Geld aus Ihren derzeitigen Geschäften herauspressen. Vielleicht müssen Sie auch exzessive Kosten vermeiden. Oder Sie sollten die Betriebsabläufe verbessern und so Bargeldlecks abdichten.

Im Unternehmen müssen Sie vielleicht nach überflüssigem Inventar suchen und es verkaufen. Geben Sie Ihren Kunden vielleicht zu viel Rabatt bei Barzahlungen, wenn Sie etwas verkaufen, das für Sie geringen Wert, in den Augen Ihrer Kunden aber großen Wert hat? Machen Sie sich vielleicht selbst etwas vor über Kunden, die gewinnversprechend erscheinen, in Wirklichkeit aber Ihr Konto schröpfen? Könnte Ihre Verkaufstechnik verbessert werden, damit Sie Ihr Geld schneller bekommen? Wie setzen Sie Ihre anderen Ressourcen ein? Zeit ist Geld. Verschwendung kostet.

Kurz gesagt, Sie müssen Ihr Cashflow-Management in den Griff bekommen. Das Cashflow-Management ist wesentlich wichtiger als Gewinn- und Verlusterklärungen, Bilanzen und die meisten anderen finanziellen Kennziffern und Formeln.

Der dritte Schritt bei Ihrer eigenen Reorganisation besteht darin, Investitionsziele für drei Zeitabschnitte zu setzen. Kurzfristige Investitionsziele (zwei Jahre und unter 8000

Euro); mittelfristige Investitionsziele (zwei bis sechs Jahre) und langfristige Investitionsziele (sieben Jahre und länger). Wählen Sie Ihre Investitionen entsprechend Ihrer Ziele. Bestimmen Sie Ihre Investition anhand des Wachstumsgrads, den Sie wollen (kurz- oder langfristig), des gewünschten Maßes an Sicherheit (im Allgemeinen ist der potenzielle Gewinn umso geringer, je sicherer die Anlage ist) und danach, wie leicht Sie an das Geld herankommen können. Wenn Ihre finanzielle Situation chaotisch ist, sollte Ihr erstes Ziel sein, Ihre Schulden loszuwerden. Wenn Ihr Einkommen derzeit niedrig ist, können Sie klein anfangen. Aber fangen Sie an. Sparen Sie 10 % Ihres Einkommens, egal, wie hoch dieses Einkommen ist. Wenn Sie Ihre Ausgaben nicht senken oder Ihr Einkommen steigern können, um dieser Anforderung zu entsprechen, haben Sie ernsthafte Probleme. Aber ich bin sicher, es handelt sich eher um ein mentales als um ein finanzielles Problem. Es gibt eine Untersuchung, die besagt, dass der Durchschnittmensch weniger als 29 Minuten im Jahr dafür aufbringt, an seinen persönlichen Finanzen zu arbeiten. Kein Wunder, dass nur 3 % vermögend und 15 % reich werden.

Entscheidend ist auf lange Sicht die folgende Frage: Wie viel Geld werden Sie im Ruhestand brauchen, um so leben zu können, wie Sie es wollen?

Als unternehmerischer Manager müssen Sie bei der Suche nach einem Finanzberater ähnlich vorgehen wie bei der Suche nach einem Babysitter. Haben Sie Geduld.

Ihr Finanzplaner ist wie der Pilot eines Flugzeugs. Wenn Sie fliegen, wollen Sie, dass er startet und sicher wieder landet. Sie wollen, dass er Sie dorthin bringt, wohin Sie wollen, und Sie wollen rechtzeitig ankommen. Diese Anforderungen ähneln den Aufgaben eines Finanzplaners. Wenn etwas schief geht, sollten Sie jedoch bedenken, dass der Pilot das Flugzeug nicht gebaut hat. Anders ausgedrückt, er kann nicht alles kontrollieren. Finanzberater reagieren wie Piloten auf das

Wetter, aber sie haben es nicht gemacht. Sie selbst müssen persönlich Anteil nehmen. Sie müssen die Grundlagen des finanziellen „Reisens" kennen lernen. Überlassen Sie niemals einem Finanzberater die volle Verantwortung über Ihre Finanzen.

Die Steigerung des Nettogewinns

Aus geschäftlicher Sicht bleibt die entscheidende Frage: Wie steigere ich meinen Nettogewinn? Dafür gibt es drei verschiedene Möglichkeiten:

1. **Kaufen Sie billiger ein.**
   Verhandeln Sie. Ich wundere mich immer wieder, wie nachlässig manche Geschäftsleute beim Einkauf vorgehen, sei es nun für sie selbst oder für das Unternehmen. Entwickeln Sie Verhandlungsgeschick und kürzen Sie Ihren Einkaufspreis um mehrere Prozentpunkte. Erlernen Sie bessere Einkaufstechniken.
2. **Verkaufen Sie Ihre Produkte und Dienstleistungen zu einem höheren Preis.**
   Der Preis ist immer relativ. Statten Sie Ihr Angebot mit gutem Wert und einem hervorragenden Kundenservice aus. Verwenden Sie alles, was in diesem Buch angesprochen wird, dann können Sie Ihre Gewinnspanne wahrscheinlich um zusätzliche 20 % erhöhen. Ein Unternehmen, das wegen zu hoher Preise Bankrott ging, muss man mir erst noch zeigen; dafür habe ich schon viele Firmen gesehen, die wegen zu niedriger Preise in Konkurs gingen. Zweckmäßigkeit, Mehrwert, ein flotter Service, altmodische Freundlichkeit und das Eingehen auf den Kunden sind bei den meisten Gütern und für die meisten Kunden oft wichtiger als der Preis.
3. **Senken Sie Ihre Kosten.**
   Stürzen Sie sich auf jeden Aspekt der Kostensenkung. Alle

Kosten haben zwei Beine. Alle lassen sich reduzieren, ob es nun Stromkosten, Telefonrechnungen oder Personalkosten sind. Eine durchschnittliche Familie gibt 30 % für nicht lebensnotwendige Güter und Spontankäufe aus, die in den meisten Fällen unnötig sind. Sparsamkeit ist eine Tugend. Eine kurzfristige Befriedigung zu verschieben, heißt, dass man der unmittelbaren Versuchung widerstehen und sich auf langfristige Gewinne konzentrieren kann. Die Begriffe Gewinn und Profit werden im Wörterbuch ähnlich definiert.

Unkosten sind subtil, sie schleichen sich langsam an Sie heran und können Sie erdrücken. Wie können Sie Ihre fixen Nebenkosten senken? Halten Sie sie so niedrig wie möglich. Handeln Sie einen besseren Abschluss bei allem heraus, was Sie kaufen. Fast jeder Haushalt und jedes Unternehmen könnte Unkosten durch ein einfaches Brainstorming (siehe Kapitel 7) um mindestens 20 % senken. Wenn man Ihnen sagen würde, dass Sie noch drei Wochen hätten, um Ihre Angelegenheiten in Ordnung zu bringen, sonst würden Sie Bankrott gehen, was würden Sie tun? Auf was würden Sie verzichten? Was würden Sie von sich verlangen? Ein Geheimnis der Senkung von Unkosten besteht in einer strengen Kontrolle. Ich spreche hier nicht von einer jährlichen oder vierteljährlichen oder monatlichen Prüfung! Ich meine einen wöchentlichen und täglichen Überblick über die Ausgaben. Unser Gedächtnis wird sehr lückenhaft, wenn wir beim Einkaufen sind oder Entscheidungen über Ausgaben treffen.

Der persönliche Erfolgsbereich

Unternehmensleiter überschätzen fast ständig die Unternehmensleistung hinsichtlich des Gewinns und der betriebswirtschaftlichen Kennziffern. Allerdings stellen Sie persönlich auch einen Erfolgsbereich dar. Sie müssen die finanzielle

Unabhängigkeit zu einem Ihrer Hauptziele machen, nicht nur wegen des Geldes, sondern auch, um sich auf hochrangigere Ziele und Strategien konzentrieren zu können. Peter Drucker ist der Ansicht, dass ein Unternehmen die Aufgabe hat, dafür zu sorgen, dass es im Geschäft bleibt – indem es entsprechend Gewinn bringt.

Profitable Zielsetzungen messen daher nicht den maximalen, sondern den minimalen Gewinn, den ein Unternehmen abwerfen kann. Als unternehmerischer Manager müssen Sie sich selbst als Erfolgsbereich betrachten und einige Kennziffern und Maßstäbe für Ihre persönlichen Angelegenheiten festlegen. Und das sind die Grundlagen für die Fähigkeit, die eigenen Finanzen zu meistern:

1. Gehen Sie all Ihre Versicherungspolicen durch. Holen Sie verschiedene unabhängige Meinungen ein. Schließen Sie die Lücken. Die Strukturierung Ihrer verschiedenen Versicherungen, von der Lebensversicherung bis zur Hypothekenlebensversicherung, ist von entscheidender Bedeutung.

2. Verzichten Sie auf Ihren persönlichen Überziehungskredit. Sie sollten sich zum Ziel setzen, im Rahmen Ihrer Mittel zu leben und Bankgebühren völlig zu vermeiden.

3. Haben Sie eine private Rentenversicherung? Ist sie ausreichend finanziert? Können Sie Ihre steuerlichen Vergünstigungen steigern, indem Sie zusätzliche freiwillige Beiträge zahlen? Nur 25 % aller Selbstständigen in Irland haben eine Altersvorsorge. In Europa kommen auf einen Rentenempfänger vier Berufstätige. Bis zum Jahr 2040 wird sich das Verhältnis auf zwei Berufstätige pro Rentenempfänger verringern. Das wird in Zukunft erhebliche Auswirkungen auf Ihre finanziellen Angelegenheiten haben.

4. Nehmen Sie all Ihre Steuererleichterungen in Anspruch? Jedes Jahr wird bei den Steuerminderungen auf Millionen Euro verzichtet.

5. Machen Sie Ihr Testament. Die Zahl der angeblich verant-
wortungsvollen Bürger, die 60 bis 70 Stunden in der Woche arbeiten, um ihre Familie zu ernähren und die Familie
dann in schlechten Verhältnissen zurücklassen, weil sie
nicht für die Zeit nach ihrem Tod vorgesorgt haben, ist
erschreckend hoch. Meiner Erfahrung nach haben bis zu
50 % aller Führungskräfte kein Testament gemacht.

Die Prinzipien des finanziellen Erfolgs sind unumstößlich.
Zunächst einmal sollten Sie ein klares Verständnis dafür entwickeln, dass finanzielle Unabhängigkeit als eine psychologische Disziplin zu sehen ist. Sie ist der Maßstab, mit dem
finanzieller Erfolg gemessen wird. Setzen Sie sich daher das
Ziel, fünf bis zehn Bücher zur Psychologie und Funktionsweise des Finanzmanagements zu lesen.

Sie müssen sich außerdem über die Funktionsweise des
heutigen Devisenmanagements auf dem Laufenden halten.
Geldmärkte sind Schwankungen unterworfen. Selbst die
Experten haben Mühe, Schritt zu halten, da Politik, Wirtschaft und selbst individuelle Eigenheiten die Weltwirtschaft
erschüttern können.

Kurz gesagt, Sie sollten Ihre finanziellen Ressourcen im
Privat- und Geschäftsleben in den Griff bekommen.

Die Ressource Produkt

Viele Manager erkennen nicht, dass ein Produkt eine Kombination aus mehreren Produkten sein kann. Eines ist das
Grundprodukt, das Sie herstellen. Das andere ist vielleicht
das tatsächliche Produkt samt Verpackung und Design, ein
anderes wiederum das im Wert höhere Produkt mit Auslieferung, Garantien und Service. Das Produkt ist eine wichtige
Ressource in einem Unternehmen.

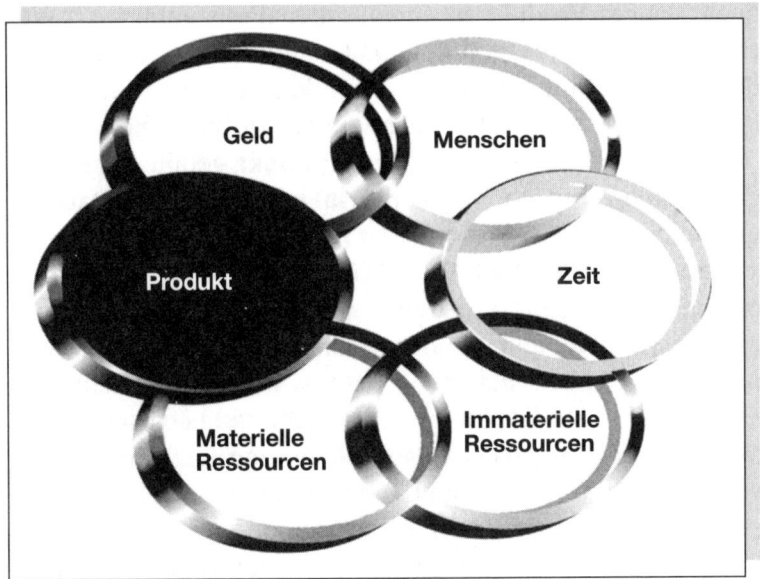

Abb. 8: Die Ressource Produkt

Die meisten Manager haben das materielle Produkt gut im Griff. Wenn Sie heutzutage ein schlechtes materielles Produkt auf den Markt bringen, bekommen Sie das schnell zu spüren. Das Produkt wird einfach nicht gekauft oder nicht wieder bestellt. Lagerverwalter verfügen über Bestandssysteme und erledigen die Verpackung, Auslieferung, Lagerung und Bestandskontrolle auf vernünftige Weise. Allerdings ist der begleitende Service oft unzulänglich. Dadurch wird das eigentlich hervorragende Produkt abgewertet.

Ein Qualitätsprodukt allein ist heutzutage nicht mehr gut genug. Um aus einem guten Qualitätsprodukt Gewinn zu ziehen, müssen Sie nicht nur einen guten, sondern einen exzellenten Kundenservice bieten. Qualität ist zum Standard geworden und wird von jedem erwartet. Allerdings ist das den meisten Unternehmern immer noch nicht klar. Wenn Sie diese Unternehmer fragen: „Warum sollte ich bei Ihnen kaufen?", antworten sie unweigerlich: „Weil wir ein qualitativ hochwertiges Produkt zu einem guten Preis anbieten." Wachen Sie auf! Alle anderen bieten ebenfalls Qualitätsprodukte an. Sie müssen andere Gründe finden, warum es sich lohnt, bei Ihnen anstatt bei der Konkurrenz zu kaufen!

Was Ihrem Kunden an Ihrem Produkt gefällt, kann sich grundlegend von Ihrer Sichtweise unterscheiden. Darüber müssen Sie sich 100-prozentig im Klaren sein.

Der materiellen Seite der Kundenbedürfnisse wie Verpackung, Design, Lieferung und Qualität wird heute relativ gut entsprochen. Kunden aus allen Schichten haben hohe Erwartungen, wie ihnen heutzutage etwas verkauft werden soll. Daher lehnen sie Produkte ab, die nicht den höchsten Qualitätsstandards entsprechen. Außerdem ignorieren anspruchsvolle Kunden Anbieter von Gütern und Dienstleistungen, die zwar gut sind, aber deren Präsentation, Kundendienst und Lieferdienste nicht den Vorstellungen der Kunden entsprechen. Die Rechte der Konsumenten sind gesetzlich geschützt, und das wird von ihnen oft bis zum Äußersten ausgenutzt.

E-Mail und das Internet wirken sich revolutionär auf die Vermittlung von Produkten und Dienstleistungen aus. Das Internet ist für zukünftige Werbe-, Verteilungs- und Kommunikationsstrategien von grundlegender Bedeutung. E-Mail wird zum entscheidenden System für die Interaktion mit dem Kunden. Der Siegeszug des Internet, World Wide Web und der E-Mail lässt sich nicht aufhalten und erfordert gut durchdachte Strategien, mit denen man die technischen Neuerungen optimal nutzen kann. Bei vielen Unternehmen sind gewaltige sofortige Anstrengungen in Hinblick auf den E-Commerce notwendig.

Einer Ihrer Hemmschuhe könnte eine mangelnde Kundenpflege sein. Wie können Sie das feststellen? Was müssten Sie unternehmen, wenn Sie es erfahren würden? Wann befragten Sie zuletzt Ihre Kunden auf wissenschaftliche, objektive Weise, was diese wirklich von Ihnen halten? Gehen Sie nicht davon aus, dass Sie Ihre Kunden kennen. Kunden lügen ständig.

Viele Unternehmen verheddern sich bei der Kundenpflege und versuchen, das falsche Problem zu beheben. Sie glauben, die Kunden würden Wert auf bessere Qualität oder ein besseres Produktdesign legen, und verwenden ein Vermögen darauf. Andere Unternehmen sind völlig auf den Preis fixiert und orientieren sich an externen Faktoren, wie zum Beispiel den Wettbewerb, um den Preis neu festzulegen. Allerdings hat sich immer wieder gezeigt, dass für den Kunden der Preis beim Kauf nicht den Ausschlag gibt. Bei Warenkäufen spielt der Preis nur in 6 % der Fälle eine Rolle. Oft ist es wichtiger, wie das Produkt an den Kunden geliefert wird.

Beheben Sie das falsche Problem? Wo liegt bei Ihrem Produkt und Ihrem Service der potenzielle Hemmschuh? Viele gewöhnliche Manager sind so mit alltäglichen und kurzfristigen Tätigkeiten beschäftigt, dass sie eine mangelnde Kundenpflege einfach nicht erkennen. Soll jedoch die Kundenbetreuung hervorragend sein, muss der Manager sie auch entsprechend im Auge behalten.

Die materiellen Ressourcen

Materielle Ressourcen setzen sich aus drei wesentlichen Bestandteilen zusammen:

1. Ort
2. Ausstattung
3. Technologie

1. Ort: Ihr Büro, Ihre Fabrik oder das Firmengebäude, der Ort, an Sie Ihre täglichen Aufgaben erledigen, ist ein wichtiger Produktionsfaktor für Ihr Unternehmen. Jeder gute Immobilienmakler wird Ihnen sagen, dass es beim Kauf von Grundstücken drei grundsätzliche Faktoren zu berücksichtigen gilt – den Standort, den Standort und den Standort. Den-

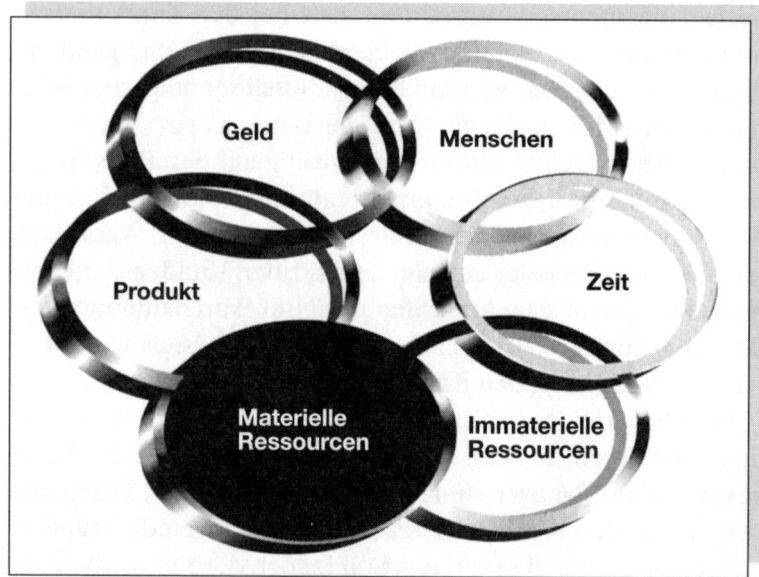

Abb. 9: Die materiellen Ressourcen

noch geht es nicht nur um den Standort, sondern auch darum, wie Sie Ihren Besitz präsentieren.

Sie haben bestimmt schon viele Unternehmen in exzellenter Lage gesehen, die schäbig wirkten. Ein gutes Marketing und gute Kommunikation werden am besten daran gemessen, welche Reaktionen sich daraus ergeben. Ihre Arbeit als unternehmerischer Manager besteht darin, in den Köpfen Ihrer Kunden Wahrnehmungen von zusätzlichem Wert zu schaffen. Sie setzen die Maßstäbe, denn Sie verwalten Ihren Besitz hinsichtlich der Raumnutzung, Wartungskosten, Mieteinkommen und der geografischen Eignung. Ihr stärkster Konkurrent setzt die Maßstäbe für Qualität, Preise und Servicestandards. Standort und Lage Ihres Unternehmens bieten dagegen die Gelegenheit, sich abzuheben.

Wenn mein erster Eindruck, der größtenteils visuell entsteht, besagt, dass Ihr Besitz schäbig ist, tendiere ich dazu, selbst aus kleinen Beobachtungen zu schließen, dass auch Ihr

Service schäbig ist. So funktioniert nun einmal die Wahrnehmung, fairer- oder unfairerweise. Seien Sie auf der Hut. Kunden neigen leicht zu vorschnellen Schlussfolgerungen.

Ich sah schon viele potenziell erfolgreiche Unternehmen mit hervorragenden Produkten, ausgezeichnetem Personal und exzellentem Finanzmanagement sich selbst sabotieren, weil sie ihr Unternehmen schlecht präsentierten. Verpassen Sie dem Bürogebäude einen neuen Anstrich, gestalten Sie das Firmenschild neu, säubern Sie den Parkplatz, renovieren Sie den Eingangsbereich – und Sie werden die Einschätzung, die Ihre Kunden von Ihnen haben, völlig verändern. Qualität und Geschwindigkeit machten vielleicht die Wettbewerbsvorteile der achtziger und neunziger Jahre aus. Im 21. Jahrhundert sind Präsentation und Design von entscheidendem Vorteil.

2. Ausstattung: Die Ausstattung zählt ebenfalls zu den wichtigen materiellen Produktionsfaktoren Ihres Unternehmens. Dazu gehören die Ausstattung der Büros, im Transportbereich und in der Produktion. Wir leben im Kommunikationszeitalter, doch einige Unternehmen verwenden immer noch die alten Instrumente aus dem Industriezeitalter, die durch die neueren Mittel des Wissens-/Kommunikationszeitalters längst abgelöst wurden. Die heutigen Ausstattungen sind dafür geschaffen, alles besser, schneller, billiger, leichter, neuer und anders zu machen.

Telekommunikation und der elektronische Handel bedeuten einen sofortigen Zugang und eine direkte Verbindung. Im Schlagwort „Alles überall!" drückt sich die Erwartung für das 21. Jahrhundert aus. Aber verfügen wir auch über die Ausrüstung und technischen Ressourcen, um Informationen, Dienstleistungen oder Produkte schneller, besser oder einfacher zu liefern? Könnte der Gebrauch einer veralteten Ausrüstung Ihr Hemmschuh sein? Wenn ja, was können Sie daran ändern?

3. Technologie: Das dritte Element bei den materiellen Ressourcen ist die Technologie. Die Computerkapazität in den Unternehmen wird derzeit nur unzureichend genutzt. In vielen Fällen kaufen Unternehmen Computer-Equipment, das unnötig ist. Wenn dann nicht genügend Schulungen angeboten oder allgemein zu wenig Zeit investiert wird, um die vorhandenen Möglichkeiten der Computerausstattung zu erkunden, stellen die Computer oft einen unzureichend genutzten Vermögenswert dar.

In vielen Fällen bedeutet eine Verbesserung einfach, die Kapazität der Software zu kennen und zu optimieren. Nehmen Sie sich Zeit und erklären Sie einem Softwarespezialisten, welche speziellen Anforderungen Sie an die Ausstattung richten. Kapazität und Benutzerfreundlichkeit Ihrer derzeitigen Computerausstattung sind von entscheidender Bedeutung für die anderen fünf Ressourcen Menschen, Geld, Zeit, Produkt und immaterielle Ressourcen. In der besseren, schnelleren, billigeren und leichteren Welt von heute sollten überholtes Computer-Equipment und veraltete Software für Sie keine Hemmschuhe darstellen.

Natürlich gibt es auch in Ihrem Fuhrpark oder Ihrer Fertigungsstraße wichtige Ausstattungsgegenstände. Unterschiedliche Unternehmen haben unterschiedliche Rohstoffe und materielle Produktionsfaktoren, die gemanagt werden müssen.

Früher war Land die wichtigste Ressource und wurde zum Machtsymbol. Auch Arbeitskraft wurde ironischerweise als materieller Produktionsfaktor in dem Sinn gesehen, dass man den Menschen etwa so beurteilte, wie heute eine Maschine gesehen wird. Natürliche materielle Ressourcen wie Kohle, Öl, Holz und Stahl dominierten einmal das Wirtschaftsleben – heute jedoch nicht mehr. Die Dominanz der materiellen Ressourcen ist vorbei.

Die immateriellen Ressourcen

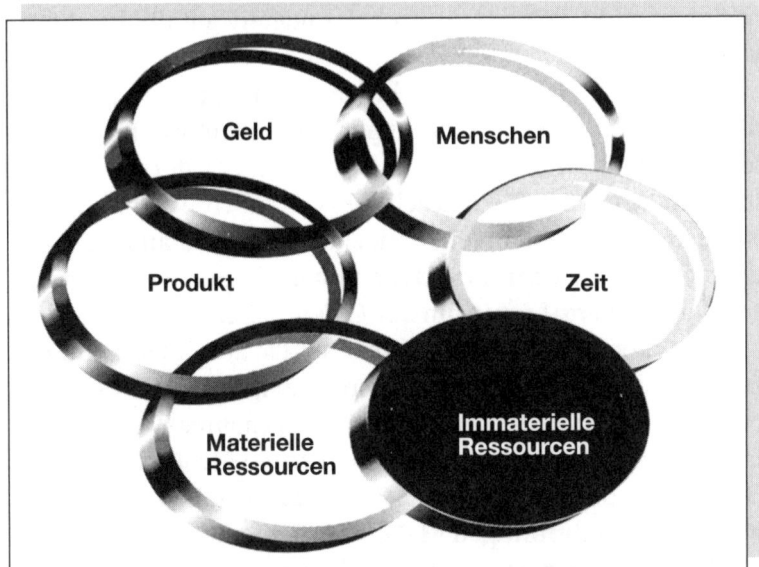

Abb. 10: Die immateriellen Ressourcen

Sie können sie nicht fühlen. Sie können sie nicht sehen. Sie können sie nicht schmecken. Sie können nur ihre Auswirkungen messen. Immaterielle Ressourcen sind scheinbar abstrakte Konstrukte. Sie sind nicht greifbar. Dennoch stellen sie wertvolle Produktionsfaktoren dar, die Ergebnisse erzielen, die sich wiederum auf Produkte und die Produktivität, den Marktanteil und die Gewinne übertragen. Eine Investition in Ihre immateriellen Produktionsfaktoren kann Ihnen ein Vielfaches der ursprünglichen Summe einbringen.

Die Moral der Belegschaft, Esprit de corps, Motivation, Respekt, Anerkennung, Wissen und geistiges Kapital, Unternehmenskultur, -philosophie und -ethos, „ungeschriebene Agendas", das Firmenimage und Goodwill können als immaterielle Ressourcen betrachtet werden. Man kann die Moral der Belegschaft nicht sehen, aber man kann die Auswirkun-

gen messen, wenn man bewährte und erprobte Motivations-
oder Demotivationsfaktoren beim Personal anwendet. Je
nachdem wirkt sich das positiv oder negativ auf die Produktivität aus.

Das Image eines Unternehmens kann man nicht sehen,
doch man kann die Auswirkungen feststellen, wenn man unterschiedliche Maßnahmen und Ansätze bei der Corporate
Identity verfolgt. Die Auswirkungen lassen sich beispielsweise an der Zahl der Neukunden ablesen, die man langfristig
damit gewinnt, oder am Bekanntheitsgrad eines Produkts
oder einer Dienstleistung in der Öffentlichkeit.

Auch Goodwill kann man nicht sehen, aber man kann ihn
zum Beispiel anhand der Zeitspanne messen, in der eine
bestimmte Anzahl Kunden einem Unternehmen treu bleibt.
Bei Rechnungsprüfern hat der Begriff Goodwill eine andere
Bedeutung; dort ist damit die Differenz zwischen dem Buch-
wert und dem derzeitigen Marktwert gemeint.

Wissen wurde zum wichtigsten Faktor im Wirtschaftsleben
und zum führenden immateriellen Faktor. Möglicherweise
wird Wissen im 21. Jahrhundert der Schlüssel für Wohlstand
und Reichtum sein. Im 21. Jahrhundert wird ein effektives
Wissensmanagement eine Schlüsselkompetenz verkörpern.

Sie müssen daher Zeit und Geld in die Entwicklung dieser
Kompetenz investieren. Sie wird die Art der Geschäftsfüh-
rung nachhaltig verändern. Dazu zählen auch erhebliche Veränderungen bei den Prozessen, der Unternehmenskultur, bei
der Infrastruktur und den Maßstäben. Machen Sie sich mit
den neuen Instrumenten, Techniken, Fähigkeiten, grundlegenden Strukturen und dem notwendigen Fachwissen vertraut. Verändern Sie Ihre Fähigkeit, Wissen zu erlangen, zu
klassifizieren, anzuwenden, zu nutzen und zu schätzen – nur
dann können Sie die Leistung Ihres Unternehmens steigern
und sich einen Wettbewerbsvorteil schaffen.

Verfolgen Sie Strategien, die auf Innovationen und geisti-
gem Kapital basieren. Ihr Unternehmen könnte einen großen

Schritt nach vorn machen, wenn Sie nur „wüssten, was Sie wissen", das heißt, wenn Sie Ihr vorhandenes schlummerndes Wissen einsetzen. Nutzen Sie Ihr Know-how. Bringen Sie die Erfahrung jedes Mitarbeiters zum Vorschein, erfassen, teilen und schreiben Sie deren Wissen auf, damit Sie es anwenden können.

Microsoft zum Beispiel besitzt etwas weitaus Wertvolleres als materielle oder finanzielle Vermögenswerte. Das Unternehmen verfügt über geistiges Kapital. Wer in Microsoft investiert, kauft immaterielle Vermögenswerte. Die Marktkapitalisierung von Microsoft betrug im November 1996 85,5 Milliarden Dollar, wobei die materiellen Vermögenswerte nur 900 Millionen Dollar ausmachten. Die Marktkapitalisierung von IBM betrug dagegen 70,7 Milliarden mit 16,6 Milliarden Dollar an materiellen Vermögenswerten.

Geistiges Kapital wird von Thomas A. Stewart in seinem Buch *Intellectual Capital* definiert als „geistiges Material – Wissen, Informationen, geistiges Eigentum, Erfahrung –, das man zur Bildung von Reichtum einsetzen kann". Geistiges Material ist kollektive Verstandeskraft. Es ist immateriell. Beim Wissensmanagement geht es darum, dieses Kapital mit Brennstoff zu versorgen, damit aus ihm ein Katalysator des Wandels, der Innovationen, Motivation und Wettbewerbsvorteile wird.

Im Industriezeitalter bildeten Land, natürliche Ressourcen (Kohle, Öl usw.), menschliche Arbeitskraft und Maschinen die Grundlagen des Reichtums. Im neuen Zeitalter der Information und Kommunikation ist Reichtum ein Produkt des Wissens. Daher muss aus Ihnen ein Wissensmanager werden.

Image und Identität

Das Image Ihres Unternehmens ist eine der wirkungsvollsten immateriellen Ressourcen. Es zählt zu den Aushängeschildern für die aktuelle Situation und die zukünftige Ausrichtung Ihres Unternehmens.

Eine Investition in die Corporate Identity, die wiederum imagebildend für Ihr Unternehmen wirkt, erbringt eine besonders hohe Rendite. Für den gewöhnlichen Manager ist der Faktor Identität jedoch verwirrend. Ihr Geheimnis hat viele Manager abgeschreckt, sie für sich zu nutzen.

Darüber hinaus gibt es erhebliche Verwirrungen hinsichtlich der Terminologie und Sprache, da viele Berater, die vorgeben, sich mit Image und Identitätsfragen auzukennen, die unterschiedlichsten Werdegänge aufweisen – einige stammen aus dem Bereich Public Relations, andere aus dem Design, andere aus dem Marketing.

Begriffe und Konzepte wie Image, Design, Markenidentität und Markenimage, Corporate Identity und Corporate Image sowie der Ruf des Unternehmens verwirren sogar die Leute aus der Branche. Es ist daher nicht überraschend, wenn der gewöhnliche Manager überfordert ist.

Der unternehmerische Manager erkennt, dass Corporate Identity eine wertvolle Ressource ist, die, wenn sie richtig eingesetzt wird, einen starken Einfluss auf die anderen Ressourcen und Funktionen im Unternehmen hat. Programme für die Corporate Identity ergänzen und beschleunigen Maßnahmen zur Verhaltensänderung in einem Unternehmen. Sie sind eng mit frühen Erfolgen verbunden. Oft ist es leichter, äußere Veränderungen wahrzunehmen als Veränderungen beim Verhalten oder in der Einstellung. Die Corporate Identity trägt zum Veränderungsprozess bei und sollte daher bei der Neustrukturierung, Reorganisation oder dem Einsatz anderer Ressourcen nicht vergessen werden.

Identität besitzt die Fähigkeit, dass sie zwar den Prozess des Wandels nicht unterstützt, dafür aber zeigt, dass dieser bereits stattgefunden hat, wenn sich das Image ändert. Die Identität kann interne und externe Interessensgruppen beeinflussen. Es lohnt sich, auf diese Ressource zurückzugreifen, da die meisten Unternehmen bereits mit verschiedenen Aspekten von Identität experimentieren. Allerdings verläuft dieser Versuch bei vielen unkoordiniert und chaotisch.

Sie können nicht NICHT kommunizieren. Jeder Mensch und jedes Unternehmen haben eine Identität. Das ist das, was Sie der Welt präsentieren. Image dagegen ist die Art, wie Ihre „Öffentlichkeit" – Kunden, Zulieferer, lokales Umfeld, Anteilseigner, Bankiers – Ihre Identität wahrnimmt. Identität setzt sich aus den Faktoren Marke, Farbe, Ruf, Verhalten, Unternehmenskultur und -geschichte, Stil, Normen, Werten, Qualität und Charakter zusammen. Identitätsmanagement ist die Art, wie man die Interaktionen und Transaktionen zwischen sich und anderen Interessensgruppen managt. Sie steuern sie, anstatt zuzusehen, wie sie sich unsystematisch entfalten.

So, wie die Welt Sie wahrnehmen soll und wie Sie sich selbst präsentieren, so sieht Ihre Identität aus. Die Identität vermittelt vier Dinge über Sie:

1. Wer Sie sind
2. Was Sie tun
3. Wie Sie das tun
4. Was Sie repräsentieren

Es gibt vier eindeutige und sichtbare Stellen in Ihrem Unternehmen, an denen man die Identität untersuchen kann:

1. Produkte
2. Ort
3. Präsentation
4. Personal

Produkte: Zu ihnen gehören Service, Herstellung, Auslieferung, Verkauf und Marketing.
Ort: Ihre Geschäftsräume und die Umgebung Ihres Unternehmens.

Präsentation: Schreibarbeiten, Firmenzeichen, Erscheinungsbild und wie Sie Ihrem Publikum/der Öffentlichkeit Ihre
Tätigkeit vermitteln und erklären.

Personal: Ihre Mitarbeiter vermitteln durch ihr Verhalten
kontinuierlich die Botschaft, „wie wir hier die Dinge erledigen".

Das Management der Ressource Identität ist für viele kleine
und mittlere Unternehmen ein sehr schwaches Glied in der
Kette. Großunternehmen haben in diesen Bereich meist investiert. So wie Finanzmanagementsysteme und seit kurzem
Informationstechnologiesysteme als unabdingbar für Wachstum und Entwicklung gelten, wird auch die Corporate Identity bald diesen Stellenwert einnehmen.

In unserer vom Wettbewerb geprägten Zeit ist die Corporate Identity ein wichtiges Mittel, um sich abzuheben. Sie
sollten sie sorgfältig für Ihr eigenes Unternehmen überprüfen. Beauftragen Sie Experten für diesen Bereich, damit der
Corporate Identity die notwendige Professionalität zuteil
wird. Anderenfalls haben Sie, Ihre Mitarbeiter und Anteilseigner ein stumpfes Image, das nur mit großer Mühe aufpo-
liert werden kann. Denken Sie daran, dass Produkte kommen
und gehen. Mit den Menschen ist es nicht anders. Aber Ihr
Ruf ist schwer verdient und ein sehr wertvoller immaterieller
Vermögenswert.

Andere immaterielle Vermögenswerte

Es gibt noch andere immaterielle Vermögenswerte und Fähigkeiten, die für die Nutzung neuer Ideen, Innovationen und
Leistungen von Bedeutung sind. Als unternehmerischer Manager sollten Sie diese immateriellen Werte und Fähigkeiten
erkennen und sich immer wieder die Fragen stellen: „Werden
sie unzureichend genutzt? Wie kann ich sie besser einsetzen?"

Viele Unternehmen haben zum Beispiel Ausfallzeiten oder Zeiten niedriger Produktivität. Wie könnten sie diese Zeit nutzen und so einen Wettbewerbsvorteil schaffen? Wie wäre es, wenn man das Personal für proaktive Anrufe bei Kunden einsetzen würde, anstatt dass die Mitarbeiter „herumsitzen und den ganzen Morgen nur Däumchen drehen", wie eine Geschäftsfrau es mir gegenüber einmal formulierte. Ein anderer Geschäftsmann vermietete eine Ecke seines Ladens an ein Geschäft, das sein Angebot ergänzte.

Ihre Liste an immateriellen Vermögenswerten und Fähigkeiten sollte enthalten:

- Den Goodwill und das Potenzial Ihres derzeitigen Kundenstamms. Man braucht etwa fünf bis zehn Mal mehr Zeit, Kosten und Energie, um neue Kunden anzuwerben, als die alten Kunden zu halten. Kundenbindungen, die sich nach Ihren Vorstellungen entwickelt haben, sind geistiges Kapital.
- Geistiges Eigentum in Form von Patenten, Lizenzen, Abkommen, Technologien, Lizenzgebühren, Franchise, Betriebsgeheimnissen, Copyrights und Marken. Wie viel ist beispielsweise der Name Coca Cola wert? Oder Guinness? Oder Sony?
- Ihr Know-how, Ihre Prozesse und Ihr Erfahrungsschatz können zu Ihren wertvollsten immateriellen Ressourcen gehören. Sie sind normalerweise in den Köpfen weniger Leute gespeichert. Allerdings wird diese Tatsache vom Managementteam nicht ausreichend geschätzt. Ihr Rechtsanwalt zum Beispiel verkauft reine Verstandeskraft. Sie kaufen sein Wissen und seine Erfahrung.
- Ihre Methoden, Unternehmenskultur, Unternehmensphilosophie und die Art, „wie wir die Dinge hier erledigen", sind ebenfalls Werte. „Unsere Mitarbeiter sind unser größtes Vermögen", ist ein abgedroschenes Klischee. Teamwork, Kompetenzen, Qualitätsdenken, das Eingehen auf den

Kunden, Freundlichkeit, Gesundheit und die Fähigkeiten, über die Ihre Mitarbeiter verfügen, sind Vermögenswerte. Dieser wertvollen Ressource liegt ein Netzwerk aus starken Beziehungen oder stillschweigendem Verstehen zugrunde. Dieses Netzwerk zu erhalten, ist ein ständiger Erziehungsprozess.

• Engagement und die Loyalität der Mitarbeiter sind Vermögenswerte. Investieren Sie in diese Werte, indem Sie sie pflegen. Vergeuden Sie sie nicht, indem Sie übermäßigen Stress verursachen.

Ihre wichtigste Frage lautet: „Wie schafft man kontinuierlich Wettbewerbsvorteile, und fördern diese immateriellen Werte den Wettbewerbsvorteil zugunsten meines Unternehmens?"

Immaterielle Ressourcen sind Vermögenswerte, weil Sie ohne sie keine Ergebnisse erzielen können. Sie werden feststellen, dass der Grund dafür, dass Sie Ihr Potenzial nicht optimieren oder nicht die „Nummer eins" auf dem Markt sind, sehr viel damit zu tun hat, wie Sie Ihre immateriellen Ressourcen einsetzen.

Die Ressource Zeit

Alle Menschen, Unternehmen und Organisationen vergeuden Zeit. Alle größeren Herausforderungen, vor denen Unternehmen heute in einer sich rasch verändernden Umwelt stehen, haben in gewisser Weise mit Zeit zu tun.

Jede Woche hat 168 Stunden. Jeder Mensch hat genau die gleiche Anzahl an Stunden zur Verfügung. Das Dilemma, vor dem viele Manager stehen, lautet: „Wie optimieren wir diese entscheidende Ressource?"

Ein heftiger Konkurrenzkampf wird durch potenzielle Verbesserungsmaßnahmen wie das Just-in-Time-Management oder World Class Manufacturing zusätzlich aufgeheizt. Der

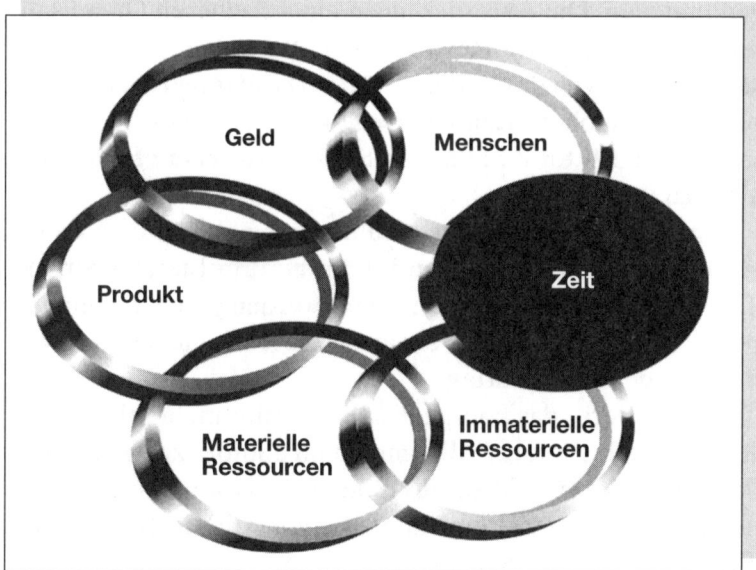

Abb. 11: Die Ressource Zeit

Markt wird durch das unstillbare Verlangen vorangetrieben, Informationen und Produkte noch schneller, besser, billiger und leichter zu transportieren. Die Entwicklung des globalen Markts steuert auf eine Optimierung aller Ressourcen zu, doch am stärksten ist die Ressource Zeit davon betroffen.

Arbeiternehmer wünschen eine flexiblere Zeiteinteilung. Teilzeitarbeit, Job-Sharing und neue Formen der Selbstständigkeit werden schon bald zur Norm. Immer weniger Menschen haben den Luxus der „40-Stunden-Woche im Beruf auf Lebenszeit".

Im 20. Jahrhundert wechselten Berufstätige im selben Beruf meist fünf Mal die Tätigkeit. Die Anforderungen des globalen Markts werden noch zu unseren Lebzeiten verlangen, dass Berufstätige nicht nur ihre Tätigkeit, sondern auch ihren Beruf fünf Mal wechseln müssen.

Die meisten Menschen werden überdenken müssen, wie sie die Zeit für sich, für die Familie, den Beruf und die Arbeitszeit einteilen. Die Anforderungen einer flacheren Organisationsstruktur und die Revolution in Wirtschaft und Gesellschaft verstärken das Bedürfnis, Zeit als knappe Ressource zu behandeln. Höhere Kundenerwartungen und -ansprüche verleihen dem Faktor Zeit im Service eine kritischere Bedeutung als je zuvor.

Ein Pharmagroßhändler erzählte mir neulich, dass er für Apotheken in Köln mittlerweile bis zu drei Lieferungen am Tag hat. Apotheken auf dem Land werden jeden Tag einmal beliefert. Die Apotheken erwarten diesen Lieferservice, weil ihre Kunden ihn erwarten.

„Wir liefern das morgen", wird nicht mehr akzeptiert. Jeder will alles sofort. Willkommen im „Sofort-Zeitalter". Bei diesem Zeitalter geht es ausschließlich darum, die entscheidende Ressource Zeit auf die Sekunde, Minute, Stunde, den Tag und die Woche genau zu verwalten.

Für viele ist Zeit wertvoller als Geld. Vor 20 Jahren gab es in den Städten nur wenige Kuriere; heute werden in jeder Stadt und in jedem Dorf Güter von zahlreichen Kurieren per express ausgeliefert, direkt ins Haus oder in die Unternehmen. Man kann überall fast alles bekommen, landes- oder weltweit, und zwar binnen 24 Stunden. „Alles für alle überall und heute", so lautet das Credo für viele Unternehmen.

Eine gründliche Untersuchung, wie man die Güter ausliefert, und ein Brainstorming darüber, wie man die Verteilungskanäle verbessert, kann allein schon einen großen Einfluss auf die Leistung eines Unternehmens haben. Der Ruf, alles schnell zu erledigen, seien es nun Telefongespräche, elektronische Kommunikation oder eine Lieferung, kann Ihre Organisation von anderen abheben.

Domino Pizza, eine große Pizzakette in den USA, wurde aufgrund ihrer kurzen Lieferzeit berühmt. Das Unternehmen versprach, der Kunde müsse nichts bezahlen, wenn die Pizza nicht innerhalb von 30 Minuten ausgeliefert wurde. Zeit war der entscheidende Faktor. Das Unternehmen hatte erkannt, dass die Leute, die eine Pizza bestellten, hungrig waren. Die Qualität der Pizza war nicht so wichtig wie die schnelle Lieferung.

Alle wesentlichen Verbesserungsmaßnahmen der letzten Jahre haben direkt oder indirekt mit einer optimalen Nutzung der Zeit zu tun. Zu den bekannten Methoden gehören das Total Quality Management, strategisches Management, eigenverantwortliche Arbeitsteams, Reengineering, Bench-Marking, lernende Organisationen, Best Practices, Kaizen, ISO 9000, Just-in-Time, World Class Manufacturing und Umweltstandards. Alle dienen einer kontinuierlichen Verbesserung und verfolgen den Zweck, Ihr Produkt oder Ihre Dienstleistung von A nach B besser, schneller, anders, billiger und leichter zu befördern – aber vor allem schneller.

In der Druckindustrie beispielsweise werden schnelle Produktion und Auslieferung erwartet. Vor 20 Jahren benötigte man vermutlich noch zehn unterschiedliche, mühsame und sorgfältige Arbeitsschritte und einen Zeitrahmen von drei Monaten, um dieses Buch zu drucken. Im Jahr 1999 brauchte man nur drei Schritte und weniger als einen Tag für den Druck der ersten Auflage.

Der richtige Umgang mit Zeit

Die Herausforderung in dieser Zeit des schnellen Wandels liegt darin, Zeit anzunehmen und zu kontrollieren, indem man akzeptiert, wie wertvoll Zeit für die Optimierung des eigenen Potenzials ist. Könnte der Umgang mit der Zeit Ihr persönlicher Hemmschuh sein? Könnte Zeit ein Problem im Betrieb sein?

Über 80 % aller Manager und Unternehmer halten das Zeitmanagement für die größte Herausforderung. Da es ein konstantes Angebot der Ressource Zeit gibt, ist sie vermutlich die am häufigsten missbrauchte Ressource in der sechsgliedrigen Kette der Unternehmensressourcen.

Ist Zeit der Hemmschuh für Mitglieder Ihrer Belegschaft? Ist sie der Grund, dass Sie andere Hemmschuhe bei den Finanzen, der Produkt- und Serviceentwicklung oder den anderen materiellen Ressourcen nicht korrigieren? Ist der Faktor Zeit der Grund, dass die Kommunikation in Ihrem Unternehmen nicht richtig funktioniert? Trägt die Zeit zu einer niedrigen Arbeitsmoral, schwachem Vertrauen und großem Stress bei? Gibt es eine Verbindung zwischen der Zeiteinteilung und dem niedrigen Maß an Kreativität, Innovationsgeist, gesundem Menschenverstand und Initiative in Ihrem Unternehmen? Besteht ein Zusammenhang mit Verschwendung, häufigem Personalwechsel, niedrigen Verkaufszahlen, niedrigem Gewinn und all den anderen Problemen in Ihrem Unternehmen? Vermutlich können Sie die eben genannten negativen Effekte darauf zurückführen, dass die wichtige Ressource Zeit wenig geschätzt und verstanden wird.

Viele Manager klagen dauernd, dass sie nicht genug Zeit hätten oder dass ein Tag viel zu wenig Stunden hätte. Dennoch ist Zeit nicht das Problem – es geht darum, wie Sie sie nutzen. Zeit ist für Sie als Manager die Ressource, mit der sich am besten planen lässt. Es gibt eine feste Menge davon. Wenn man sie allerdings verwendet hat, ist sie unwiederbringlich verloren.

Entscheiden Sie sich am besten jetzt gleich, ein Experte für Zeitmanagement zu werden. Hören Sie sich Kassetten an, lesen Sie Bücher und besuchen Sie Seminare zur richtigen Nutzung der Zeit. Ich bin ein fanatischer Anhänger der Zeitmanagementtechniken.

Richten Sie Ihr Denken und Planen an einer persönlichen Strategie aus

Sie sollten verstehen, dass der Hauptgrund dafür, warum viele Menschen schlechte Leistungen bringen und ihr persönliches Potenzial nicht voll ausschöpfen, sei es nun als Teamleiter oder allgemein im Betrieb, auf unklares Denken und Planen zurückzuführen ist. Mit einem Wort: Es herrscht Chaos.

Wenn Sie Ihr Denken klarer gestalten wollen, können Sie einfach die sechsgliedrige Kette der Unternehmensressourcen als Gerüst oder Checkliste verwenden und so einen persönlichen Strategieplan entwickeln. Analysieren Sie Ihre derzeitige Situation auf verschiedenen Ebenen. Wie ist derzeit Ihre finanzielle Lage? Wie sieht es mit der Corporate Identity aus? Wie präsentieren Sie sich selbst vor anderen? Sind Sie professionell, haben Sie das richtige Gewicht, sind Sie gepflegt? Wie steht es mit Ihrer Kleidung? Wie mit Ihrer Haltung und Ihrem Stil?

Wie würden Sie als Produkt oder Dienstleistung wirken? Sind Sie ein attraktives Produkt, eine ansprechende Dienstleistung? Was sind Ihre persönlichen Vermögenswerte, Ihre unverwechselbaren Fähigkeiten und persönlichen Verpflichtungen?

Wie nutzen Sie Ihre Zeit? Verwechseln Sie *Geschäftigkeit* mit *Geschäft*? Verwechseln Sie Aktivität mit Fortschritt? Ist Ihr Leben im Gleichgewicht?

Sind Sie reaktiv oder proaktiv? Welche lohnende Leistung haben Sie in den letzten 18 Monaten vollbracht? Haben Sie sich die Mühe gemacht und klare Ziele für die nächsten zwölf Monate schriftlich festgelegt?

Nutzen Sie Ihre materiellen Ressourcen zu Ihrem persönlichen Vorteil? Haben Sie zu Hause ein Arbeitszimmer oder eine Bibliothek? Haben Sie ein Ordnungssystem, nicht nur einen altmodischen Terminkalender, mit dem Sie Ihre private Tätigkeit und Ihr Arbeitsleben planen? Können Sie mit dem Computer umgehen?

Was tun Sie für Ihr lebenslanges Lernen und Ihre Fortbildung? Wie viel Zeit und Geld investieren Sie jedes Jahr in Ihre persönliche, berufliche und geschäftliche Weiterbildung?

Schreiben Sie das und alles, was Ihnen sonst noch einfällt, für eine Analyse Ihrer aktuellen Situation auf. Für die meisten Menschen ist dies eine erschreckende, aber aufschlussreiche Erfahrung. Beim effektiven Zeitmanagement geht es nicht nur darum, die Zeit produktiv zu nutzen. Es geht auch darum, Fortschritte zu machen.

Um ein hervorragender Zeitmanager zu werden, ist über einen längeren Zeitraum hinweg konzentrierte Anstrengung notwendig, denn letztendlich ist ein effektives Zeitmanagement eine Geisteshaltung.

Wenn Sie die Analyse Ihrer aktuellen Situation abgeschlossen haben, sollten Sie bei sich selbst mit der strategischen Formel fortfahren, die in Kapitel 5 vorgestellt wird. Wie sah Ihr persönlicher und beruflicher Werdegang bisher aus? Bringen Sie Ihren Lebenslauf auf den neuesten Stand und überprüfen Sie so Ihre bisherigen Leistungen. Noch wichtiger ist die Frage nach Ihren Werten, Ihrer Aufgabe, Ihren Visionen, strategischen Zielen und taktischen Plänen.

Setzen Sie klare Ziele

Als unternehmerischer Manager setzen Sie wie besessen Ziele, weil Sie wissen, dass im Setzen und Erreichen von klaren Zielen die Definition von Erfolg liegt. Wenn Sie diese Feststellung verstehen, wird Ihr Denken sofort auf eine neue Ebene gehoben. Wenn Sie jeden Morgen aufstehen und Ihren Aufgaben nachgehen, erreichen Sie Ziele. Sie werden Fortschritte machen.

Allerdings werden Erfolg und Erfüllung dadurch bestimmt, dass Sie solche Ziele erreichen, die Sie sich selbst gesetzt haben, und nicht durch zufällige Erlebnisse, die Ihnen zustoßen, weil Sie hart arbeiten. Das ist ein großer Unterschied.

Die meisten guten, fleißigen Manager werden viele persönliche, berufliche und geschäftliche Ziele erreichen. Zufriedenheit, Erfolg und ein Gefühl für das unternehmerische Management werden sich bei Ihnen einstellen, wenn Sie die

Ziele erreichen, die Sie sich selbst gesetzt haben. Das erfordert Charakterstärke und die Fähigkeit, an Ihren Entscheidungen und Zielen auch dann noch festzuhalten, wenn der anfängliche Enthusiasmus verflogen ist.

Sie müssen sich selbst in Disziplin üben, damit Sie die Dinge erledigen, wenn sie erledigt werden müssen, auch wenn Sie keine Lust dazu haben. Darin liegt zusammen mit der Verwendung der richtigen Werkzeuge und Techniken des Zeitmanagements das Geheimnis, mehr als nur durchschnittliche Erfolge zu erzielen.

Ich bin sehr vielen Managern begegnet, die Terminkalender, Organizer, Personal Digital Assistants, elektronische Terminplaner und Zeitmanagementsysteme, Post-it-Kleber, To-Do-Listen und Zettel verwenden und sich so selbst organisieren. Einige benutzen verschiedene Kombinationen gleichzeitig. Ich selbst habe die kompliziertesten und einfachsten Zeitmanagementsysteme ausprobiert. Gehen Sie über die Terminplaner hinaus und entwickeln Sie ein umfassendes, integriertes Planungssystem.

Wir sind alle beschäftigt – zu beschäftigt. Ob es nun um Reengineering im Unternehmen, um eine kontinuierliche Verbesserung oder die Durchführung eines Wandels der Unternehmenskultur geht, Sie müssen sich selbst immer wieder an die Hauptergebnisbereiche erinnern und Zeit dafür einplanen.

Die Logik ist offensichtlich: Die Dinge, die Sie aus den Augen verlieren, werden vergessen und nicht angegangen. Sie konzentrieren sich auf Nebensächlichkeiten und verlieren Ihr Ziel aus den Augen. Sie müssen Ihre Hauptergebnisbereiche jeden Tag wirklich vor Augen haben.

Technik spart Zeit

Noch ein Ratschlag zur Optimierung Ihrer Zeitressourcen. Es geht darum, die gesamte verfügbare Technik zu nutzen. Nehmen Sie sich Zeit und bringen Sie Ihre Computerkenntnisse auf den neuesten Stand. Verwenden Sie alles, was Ihnen einen persönlichen Vorteil bringt, etwa ein Mobiltelefon, E-Mail, Intranet und Internet.

Sie schreiben etwa 20 bis 30 Wörter pro Minute. Eine gute Schreibkraft kann etwa 55 bis 60 Wörter pro Minute tippen. Sie können 120 bis 150 Wörter in der Minute sagen. Ihr Gehirn kann etwa 1500 Begriffe in der Minute erfassen.

Kürzlich stellte ich zu meiner Überraschung fest, dass ein Topmanager einen Text mit 5000 Wörtern von Hand schrieb und ihn dann seiner Sekretärin zum Abtippen gab. Ich ermunterte ihn, sich ein Diktiergerät zu kaufen. (Vielleicht könnte er noch bessere Ergebnisse erzielen, wenn er in Spracherkennungssoftware investieren würde, mit der er Texte direkt dem Laptop oder PC diktieren könnte.) Jetzt kann er seine Arbeit fünf bis sechs Mal schneller erledigen als auf herkömmliche Weise und ist wesentlich effektiver. Das ist ein perfektes Beispiel dafür, dass Zeit mehr wert ist als Geld. Nun hat er Zeit und kann sich auf seine wichtige Rolle im Management konzentrieren.

Intranets, E-Mail, mobile Technik, Telefon- und Videokonferenzen sparen Zeit. Nutzen Sie diese Möglichkeiten.

Die Ressource Mensch

Das sechste Glied in der Kette ist der Mensch. Bei diesem Glied ist es besonders schwierig, Schwachstellen und Hemmschuhe zu erkennen. Die anderen Ressourcen – Geld, Produkt, materielle und immaterielle Ressourcen sowie Zeit – ermöglichen Dinge. Menschen lassen Dinge geschehen.

Unternehmen bieten unterschiedliche Produkte und Dienstleistungen; letzten Endes ist jedoch jedes Unternehmen ein „Unternehmen der Menschen". Und doch finden wir in diesem Bereich die größten Hemmschuhe auf persönlicher

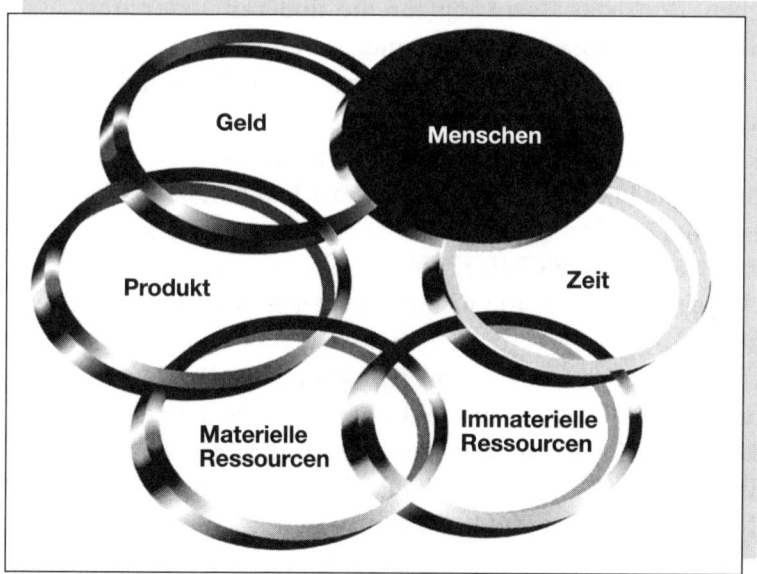

Abb. 12: Die Ressource Mensch

Ebene, zwischen Einzelnen, Teams, im gesamten Betrieb und natürlich mit den Kunden. Die Hemmschuhe sind normalerweise psychologischer und kultureller Natur und nur selten technisch oder materiell bedingt.

Ein materieller Hemmschuh wie zum Beispiel eine Fertigungsstraße, das Design eines Produkts, eines Gebäudes oder eines Ausstattungsgegenstands kann entfernt und geändert werden. Emotionale, psychologische und kulturelle Hemmschuhe dagegen haben ihre Wurzeln tief in der Psyche der Menschen und sind daher wesentlich schwieriger zu erkennen und zu beseitigen. Nur allzu oft geht man damit leider überhaupt nicht sinnvoll um.

Wenn wir noch einmal zu unserem Vergleich mit dem Auto zurückkehren, gleichen diese Hemmschuhe mehr einem platten Reifen als einem Reifen, der Luft verliert. Das „Auto" fährt weiter und kann sogar eine hohe Geschwindigkeit erreichen, doch die Belastung für die anderen Ressourcen, vor allem die finanziellen und zeitlichen Ressourcen, ist enorm.

In einigen Unternehmen werden so mit unglaublicher Geschwindigkeit Zeit und Geld vergeudet. Die Verschwendung kann in einigen Betrieben 30 % beim Absatz ausmachen. Belastungen durch die Ressource Mensch kann es auf allen Ebenen geben. Der Grund dafür ist oft schwer zu erkennen und noch schwerer zu beweisen; daher kann man die negativen Auswirkungen auf die Mitarbeiter auch nur schwer quantifizieren.

Eine wichtige Erkenntnis ist, dass für die Produktivität die anderen Ressourcen indirekt oder direkt gemanaget werden können. Menschen managen materielle Ressourcen, Zeit, Produkte und Dienstleistungen, Geld sowie die immaterielle Identität und den Ruf des Unternehmens. Die Leitfragen für den Manager des 21. Jahrhunderts lauten: „Wie gut führen wir Menschen?" Wie gut führen wir uns selbst?" Wo liegen die Hemmschuhe für Einzelne, Teams und Organisationen?

Einschränkende Komfortzonen und Hemmschuhe

Einer der größten Hemmschuhe für den Einzelnen ist mangelndes persönliches Empowerment – ein Mangel an Selbstbewusstsein und dem Glauben an sich selbst. Die meisten Berufstätigen von heute glauben, ihre Fähigkeiten wären in gewisser Weise begrenzt. Daher nutzen sie wahrscheinlich nur 50 % ihrer Fähigkeiten. Der Grund für diese eigene unzulängliche Leistung ist mehr bei der seelischen Veranlagung zu suchen und liegt weniger an fehlenden Gelegenheiten, mangelnden Fähigkeiten, Kenntnissen oder anderen äußerlichen Faktoren.

Die meisten Menschen haben nur eine vage Vorstellung davon, wie sie ihr eigenes Potenzial erschließen und sich in ihrer persönlichen und beruflichen Entwicklung verwirklichen können. Hier liegt die Hauptursache für schwache Leistung, Frustration, unentschuldigtes Fernbleiben, Unzufriedenheit mit der Arbeit und der Karriere. Sie führt zu Stress, psychischen und familiären Problemen.

Glück wurde einmal als die progressive Realisierung eines klaren Ziels definiert. Der Mensch ist ein erfolgsorientiertes Wesen und nur wirklich völlig motiviert, wenn er für die Erreichung eines persönlichen, beruflichen oder geschäftlichen Ziels arbeitet.

Leider haben die meisten Menschen nur eine vage Vorstellung (oder gar keine), wie sie ihr Erfolgssystem erschließen können. Sie wissen nicht, wie sie die Blockade entfernen sollen, die ihren Weg zur persönlichen und beruflichen Weiterentwicklung versperrt. Dieses Hindernis oder dieser Hemmschuh wirkt sich auf alle anderen Entwicklungen aus.

Antworten auf die Fragen, wie man persönlich, beruflich und geschäftlich hervorragende Leistungen erbringt, sein Potenzial erschließt und die Psychologie der Leistung versteht, erhält man bei den Programmen des Managementexperten Brian Tracy. Ich arbeite seit zehn Jahren mit meinem Mentor Brian Tracy sehr eng zusammen, kenne seine Techniken und kann ihren Erfolg garantieren. Seine Programme sind „Wie"-Systeme. Sie geben Ihnen Mittel an die Hand für Lebensmanagement, Empowerment, Erfolg und Leistung. Die Mittel dazu werden in seinem Buch *Personal Leadership: Wege zur persönlichen Spitzenleistung* ausführlich beschrieben. Jedes Mittel muss studiert und ausprobiert werden, genauso wie ein Schreiner die Werkzeuge für seinen Beruf ausprobiert und ihre Handhabung übt.

Bei den meisten Dienstleistungsunternehmen kosten die finanziellen Investitionen und die Gehälter im Bereich Personal mehr als alle anderen Ressourcen; manchmal macht der Betrag 80 % der gesamten Ausgaben aus. Dennoch investieren die Unternehmen nur sehr wenig Zeit und Geld in die Verbesserung dieser Ressource. Viele Manager begründen das mit der Aussage: „Wir stellen nur gute Leute ein" oder

„Wir nehmen Leute mit guter Ausbildung". Dieses Denken ist gefährlich. Das Gelernte und die Ausbildung von gestern sind heute bereits veraltet und müssen ständig überprüft, angepasst und aktualisiert werden. Manager investieren Geld in die Erhaltung von Gebäuden, die Wartung von Fahrzeugen und die Verwaltung der Finanzen und Warenbestände, widmen ihrer eigenen Weiterentwicklung und der Fortbildung ihrer Belegschaft jedoch nur pro forma Aufmerksamkeit.

In Irland investieren die Unternehmen etwa 1 % der Gehaltszahlungen in die Entwicklung ihrer Mitarbeiter. In Frankreich sind es 3 %, und in Deutschland werden etwa 5 % der Gehaltsausgaben für die Schulung und Förderung der Mitarbeiter aufgewendet.

Einige Manager sind gegenüber der Revolution des Wandels aufgeschlossen. Sie lesen Bücher, Artikel in Zeitungen und Zeitschriften, besuchen Seminare und wissen, dass Veränderung die einzige Konstante ist. Sie haben erkannt, dass ein Wandel unmittelbar bevorsteht, sind sich aber unsicher oder fürchten sogar, den Wandel anzunehmen. Wie alle Menschen empfinden sie eine natürliche Abneigung gegen alles Neue. Der Widerstand ist emotional. Sie bevorzugen die Sicherheit ihrer Komfortzone. Wer seine Komfortzone verlässt, braucht den Mut, ein Risiko einzugehen und dann ein weiteres Risiko. Und so weiter.

Die Hemmschuhe beim Menschen sind normalerweise fest in der Psyche oder Einstellung verwurzelt. Mangelnde Kommunikation, negative Gefühle, geflüsterte Unmutsäußerungen, die negative Einstellung, „an allem dem Chef die Schuld zu geben", und die Angewohnheit, sich stets in Ausreden zu flüchten, haben psychische Ursachen.

Wenn die Ursachen für die Hemmschuhe bei der Ressource Mensch in der Seele zu suchen sind, muss man dort auch ansetzen, denn nur dann kann man die Hemmnisse abbauen. Der zweite Ansatz liegt beim interpersonellen und verbundenen Teamsystem.

Das Schwelgen in der Komfortzone ist der größte einzelne Hinderungsgrund für eine Verbesserung der menschlichen Leistungsfähigkeit im 21. Jahrhundert. Der Mensch neigt von Natur aus dazu, in seiner "sicheren" Komfortzone zu bleiben und dieses Verhalten mit Ausreden zu rechtfertigen. Wer wachsen und sich entwickeln will, muss Risiken eingehen und die Grenzen der Komfortzone überwinden. Das Risiko ist die Nahrung des Champions. Es erfordert enormen Mut.

Abb. 13: Die Ausdehnung Ihrer Komfortzone

Ein gutes Team sollte eine „zusätzliche Persönlichkeit" verkörpern – jedem Team eine zusätzliche Dimension und Fähigkeit verleihen. Das ist nicht logisch oder mathematisch. Andererseits ist das menschliche Potenzial enorm. Es ist mehr als „zwei plus zwei gibt fünf" anstatt vier. Alle Unternehmen sind, wie wir bereits festgestellt haben, Kommunikationssysteme. Jeder arbeitet in einem Kommunikationssystem, ob es sich nun um ein Team handelt, um die Kollegen an einer Fertigungsstraße oder um die Kollegen im Büro.

Der dritte große Hemmschuh in Unternehmen ist die Schwierigkeit, Abteilungen, Teams und unterschiedliche Büros dazu zu bringen, „in Formation zu fliegen", also effektiv miteinander zu kommunizieren, während man gleichzeitig für den gemeinsamen Auftrag, die Visionen und strategischen

Ziele des Unternehmens kämpft. Wie schafft man es, dass sich ein ganzer Betrieb mit 5, 50 oder 5000 Mitarbeitern auf eine gemeinsame Strategie konzentriert und dafür arbeitet?

Für die meisten Unternehmen ist das ein erheblicher Hemmschuh. Besitzer, Manager und Mitarbeiter sind mit internen Auseinandersetzungen in Büro und Fertigungshalle beschäftigt, mit der Gerüchteküche, alten Geschichten und den „Die anderen und wir"- und den „Keiner schätzt mich"-Syndromen. Das lenkt sie von der Tatsache ab, dass der eigentliche Feind auf dem Markt zu finden ist und vermutlich daran arbeitet, ihnen den Marktanteil abzujagen oder sie ganz zu vernichten.

Trägheit im Unternehmen, eine hartnäckig schlechte Arbeitsmoral, Bürokratie und die Lasten der Vergangenheit können überwunden werden. Man kann einen erfolgreicheren Vorstoß auf den Markt unternehmen und die Hindernisse für das Unternehmen beseitigen. Das erfordert einen systematischen, integrierten, unternehmensweiten Ansatz. Dieses Buch bietet Ihnen ein System, wie Sie die Hindernisse entfernen, die einem Erfolg im Weg stehen, und alle Abteilungen, Teams und Unternehmenseinheiten dazu bringen, einen nachhaltigen Wettbewerbsvorteil zu schaffen.

Setzen Sie sich in Ihren Helikopter und verschaffen Sie sich einen Überblick

Bei meiner Arbeit mit Unternehmen und Organisationen schlüpfe ich in viele Rollen. Ich bin Marketingexperte, Change Agent, Unternehmensberater, strategischer Planer und Berater für Führungsfragen. Am liebsten übernehme ich jedoch die Rolle des Businesspartners. Mein Geschäft ist es, anderen Geschäften dabei zu helfen, ihr Potenzial zu optimieren, damit sie aus einem rapiden Wachstum Gewinn ziehen können. Oder ich helfe ihnen, die Hemmschuhe auf ihrem

Weg zur Erreichung ihrer Berufung, Vision und strategischen Ziele wegzuräumen.

Ich habe den Vorteil, dass ich auf Hunderte von Unternehmen von oben wie aus einem Hubschrauber „hinabblicken" kann. Aus dieser Perspektive sehe ich, wie die gleichen Fehler in jedem Unternehmen und in jeder Branche wiederholt werden, in erster Linie, weil die Unternehmen die gleichen Techniken und Methoden verwenden, die seit 100 oder mehr Jahren den Geschäftsinhabern und Managern eingetrichtert werden.

Eigene Initiativen zu einem Verhaltenswandel genügen nicht, damit ein Unternehmen wieder tadellos funktioniert und daran arbeitet, sein volles Potenzial zu entfalten. Man muss alle Ressourcen, Strukturen, Systeme, Prozesse, Funktionen und Stile genau betrachten und sie mit dem gesamten strategischen Ablauf des Change-Management in Einklang bringen. Dieser Analysevorgang spielt bei jeder strategischen Veränderung im Management eine große Rolle.

Beheben Sie nicht „das falsche Problem"

Der medizinische Vergleich ist für ein Unternehmen immer nützlich. Ich habe erlebt, wie Unternehmen viel Geld, Zeit und Mühe investiert haben, um das falsche Glied der Kette zu reparieren – die falsche Ressource. Sie verfolgen den Ansatz: „Wenn es nicht kaputt ist, reparieren wir es trotzdem." Einmal fragte ich den Leiter eines Unternehmens, dem es nicht „gut ging", wo das Problem lag. Man war sich im Unternehmen nicht sicher, machte sich aber daran, etwas, Hauptsache irgendetwas, irgendwie in Ordnung zu bringen. Das erinnert an den Chirurgen im Operationssaal, der zum Patienten sagt: „Ich weiß zwar nicht, was Ihre Schmerzen verursacht, aber ich operiere trotzdem irgendetwas."

Mir ist der Fall eines Unternehmers bekannt, der wusste, dass etwas in seinem Unternehmen nicht stimmte. Meine

Diagnose zeigte, dass es in dem Unternehmen viele widersprüchliche Symptome gab. Der Absatz war gut, doch die Finanzen lagen im Argen. Das Produkt war gut, doch der Kundendienst war schlecht. Die Mitarbeiter waren gut, aber sie konnten nie die Lieferzeiten einhalten. Ich bemerkte, dass die vielen Überstunden bei den Führungskräften zu Stress führten, einige zeigten bereits Burnout-Symptome.

Aufgrund seiner eigenen Analyse ließ der Besitzer einen 280 Quadratmeter großen Anbau für sein Lager zum Preis von 72000 Euro erstellen. Die meisten anderen Unternehmen in der Branche betrieben Outsourcing und vergaben bestimmte Abläufe nach außen. Der Unternehmer jedoch beschloss, die „Sache in Ordnung zu bringen", indem er einen Anbau erstellte. Nach seiner Diagnose war Platzmangel das Problem.

Doch die „Schmerzen", die Symptome und Probleme blieben. Sie wurden sogar größer. Denn nun belasteten den Unternehmer zusätzliche Finanzsorgen und die Frustration und Verwirrung, dass sich eigentlich nichts verbessert hatte. Tatsächlich hatte er eines der stärksten Glieder in der Kette verbessert. Das schwächste Glied blieb unangetastet – die Mitarbeiter wurden immer noch nicht richtig eingesetzt. Insgesamt brachte seine Maßnahme dem System keinen Nutzen.

Die Antwort auf die Frage „Wo liegt das Problem?" kann für den unternehmerischen Manager die wichtigste Frage des Jahres sein. Es dauert vielleicht Tage, Wochen oder Monate, bis man die genaue Ursache erkennt. Doch diese Zeit ist gut angelegt. Meiner Ansicht nach haben die meisten Unternehmen eine Art Betriebsblindheit gegenüber ihren eigenen Fehlern entwickelt. Sie leiden; und zwar nicht, weil sie ihre Probleme nicht lösen können, sondern weil sie diese gar nicht erst wahrnehmen.

Beim Bemühen, den finanziellen Druck zu mindern, nehmen die meisten Unternehmen weitere Kredite auf oder erweitern ihre Überziehungskredite; dabei liegt die Lösung in einem strafferen Umgang mit dem Geschäftskapital, dem Cashflow, den Außenständen, Verkaufsabsprachen, Prognosen und der Budgetierung.

Meiner Ansicht nach ist der Grund für die meisten länger anhaltenden Zahlungsprobleme in einer schwachen Verkaufstechnik und der schlechten „Erziehung" der Kunden zu suchen. Die Beziehung zu Ihren Kunden ist ein Aktivposten, der in Hinblick auf weitere Verkäufe und frühe Zahlungen gesteuert werden muss. Irische Geschäftsleute fühlen sich fast (moralisch) verpflichtet, erst bei einer Überziehung ihrer Konten die säumigen Kunden zu mahnen. Setzen Sie sich das Ziel, nicht in die roten Zahlen zu rutschen. Gestalten Sie Ihre Kundenbeziehungen so, dass Ihre Außenstände immer rechtzeitig bezahlt werden.

Eine weitere typische Reaktion auf Druck ist die Aufnahme einer neuen Produktlinie oder die Eröffnung einer neuen Niederlassung in der Hoffnung, dass dadurch Absatz, Leistung oder die Zuneigung der Kunden gesteigert werden können. Eine zusätzliche Produktlinie oder Vertretung erfordert unweigerlich mehr Raum, Ausstattung, Geld, Zeit und eine Aufteilung der Mitarbeiter. Alles wirkt sich auf das übrige System aus. Jede Handlung hat Folgen, die vielleicht weitere drei oder vier Schritte erfordern.

Eine häufige Reaktion auf den „Schmerz" ist die Anschaffung komplizierter Computersysteme, ohne dass man dabei den Zeit-, Schulungs- und Personalaufwand berücksichtigt, der für eine optimale Nutzung des Computers erforderlich ist. Viele ausgezeichnete Computersysteme wurden schon durch Voreingenommenheit beim Personal oder einen schlecht geplanten Installationsvorgang effektiv „sabotiert". Akzeptanz und die Entwicklung von Verantwortungsgefühl bei den Nutzern und der Belegschaft allgemein ist genauso wichtig wie die Wahl des „richtigen" Equipments und der geeigneten Technologie.

Der erste große Fehler beim Human-Ressource-Management besteht darin, die falschen Leute einzustellen. Der Versuch, quadratische Deckel auf runde Töpfe zu setzen, ist schlechtes Management. Solche Fehler rühren daher, dass man die Anforderungen an die Person einerseits und die Arbeitsplatzbeschreibung und Kompetenzen andererseits nicht durchdacht hat. Anders ausgedrückt, liegt der Grund in einer unsystematischen Einstellungspolitik, die sich nicht für Ihr Unternehmen oder Ihren Geschäftsethos eignet. Die Hoffnung, dass sich schon alles von selbst regeln wird, ist kein Management. Es gibt heutzutage viele erprobte und bewährte Systeme und Ansätze zur Optimierung des Auswahlverfahrens.

Der Einsatz von Bewertungssystemen und die Messung von Werten, Fähigkeiten, Meinungen und Intelligenz sind von entscheidender Bedeutung bei der Auswahl von Bewerbern. Einfach ausgedrückt, gibt es für jede Stelle auf der Welt einen geeigneten Kandidaten. Runde Deckel (die Person) sollten auf runde Töpfe (die Stelle) passen. Der Manager erkennt nicht, dass er einen „quadratischen Deckel" auf einen „runden Topf" stülpt, und der neue Angestellte bemerkt dies erst recht nicht. Der neue Mitarbeiter, der Manager und das Unternehmen haben dann darunter zu leiden. Für viele Unternehmen ist das ein großer Hemmschuh.

Ich stellte 50 Verkaufsmanagern folgende grundlegende Frage: „Wenn Sie das wüssten, was Sie jetzt über die Mitglieder Ihrer Verkaufsteams wissen, wie viele würden Sie wieder einstellen, wenn Sie die Chance hätten, von vorn anzufangen?" Jeder Manager nannte mindestens drei Leute, die er/sie nicht wieder einstellen würde. Im Durchschnitt lehnten die 50 Manager, die insgesamt 420 Leute unter sich hatten, 23 % der Personen ab.

Viele hatten gehofft und gebetet, dass sie letztendlich doch die „quadratischen Deckel" passend zu den „runden Töpfen" machen könnten. Das funktioniert jedoch selten. Es kostet enorm viel Zeit, Geld und Stress, schädigt die Beziehung zum Kunden und sabotiert manchmal das ganze Unternehmen.

Viele Verkaufsmanager haben bei der Einstellung von Personal einen blinden Fleck. Meist ist es ihr aufgeblasenes Ego. Ihre Vorstellung, dass aus jemandem mit schwachen Leistungen jemand mit guten Leistungen wird, ist armselig. Sie hören sich Ausflüchte und Versprechungen für die Zukunft an. Sie machen sich selbst etwas vor, wenn sie glauben, ihre Entscheidung, die Person einzustellen, sei richtig gewesen. In so einem Fall spricht man vom „Vogel-Strauß"-Management oder vom Management des „Kopf-in-den-Sand-Steckens". Dies ist ein großer mentaler Hemmschuh und erfordert jemanden, der den Mut hat zu erkennen, dass er einen Fehler gemacht hat und dass deswegen beide Seiten unter dem Ergebnis zu leiden haben. Die Fähigkeit zu sagen, „Ich habe einen Fehler gemacht, ich habe mich geirrt", ist die Voraussetzung für die persönliche Entwicklung.

Alle leistungsstarken Manager, die die Dinge beim Schopf packen, haben eine hohe Selbstachtung. Angst vor Fehlern, Gefühle der Unzulänglichkeit und Minderwertigkeitskomplexe sind tief in ihrem Inneren verwahrt. Unternehmerische Manager akzeptieren Fehler, Niederlagen und Rückschläge als einen Teil von Entwicklung und Wachstum. Sie lehnen es ab, diese als persönliche Unzulänglichkeiten zu betrachten. Sie wollen sich nicht schuldig fühlen. Mit Stress gehen sie um, indem sie zielgerichtet handeln und Herausforderungen angehen.

Fliegen Sie in Formation

Als unternehmerischer Manager lernen Sie, die sechs Ressourcen Geld, Produkt, materielle und immaterielle Faktoren, Zeit und Menschen so zu ordnen, dass sie in Formation fliegen. Sie lernen, die Hemmschuhe bei den Ressourcen zu erkennen. Sie konzentrieren Ihre Aufmerksamkeit, Ihre Energie und die übrigen Ressourcen auf die Beseitigung der Hemmschuhe. Sie erkennen, dass Sie dazu drei oder vier Versuche bei verschiedenen Ressourcen brauchen und Sie vielleicht Hilfe von außen benötigen. Ihre Aufgabe als unternehmerischer Manager besteht darin, den Output dieser Ressourcen zu optimieren. Das Entscheidende ist heutzutage immer das Ergebnis, das Resultat.

Die Schaffung von Wettbewerbsvorteilen ist natürlich ein relativer Begriff, doch letztendlich sind damit Vorteile gemeint, in denen Ihre Kunden eine gewisse Bedeutung oder einen bestimmten Wert sehen.

Das Modell der sechs Ressourcen gibt Ihnen ein Rahmenwerk, mit dem Sie Prioritäten setzen und Ihre Ressourcen klassifizieren können. Die Ressourcen Personal und die immateriellen Ressourcen werden wahrscheinlich weniger von der Konkurrenz kopiert als die sichtbaren und zugänglicheren materiellen Ressourcen. Sie sind daher eventuell der Schlüssel für ein nachhaltiges Wachstums und den Aufbau von Vorteilen.

Die Geschichte der sechs Blinden, von denen jeder einen anderen Teil eines Elefanten anfasste, verdeutlicht die Gefahr, jede der sechs Ressourcen nur aus Ihrer eigenen Perspektive zu beurteilen. Der erste Mann betastete den Stoßzahn und dachte, er halte einen Speer. Der zweite berührte die Seite und meinte, er habe eine Wand vor sich. Der dritte geriet an ein Bein und hielt es für einen Baum. Der vierte Blinde bekam den Rüssel zu fassen und dachte, er fühle eine Schlange. Der fünfte kam in Kontakt mit dem Ohr und meinte, es sei ein Fächer. Der sechste hielt den Schwanz für ein Seil. Jeder Blinde kam aufgrund seiner besonderen Perspektive zu seiner eigenen Schlussfolgerung. Wie hätte sich die kollektive Wahrnehmung der Männer verändert, frage ich mich, wenn sich der Elefant bewegt hätte?

Ressourcen allein bringen nicht die Vormachtstellung auf dem Markt. Sie nützen nur etwas, wenn sie strategisch angewandt und auf dem Markt eingesetzt werden. Sie als unternehmerischer Manager müssen als Katalysator fungieren und aus den Ressourcen etwas Wertvolles machen. Doch zunächst müssen Sie sie erkennen. Dann müssen Sie sie entwickeln und schützen. Und schließlich sollten Sie sie effektiv auf dem Markt einsetzen und sich so einen nachhaltigen Wettbewerbsvorteil schaffen.

Der Wandel wird zum Problem, wenn Sie ihn dazu machen. Der Wandel ist aber mehr als eine Herausforderung – er bietet die Chance, zu wachsen und sich zu entwickeln und sich in allen Bereichen Ihres Lebens einen Wettbewerbsvorteil zu schaffen. Im weiteren Verlauf dieses Buchs werden die dafür notwendigen Mittel vorgestellt.

Wenden Sie den Prozess an

1. Führen Sie unter Verwendung des Sechs-Ressourcen-Modells eine Analyse Ihres Unternehmens durch.
   - Wie setzen Sie jede Ressource ein?
   - Gibt es ein erkennbares schwaches Glied?
   - Was können Sie sofort dagegen unternehmen?
   - Sind einige Ressourcen in Ihrer Branche für die Schaffung von Wettbewerbsvorteilen wichtiger als andere?
2. Ziehen Sie für eine eingehendere Analyse Experten heran. Ein Gespräch kostet in den meisten Fällen nichts. Denken Sie an die zahlreichen Experten, die Ihnen zur Verfügung stehen. Es gibt Finanz-/Steuerexperten, Experten für die Corporate Identity, Marketingexperten, Logistikexperten, Experten für Sicherheit und Human Ressources, Experten für Wissens-/Informationstechnologie und Rechtsexperten. Sie können sich nicht auf all diesen Gebieten auskennen; außerdem werden Sie ohnehin nur Geld für die Spezialisten ausgeben, wenn sich die Investition lohnt. Also reden Sie mit Leuten, die sich auskennen.

3. Wenn Sie sich selbst organisieren wollen, organisieren Sie Ihr Umfeld. Räumen Sie auf. Werfen Sie den ganzen Müll weg. Ordnen Sie Informationen. Heften Sie sie ab und beschriften Sie alles. Schaffen Sie Stauraum.
4. Schreiben Sie alles auf. Beginnen Sie mit Ihrem persönlichen Strategieplan.
   - Ihr Eigenkapital?
   - Ihre Ziele?
   - Ihre Aktivitäten?
   - Ihre Absichten?

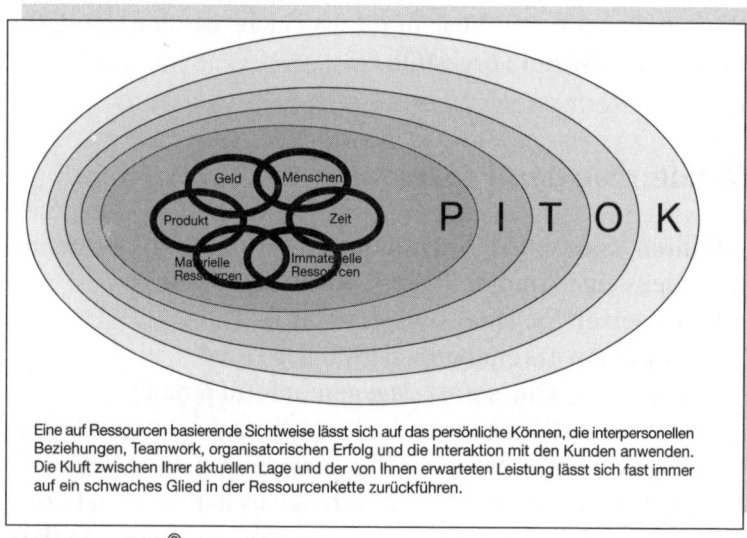

Eine auf Ressourcen basierende Sichtweise lässt sich auf das persönliche Können, die interpersonellen Beziehungen, Teamwork, organisatorischen Erfolg und die Interaktion mit den Kunden anwenden. Die Kluft zwischen Ihrer aktuellen Lage und der von Ihnen erwarteten Leistung lässt sich fast immer auf ein schwaches Glied in der Ressourcenkette zurückführen.

Abb. 14: PITOK®-Ressourcen

Kapitel 3

Kompetenz als Herausforderung

Das Geheimnis liegt in Ihnen! Ihre Persönlichkeit ist die Kraft in Ihrem Leben, die besonders stark ist und auf die Sie den größten Einfluss haben. Sie müssen dieses Potenzial ausschöpfen, wenn Sie Ihr persönliches Können vervollkommnen wollen. Aber wie? Was müssen Sie tun, um das Beste aus sich zu machen? Welche Eigenschaften sind für Einsteiger und eine angemessene Leistung erforderlich? Wo liegen die Unterschiede zu einer hervorragenden Leistung?

Ihre Persönlichkeit ist der Maschinenraum Ihres Erfolgs. Das ist Ihr persönlicher Charakter, der Sie von allen anderen unterscheidet. Ihr „Turbolader" für den beruflichen und geschäftlichen Erfolg. Wenn Sie ein Bewusstsein und Verständnis für sich entwickeln und Ihr enormes persönliches Potenzial umsetzen, bringt Sie das auf Ihrem Weg zum unternehmerischen Management ein großes Stück weiter.

Auch die Persönlichkeit Ihres Teams kann definiert, gemessen und entwickelt werden. Ein Team ist eine Gruppe von Menschen, die einander für die Erfüllung einer Aufgabe brauchen. Es ist die grundlegende Arbeitseinheit in Ihrem Unternehmen.

Die Persönlichkeit Ihres Unternehmens setzt sich aus dessen Kultur, Philosophie und Wertesystem zusammen. Diese Bestandteile geben ihm Energie und Leidenschaft. Durch welche Eigenschaften unterscheidet sich Ihr Unternehmen von der Konkurrenz? Was ist Ihr Ethos?

Als unternehmerischer Manager müssen Sie die Schaffung von persönlichen und geschäftlichen Vorteilen leben, Sie müssen beim Gehen, Sprechen, Schlafen und Trinken daran denken. Sie müssen ständig nach besseren, schnelleren, billigeren, leichteren, neuen und anderen Möglichkeiten zur Erreichung Ihrer Ziele suchen. Sie müssen systematisch arbeiten. Verwechseln Sie nicht Geschäftigkeit mit Geschäft. Verwechseln Sie nicht Aktivität mit Fortschritt.

Für den Erfolg müssen Sie kontinuierlich an der Entwicklung Ihrer Fähigkeiten im persönlichen (P) und interpersonellen (I) Bereich, im Team (T), in der Organisation (O) und bei den Kunden (K) arbeiten. Sie haben einen langen Weg vor sich. Es ist eine Herausforderung, denn Sie beginnen einen Lernprozess, der niemals endet.

Zur Entwicklung dieser Fähigkeiten im Berufs- und Privatleben müssen Sie zunächst Ihre eigene Persönlichkeit, die Persönlichkeiten anderer, die Techniken der Teamentwicklung und die Kultur Ihres Unternehmens richtig verstehen. Kurz gesagt, Sie müssen lernen, persönliche, interpersonelle, teamorientierte und organisatorische Kompetenzen zu definieren, zu messen und zu entwickeln.

Ihr Kompetenzrahmen für hervorragende Leistung

Was sind nun also Ihre Kompetenzen? Kompetenzen bieten einen integrierten Rahmen für die Verhaltensweisen, Fertigkeiten, Kenntnisse, Fähigkeiten, Einstellungen und Werte, die einen Wettbewerbsvorteil schaffen und bewahren. Dieses Kapitel zeigt, wie man diese Kompetenzen erkennt, erlernt, fördert und verbessert.

Das Kompetenzmodell ist ein System zur maximalen Steigerung der kollektiven Fähigkeiten und der Lernfähigkeit von Ihnen selbst, Ihrem Team und Ihrem Unternehmen. Es bietet eine „Orientierungshilfe", mit der Sie Kompetenzen besser verstehen.

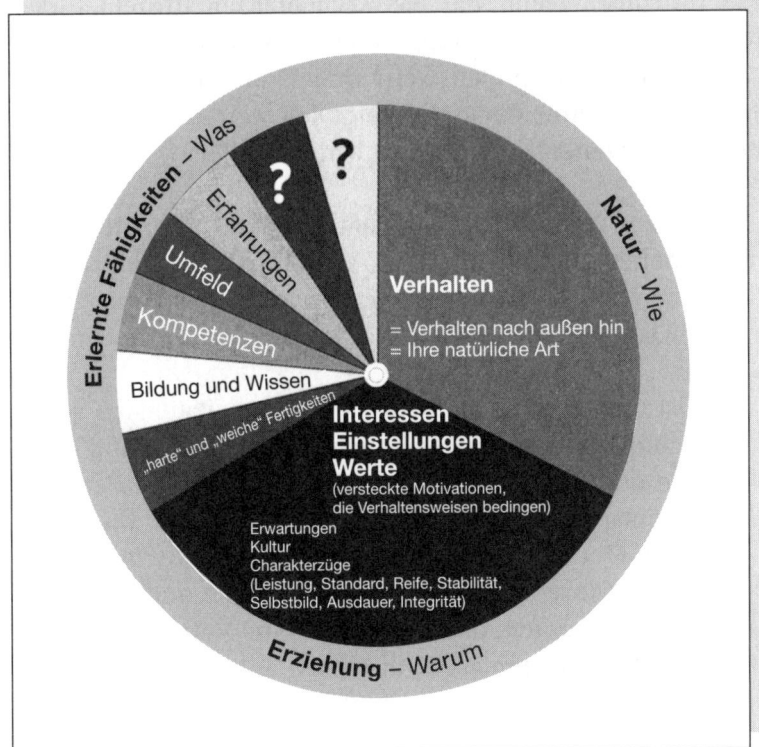

Abb. 15: Das Kompetenzmodell

Die Optimierung der Unternehmensleistung setzt voraus, dass man über klar definierte Kompetenzen verfügt.

Das Kompetenzmodell bietet einen allgemeinen Rahmen für Unternehmen, damit diese verstehen, welche Fertigkeiten, Kenntnisse und Verhaltensvorgaben für die Erreichung strategischer Ziele erforderlich sind. Durch die Definition ihrer Kompetenzen können Mitarbeiter, Manager und Unternehmer erkennen, was erforderlich ist, um neue Stufen der Perfektion und Leistung zu erreichen.

Wenn die Kompetenzen definiert sind, werden kompetenzorientierte Instrumente und Anwendungen entworfen und angewendet. Das Kompetenzmodell ist ein flexibles System und Instrumentarium, das die Kompetenzen Einzelner, des Teams und des Unternehmens nutzbar macht und integriert.

Das Kompetenzmodell weist drei Dimensionen auf (wie drei Aspekte Ihrer Persönlichkeit). Ich werde im Folgenden jede dieser Dimensionen ausführlich darstellen.

1. Ihre *erste Natur* oder Veranlagung ist das Verhalten oder Temperament. Es wirkt sich auf Ihr Handeln, Fühlen und Denken aus. Es bestimmt, wie Sie an die Dinge herangehen. Das ist das Verhalten, das Sie nach außen an den Tag legen.

   Es ist unwahrscheinlich, dass Sie Ihr Potenzial völlig ausschöpfen, wenn Sie sich nicht Ihrer Natur gemäß verhalten oder in einem Umfeld agieren, das Ihnen „natürlich" entspricht. Aber kennen Sie überhaupt Ihre Neigungen, Gefühle und Präferenzen? Leider verstehen die meisten Menschen ihre eigene Natur nicht und haben oft damit zu kämpfen, dass sie gegen ihre Natur kompetent sein wollen. Warum *gegen* die Natur ankämpfen? Ihr Verhalten sagt Ihnen, WIE Sie und Ihr Team kommunizieren oder mit einer Situation oder einem Problem umgehen sollten.

   Die meisten Denkschulen der Psychologie sind sich einig, dass das Verhalten noch vor dem fünften Lebensjahr festgelegt ist. Da Sie nur Ihr Potenzial voll ausschöpfen können, wenn Sie das tun, was Ihrer Natur entspricht, wird das Verhalten in diesem Kapitel besonders berücksichtigt.

2. Ihre *zweite Dimension* oder das, was Ihnen anerzogen wurde, besteht aus Ihren persönlichen Interessen, Erwartungen, Einstellungen, Werten und Ansichten. Die Gründe dafür, WARUM Sie sich auf eine bestimmte Art verhalten, liegen in Ihren verborgenen Motivationen.

   Es gibt quantitative und qualitative Techniken, die Einzelnen, Teams und Unternehmen dabei helfen, Werte, Integrität, Selbstbild und Motive anzunehmen und zu nutzen.

Hierbei handelt es sich um eine Art „Erziehungsprozess", der Antwort auf die Frage gibt, warum wir motiviert sind, uns auf eine bestimmte Weise zu verhalten.

3. Ihre *dritte Dimension* besteht größtenteils aus erlernten Fertigkeiten und erworbenen Attributen. Dazu zählen Fertigkeiten, Wissen und Bildung; Faktoren, die entscheidend für Ihre persönliche Entwicklung sind.

Der Grad an Intelligenz ist ein kontroverses Thema, weil viele Menschen den Begriff Intelligenz damit verbinden, wie gut sie bei Intelligenztests oder Prüfungen abschneiden. Sie werden jedoch schon bald feststellen, dass wahre Intelligenz nur wenig mit den traditionellen Stereotypen zu tun hat oder damit, wie gut jemand in der Schule oder an der Universität war (das heißt, in seinen akademischen Leistungen).

Ihre alten und neuen Erfahrungen haben eindeutig einen erheblichen Einfluss auf Ihr Leben und die bisherige Entwicklung Ihrer Karriere. Auch kulturelle und umweltbedingte Faktoren beeinflussen Ihre Persönlichkeit. Ihre gegenwärtige Situation ist die Gesamtsumme von allem, das Ihnen im Lauf Ihres Lebens zugestoßen ist.

Einzelne, Teams und Organisationen verfügen über einen enormen kollektiven Erfahrungsschatz. Wenn wir nur „wüssten, was wir wissen" und dies anwenden würden, könnten wir unsere lern- und aufgabenorientierten Kompetenzen fast exponenziell steigern. Die hier beschriebene dritte Dimension zeigt, WAS wir tun und lernen müssen, um nach vorne zu kommen.

Es gibt auch unbekannte Faktoren wie zum Beispiel die Vererbung, die zweifellos einen Einfluss auf unsere Persönlichkeit hat.

In der Schweiz arbeitete ich mit Managern aus zehn europäischen Ländern. Wir kamen zu dem Schluss, dass die Entscheidungen jedes Einzelnen von der Kultur seines Landes beeinflusst waren. Die Deutschen sind im Allgemeinen strukturierter und professioneller. Die Portugiesen neigen dazu, die Dinge weniger ernst zu nehmen. Kultur und Umwelt beeinflussen das Verhalten. So wissen wir zum Beispiel, dass 80 % der Gefangenen in unserer Gesellschaft aus der gleichen sozioökonomischen Schicht und den gleichen geografischen Gebieten stammen.

Wenden wir uns nun einer eingehenden Untersuchung jeder Schicht Ihrer Kompetenzen zu. Beginnen wir mit einem ausführlichen Blick auf das Kompetenzmodell.

Temperament/Verhalten: Erkennen von Präferenzen

Wurden Sie schon einmal von jemand anderem völlig falsch beurteilt? Haben Sie schon einmal jemanden falsch verstanden oder jemanden gekannt, der Sie irritierte? Wie oft gerieten Sie schon mit jemandem in Konflikt, ohne die eigentliche Ursache dafür zu kennen? Wie oft fühlten Sie sich mit jemandem sofort verbunden? Verstanden sich mit jemandem auf Anhieb? Vielleicht können wir die Antworten auf einige dieser Fragen in diesem Abschnitt finden.

Albert Einstein (1879–1955), Physiker und Begründer der allgemeinen Relativitätstheorie, schrieb: „Alles sollte so einfach wie möglich sein, aber nicht einfacher." Einsteins Äußerung trifft auch auf die Verhaltensforschung und auf deren Anwendung zu, vor allem, wenn Sie sich selbst besser kennen lernen, interpersonelle Kommunikationsprozesse verbessern und Teams und Organisationen mit Höchstleistungen aufbauen wollen.

Kein Mensch gleicht dem anderen. Darum ist es für den unternehmerischen Manager so wichtig, eine Struktur zu entwickeln, mit deren Hilfe er die Gemeinsamkeiten und Unterschiede zwischen den Menschen versteht. Sonst kann daraus ein lebenslanger Versuch werden, die Natur des Menschen zu entschlüsseln. Sie haben jedoch nicht ein Leben lang Zeit, das zu lernen. Sie brauchen ein System, das Sie verstehen und vor allem anwenden können. Im Folgenden werde ich Ihnen so ein System vorstellen.

Wissenschaftliche Untersuchungen haben gezeigt, dass Menschen aller Rassen und Religionen ähnliche Verhaltensweisen an den Tag legen. Das Studium des menschlichen Verhaltens ist das Studium einer universalen Sprache. Schon durch die Beobachtung von Menschen wird seine Gültigkeit belegt.

Unsere Unterschiede und Stärken

Zu jeder Zeit haben große Denker versucht, die verschiedenen Verhaltensweisen der Menschen zu beschreiben. Dazu gehören Hippokrates (437–460 v. Chr.), der Vater der modernen Medizin, Carl Gustav Jung (1875–1961), der Vater der modernen Psychologie, der im Jahr 1921 verschiedene „Typen" von Personen identifizierte und beschrieb, und Catherine Isabel Briggs, die das Myers-Briggs-System entwickelte. Die Herausforderung bestand darin, eine Methode zu finden, mit der man die psychologische Theorie in der Praxis anwenden konnte.

Im Jahr 1928 entwickelte William Molten Marston eine Theorie, die heute allgemein Verwendung findet. Die Grundlage für unser Verhaltensmodell bildet das Modell von Jung und Marston. Personen neigen dazu, sich aktiv oder passiv zu verhalten, je nachdem, ob sie ihre Umwelt positiv oder negativ betrachten und wie sie mit Herausforderungen, Menschen, Arbeitsweisen und Regeln umgehen.

Jeder der vier Quadranten beschreibt ein Verhaltensmuster: Dominant (Rot), Initiativ (Gelb), Stetig (Grün) und Gewissenhaft (Blau). Dahinter verbergen sich die Präferenzen Extravertiert – Introvertiert, Menschen-, Aufgabenorientiert. Dieses Modell wurde als INSIGHTS-Potential-Analyse® bekannt, das diese Präferenzen auf bis zu 384 Varianten analysiert. Die vier Farben – die Temperamentfarben Rot, Gelb, Grün und Blau – machen das Modell übersichtlicher und erleichtern den praktischen Einsatz. In diesem Buch sind sie in verschiedenen Graunuancen abgebildet.

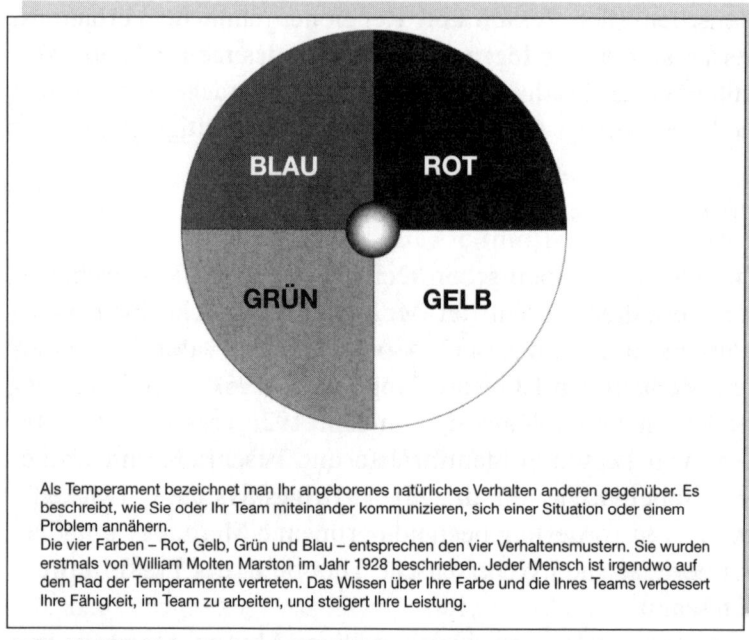

Als Temperament bezeichnet man Ihr angeborenes natürliches Verhalten anderen gegenüber. Es beschreibt, wie Sie oder Ihr Team miteinander kommunizieren, sich einer Situation oder einem Problem annähern.
Die vier Farben – Rot, Gelb, Grün und Blau – entsprechen den vier Verhaltensmustern. Sie wurden erstmals von William Molten Marston im Jahr 1928 beschrieben. Jeder Mensch ist irgendwo auf dem Rad der Temperamente vertreten. Das Wissen über Ihre Farbe und die Ihres Teams verbessert Ihre Fähigkeit, im Team zu arbeiten, und steigert Ihre Leistung.

Abb. 16: Die Universalsprache der Temperamente

In den siebziger Jahren brachte Bill Bonnstetter mit seiner Entwicklung der Verhaltenssprache die Forschung einen großen Schritt voran. Nach kontinuierlicher, intensiver Forschung und Überprüfung führte er 1984 eine computerisierte INSIGHTS-Persönlichkeits-Analyse ein und entwickelte sie bis heute weiter. Seit nun zehn Jahren arbeite ich eng mit Bill Bonnstetter zusammen und führe regelmäßig Validitätsstudien in den USA und in Deutschland durch.

Bis in die achtziger Jahre wurden psychologische Ansätze fast nur bei Menschen angewandt, die ernsthaft krank waren, nicht jedoch bei Menschen, die hervorragende Leistungen brachten. Bonnstetter und andere Vordenker kombinierten psychologische Studien und Untersuchungen und boten so Methoden zur Klassifizierung von Verhaltensmustern. Daher ist es heute viel einfacher, sich auf die Stärken, Unterschiede und unendlichen Möglichkeiten Ihres eigenen Verhaltens und des Verhaltens der Menschen zu konzentrieren, mit denen Sie interagieren.

Die Deutung von Verhalten und Emotionen

Die Theorie wird mittlerweile in der Praxis eingesetzt. Ihr Ziel als unternehmerischer Manager ist es, persönliche, berufliche und geschäftliche Vorteile zu schaffen, indem Sie das menschliche Potenzial voll ausschöpfen. Die Verwendung der Verhaltensfarben zur Bestimmung der Stärken und Neigungen bei der persönlichen Leistung, bei interpersonellen Beziehungen und der organisatorischen Entwicklung ist für den unternehmerischen Manager im Bereich der zwischenmenschlichen Beziehungen von großem Nutzen.

Wenn man die Unterschiede bei den Menschen akzeptieren, schätzen und respektieren will, genügt es nicht zu sagen, jeder Mensch sei „einzigartig". Diese Einzigartigkeit ist das Ergebnis weniger grundlegender, erkennbarer Unterschiede der psychischen Funktionen. Einer dieser Unterschiede betrifft die Frage, wie Personen ihren Verstand gebrauchen. Es geht darum, wie jemand seine Umwelt wahrnimmt, Urteile trifft und sich durchsetzt.

Das Verständnis der Temperamentsfarben hilft Ihnen, die universale Sprache des Verhaltens und der Gefühle zu verstehen. Es ist die Sprache, mit der Sie Ihr Verhalten „ausleben".

Untersuchungen haben immer wieder gezeigt, dass sich verhaltenstypische Eigenschaften in vier Hauptquadranten gruppieren lassen. Menschen neigen dazu, bestimmte Verhaltensweisen zu zeigen, die für jeden Quadranten typisch sind.

125

Das ist keine Schauspielerei. Ihr Verhalten ist ein notwendiger und wesentlicher Teil Ihrer Persönlichkeit. Anders ausgedrückt, ein Teil Ihrer Persönlichkeit und Kompetenzen stammt von der Natur (Ihr angeborenes Temperament und erlerntes Verhalten), ein Teil geht auf Ihre Erziehung und Bildung zurück (das übrige Kompetenzmodell).

Wichtig ist hierbei vor allem, dass man sich dem Umgang mit Menschen in angrenzenden Bereichen ohne große Schwierigkeiten anpassen kann. Ein „gelber" Stil zum Beispiel kann sich ohne große Mühe ein grünes oder rotes Mäntelchen umhängen. Schwieriger ist dagegen die Verbindung mit dem Gegensätzlichen, denn dort kann Ihr blinder Fleck liegen. Ironischerweise liegen dort auch die größten Verbesserungsmöglichkeiten. Unseren „gelben" Mitmenschen stellt sich die größte Herausforderung beim Umgang mit den „blauen".

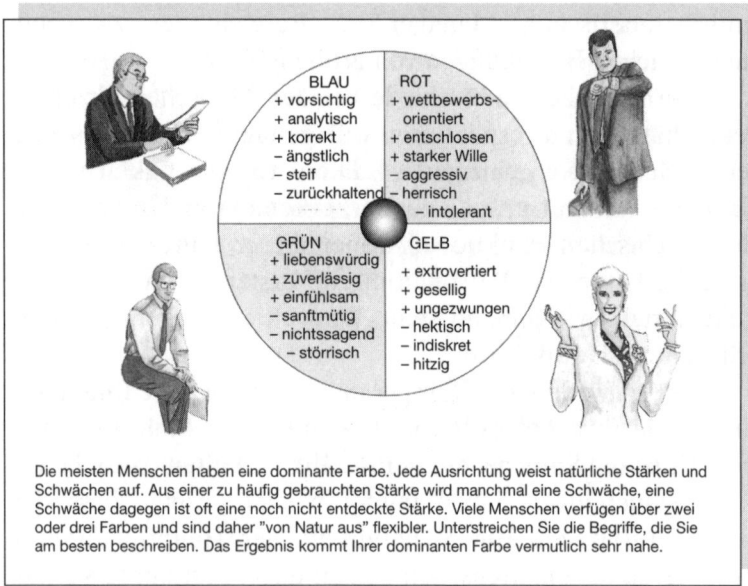

Abb. 17: Die Stärken (+) und Schwächen (–) der Temperamente

Die Vorteile der Temperamentfarben

Ihre persönlichen und beruflichen Kompetenzen – wer Sie sind, was Sie machen und wie Sie Aufgaben erledigen – haben ihren Ursprung in Ihrem Verhaltensprofil. Daher ist das Verstehen der Funktionsweise und der Vorteile der Temperamentsprache von entscheidender Bedeutung. Mit ihr können Sie die Zusammensetzung Ihrer Kompetenzen definieren, messen und entwickeln.

1. Schaffen Sie Engagement und Kooperationsbereitschaft

Der Mensch hat größeres Vertrauen zu jemandem, der ihm ähnelt. Mit solchen Personen arbeitet er auch besser zusammen. Die effektivste Möglichkeit, das Engagement und die Kooperationsbereitschaft der anderen zu gewinnen, besteht darin, „Zugang zu deren Welt zu finden" und sich an deren Verhalten „anzupassen". Für „Rote" kann das bedeuten, dass sie ihr Verhalten erweitern und so Anschluss zu den Grünen finden – das heißt, sie werden ruhiger, gelassener und geduldiger (zumindest für diese Interaktion).

Achten Sie auf die Worte, Stimmlage und Körpersprache eines Menschen – „wie" er sich verhält und mit anderen agiert. Suchen Sie nach Hinweisen im Arbeits- oder Wohnbereich. Wenn Sie die Temperamentsprache anwenden, können Sie sich sofort dem Verhalten des anderen anpassen.

2. Der Aufbau von effektiven Teams

Menschen sind oft sehr hart gegeneinander – sie beurteilen und bewerten ständig das Verhalten des anderen. Persönliche Probleme können die Teamentwicklung verlangsamen oder ganz zum Erliegen bringen.

Ein Bewusstsein für Verhaltensunterschiede wirkt sich sofort auf Kommunikation, Konfliktlösung und die Motivation des Teams aus. Eine Gruppe „blauer" Ingenieure fragte sich

127

beispielsweise, warum sie regelmäßig bei größeren Projekten nicht mehr weiterkam. Sie hatten keine Ahnung, dass die Ursache in persönlichen Faktoren (Paralyse durch Analyse) zu suchen war. Als ein Ingenieur aus dem Team das Unternehmen verließ, wurde ein „Roter" („Das machen wir schneller") eingestellt. Ihre Leistung veränderte sich binnen Monaten. Erst im Nachhinein lernten sie den Einfluss des Temperaments richtig zu schätzen.

Einem Gewinn gehen immer Investitionen voraus. Investitionen in die Schulung Ihres Teams bringt bei der Teamentwicklung sofortigen Gewinn. Die meisten Teams erreichen keine Höchstleistungen, wenn sie nicht zuvor in einem Verhaltensmodell geschult wurden. Viele Probleme im Team sind nicht funktionaler Natur, sondern verhaltensbedingt.

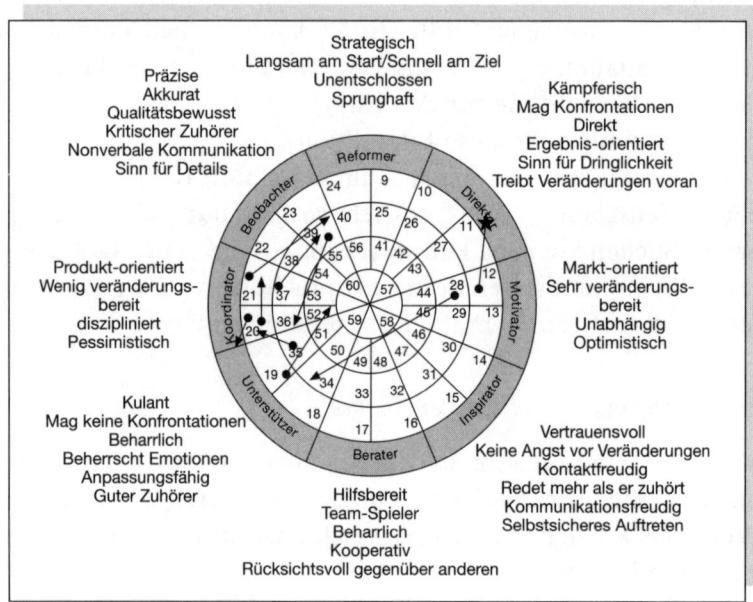

INSIGHTS-Teamrad eines mittelständigen Unternehmens. Sofort wurde transparent, warum sich das Team im Kreis dreht und nicht entscheidungsfähig ist.

3. Die Lösung und Vermeidung von Konflikten

Verständnis für Gemeinsamkeiten und Unterschiede im Verhalten kann der erste Schritt dazu sein, Konflikte zu lösen oder sogar zu verhindern. Indem man den verhaltensbedingten Bedürfnissen einer Person entgegenkommt, kann man viele Probleme beilegen, bevor sie überhaupt entstehen. Die meisten Menschen wollen auf eine bestimmte Art geführt werden. Einige mögen Struktur, andere nicht. Einige arbeiten gern mit anderen zusammen, andere arbeiten lieber allein.

Ein „Schuss ins Blaue" oder ein Ansatz, alle gleich zu behandeln, benachteiligt Sie bei Ihrer Entwicklung zum unternehmerischen Manager. Durch den computergestützten Verhaltensbericht erfahren Sie in zehn Minuten mehr über eine Person als ohne Bericht in einem Jahr.

4. Akzeptanz

Sind Sie je jemandem begegnet, der Sie nur verärgert? Konnten Sie die Gründe für diese Irritation herausfinden? Wenn diese Person auf Sie zukommt, fürchten Sie die Interaktion? Wenn ja, liegt das daran, dass das Verhalten dieser Person bewirkte, dass Sie sich nicht mehr akzeptieren. Jede Interaktion verstärkt oder schwächt Ihre Akzeptanz.

Die Temperamentsprache ermöglicht es Ihnen, die Angelegenheit über das Verhalten für sich zu entscheiden. Wenn Sie das Verhalten einer Person kennen, können Sie sich diesem Stil sofort anpassen und so an Glaubwürdigkeit gewinnen. Sie können den Unterschied, den andere in eine Interaktion einbringen, schätzen und respektieren. Ihre Kollegen, Familienmitglieder, Freunde und Kunden sind alle bei den verschiedenen Temperamentfarben vertreten.

Produktive Interaktion

Wenn Sie die Temperamentsprache erlernen, hilft sie Ihnen in den Bereichen Kommunikation, zwischenmenschliche Beziehungen und Teamaufbau. Sie entfaltet bei Einzelgesprächen, Verhandlungen, Vorstellungsgesprächen, im Verkauf und Management eine große Wirkung. Jeder Beschäftigte mit Kundenkontakt sollte die Farbensprache genauestens kennen.[1]

Sie sollten die Sprache lernen und so die damit verbundenen persönlichen und geschäftlichen Vorteile in Ihrem Fachbereich nutzen. Wer nicht verhaltensorientiert kommuniziert, gibt „einen Schuss ins Blaue" ab und hofft, trotzdem das Ziel zu treffen. Durch die Beherrschung dieser Sprache können Sie Ihre Kommunikations- und Teamfähigkeit besser steuern.

Sie passen Ihr Verhalten täglich Ihrer Umgebung an, daher ist eine verhaltensorientierte Anpassung nichts Neues. Die Sprache der Temperamentfarben bietet nur ein Modell, das sich sofort auf jede Kontaktperson abstimmen lässt.

Die Temperamentsprache ist für die Kommunikation etwa das, was ein Turbolader für einen fein abgestimmten Motor ist. Sie können auch ohne Turbolader gut zurechtkommen, aber wenn Sie auf der Überholspur mithalten wollen, müssen Sie den Turbolader einschalten. Die Temperamentsprache ist der Turbolader für die Entwicklung Ihrer Persönlichkeit und Ihrer Kommunikationsfähigkeiten. Um produktiv mit anderen zu interagieren, sich Wettbewerbsvorteile zu schaffen und sich zu einem unternehmerischen Manager zu entwickeln, müssen Sie sich mit dieser Sprache auskennen.

Drei Schritte zu größerer Akzeptanz

Die folgenden drei Schritte helfen Ihnen dabei, von Ihrer Umwelt besser anerkannt zu werden:

---

1 Scheelen, Frank M.: So gewinnen Sie jeden Kunden
  Scheelen, Frank M.: Menschenkenntnis auf einen Blick

1. Lernen Sie sich selbst kennen

Zunächst sollten Sie sich selbst kennen. Das Bewusstsein für Ihre eigenen verhaltensbedingten Neigungen schafft die Grundlage für eine verstärkte Kommunikation. Sie besitzen bestimmte angeborene Verhaltensweisen, die Sie von allen anderen unterscheiden. Wenn Sie diese Neigungen kennen, verfügen Sie über das Wissen, das für eine Verhaltensänderung notwendig ist. So sind manche Menschen zum Beispiel sehr direkt und kommen immer gleich zur Sache. Sie stoßen andere sogar vor den Kopf. Wenn Ihnen das bewusst ist, können Sie lernen, besser zuzuhören und abzuwarten, bevor Sie antworten. Andere Menschen sind zurückhaltend. Einige vermeiden Missstimmungen und Konflikte um jeden Preis. Beide Verhaltensweisen benötigen in bestimmten Situationen vielleicht eine Korrektur. Wissen ist Macht – wenn Sie es anwenden. Wenn Sie ein gesteigertes Bewusstsein für Ihr Verhalten entwickelt haben, können Sie damit beginnen, Ihr Verhalten bewusst zu kontrollieren.

2. Schätzen und respektieren Sie Unterschiede bei anderen

Lernen Sie zunächst sich selbst kennen und lernen Sie dann, die unterschiedlichen Verhaltensweisen bei anderen zu akzeptieren. Dieses gesteigerte Bewusstsein ermöglicht es Ihnen, mehr Situationen zu schaffen, aus denen jeder als Sieger hervorgeht. Dank solcher Interaktionen können Sie Ihre Energie auf Ihre langfristigen Ziele konzentrieren und Ihren Blick für das Naheliegende schärfen. Negative Begegnungen, aus denen der eine als Sieger, der andere als Verlierer hervorgeht, gehören der Vergangenheit an.

Das Verhalten unserer entgegengesetzten Farben – Rote gegen Grüne, Blaue gegen Gelbe – irritiert uns, es sei denn, wir lernen, diese Unterschiede zu respektieren und zu schätzen. Das ist eine der großen Herausforderungen für die Persönlichkeit. Ihre Fähigkeit, erfolgreich mit Ihrem Gegenspieler zusammenzuarbeiten, ist ein wichtiger Indikator dafür, wie gut Sie dieses Konzept verinnerlicht haben.

3. Sprechen Sie die Grundbedürfnisse anderer an

Bevor Sie die Grundbedürfnisse eines anderen ansprechen können, müssen Sie Ihre eigenen Bedürfnisse kennen. Dann können Sie sich mit Handlungen, die diese Grundbedürfnisse ansprechen, mehr Akzeptanz verschaffen. Wenn Sie zum Beispiel wissen, dass jemand Details mag, können Sie dafür sorgen, dass bei Ihren Meetings alle Details angesprochen werden. Oder ein anderes Beispiel: Wenn Sie wissen, dass jemand gern direkt ist oder alles kontrollieren will, können Sie sich entsprechend auf ein Meeting vorbereiten und rasch und geradewegs zu dem Problem kommen.

Mit einer Analyse des Temperamentprofils können Sie das WIE des menschlichen Handelns verstehen. Die Analyse bietet Ihnen einen Rahmen und vermittelt Ihnen das notwendige Verständnis für die Entwicklung Ihrer wichtigsten Aufgaben- und Charakterkompetenzen.

Ihre versteckten Motive

Der zweite Teil des Kompetenzmodells besteht aus Ihren versteckten Motiven – Ihren Meinungen, Einstellungen und Ihrem Wertesystem. Die Motivationen für Sie persönlich, Ihr Verhalten im Team und im Unternehmen sind die Grundlage für den Erfolg des unternehmerischen Managements.

Ein Wertesystem ist wünschenswert und für Sie als Person wichtig. Es bietet Ihnen einen Rahmen, eine Philosophie und einen Sinn. Es bildet die Grundlage Ihres Handelns. Wenn erst einmal das persönliche Wertesystem feststeht, vermittelt es Ihnen den Sinn und das Ziel Ihres Lebens und Ihrer Arbeit.

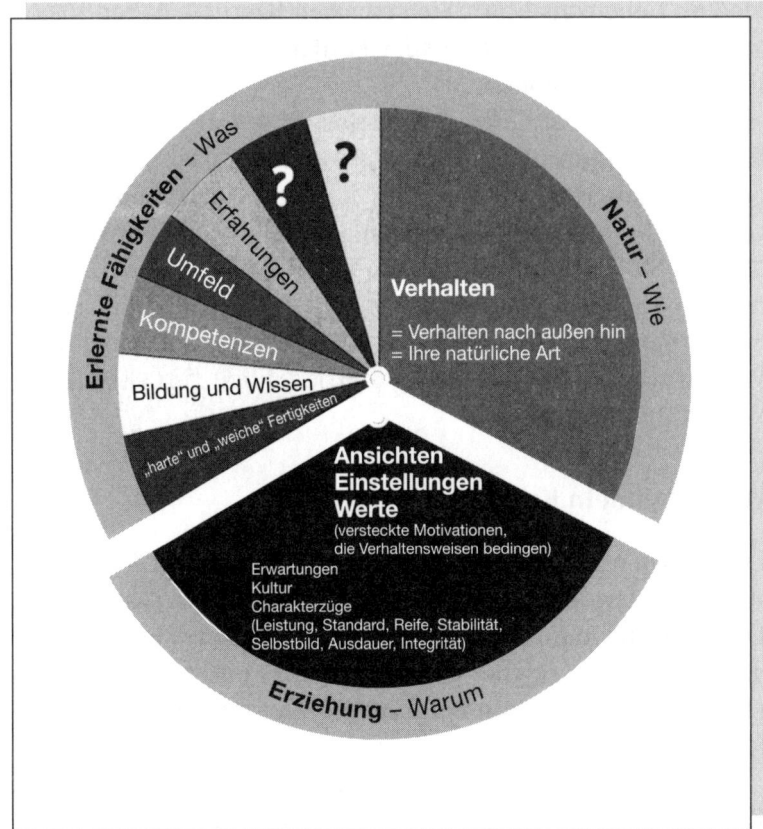

Abb. 18: Das Kompetenzmodell

Menschen, Teams und Organisationen, die keine Richtung haben, sind im Allgemeinen diejenigen ohne ein kohärentes System von tief verwurzelten Werten und Ansichten. Die Betroffenen sehen meist nur die kurzfristigen, offensichtlichen, messbaren Ergebnisse und die Menge.

Personen und Unternehmen definieren ihre Ansichten meist mit Qualitätsbegriffen wie „Kundenzufriedenheit", „hohes Maß an Professionalität", „gesunde Beziehungen", „persönliches Wachstum", „hohe Selbstachtung" und „hohes

Maß an Lebensqualität". Sie erreichen Klarheit, haben Visionen und setzen sich langfristige strategische Ziele zur Realisierung dieser Visionen.

Thomas Peters, einer der Verfasser des Buches *Auf der Suche nach Spitzenleistungen*, wurde einmal nach „einem allumfassenden Rat" gefragt, mit dem ein Unternehmen hervorragende Leistungen erzielen könne. Peters antwortete: „Bilden Sie ein Wertesystem. Entscheiden Sie, *wofür* Ihr Unternehmen steht. Was an Ihrem Unternehmen erfüllt jeden mit größtem Stolz? Versetzen Sie sich 20 Jahre in die Zukunft. Worauf würden Sie mit großer Zufriedenheit zurückblicken? Was ist Ihre Motivation?"

Werte bündeln Kräfte

Den meisten Menschen, Teams und Unternehmen fehlt es an strukturierten, durchdachten Zielen und einer Ausrichtung. Die Ursache dafür ist ein fehlendes Wertesystem. Durchdachte, klar umrissene Werte verleihen unserem gesamten Handeln Konzentration und Energie. Sie sind die Brennstoffe für Leistung.

Hochleistungssportler nutzen die Kraft der Konzentration. Kampfsportler sind Experten für Konzentration. Das Geheimnis eines Karateschlags liegt darin, dass die gesamte Energie und Kraft sich auf einen kleinen Bereich konzentrieren, etwa die Handkante. Daher können Träger des schwarzen Gürtels ganze Bretter- oder Ziegelsteinstapel ohne Schmerzen zertrümmern. Die gesamte psychische und physische Energie konzentriert sich auf einen Punkt.

Wenn jemand eine Wanne mit Wasser über Sie gießt, werden Sie sehr nass. Wenn aber die gleiche Menge Wasser auf Sie von einem Wasserwerfer abgeschossen wird, können Sie sich auch verletzen. Der einzige Unterschied liegt in der konzentrierten Kraft und der Ausrichtung auf einen Punkt. Sie werden feststellen, dass sich alle erfolgreichen Anwendungen der Thesen dieses Buchs von einem klaren Verständnis Ihrer Werte ableiten.

Viele gewöhnliche Manager verbringen viel Zeit damit, mit widersprüchlichen Werten zu kämpfen. Der unternehmerische Manager hält seine Werte auf einem Zettel oder in einem Tagebuch fest und überprüft sie regelmäßig. Diese schriftlich festgehaltenen Werte dienen als Parameter bei der Entscheidung über eine Position. Sie helfen, Zögern, Versagensangst oder negative Blockaden zu überwinden. Sie unterstützen Sie bei der Kommunikation, Motivation, bei Strategien und beim Lernen.

Es ist wichtig, dass Sie Ihre Werte ohne den Einfluss anderer wählen. Die Werte müssen zueinander passen. Berücksichtigen Sie Alternativen/Möglichkeiten und ordnen Sie diese nach ihrer Bedeutung. Was für ein Gefühl haben Sie bei Ihren Werten? Wären Sie bereit, anderen Personen, Ihrem Team, Ihrer Organisation oder Ihren Kunden voller Stolz von Ihren Werten, Positionen und Ansichten zu erzählen?

Die Klärung der Werte

Viele empfinden eine Klärung ihrer Werte als besonders schwierig. Daher übersehen sie diese Möglichkeit gern oder vermeiden sie ganz. Als unternehmerischer Manager begrüßen Sie die Selbstbefragung. Sie befürworten auch die Diskussion im Team, denn Ihnen ist voll und ganz bewusst, dass Selbsterkenntnis und Selbstprüfung die ersten wichtigen Schritte für jeden Verbesserungsprozess darstellen, vor allem im Bereich der Eigen- und Teamentwicklung.

Im Folgenden werden einige Schlüsselfragen genannt, die Ihnen helfen, Ihre zentralen Werte zu erkennen. Bevor Sie die Fragen beantworten, sollten Sie an Folgendes denken:

1. Werte sind für den Erfolg im persönlichen, interpersonellen, Team-, Unternehmens- und Kundenbereich (wieder

einmal das PITOK®-Modell) von entscheidender Bedeutung. Ohne sie kann man sich nur schwer persönliche und
geschäftliche Vorteile schaffen. Ohne Werte werden aus
Menschen „wandernde Gemeinplätze anstelle von bedeutenden Einzelwesen". Letztendlich lässt sich jedes reaktive
und unproduktive Management auf unklare Wertvorstellungen zurückführen.
2. Eine Ordnung der Werte ist nicht unbedingt einfach. Die
   Klärung der Werte erfordert einen beträchtlichen Zeitaufwand und wirft vielleicht Fragen auf, die tief in Ihrem
   Inneren Konflikte auslösen.

Der Vorgang, über Ihre persönlichen Werte nachzudenken
und sie vor allem aufzuschreiben, ist eine Erfahrung, die Sie
persönlich voranbringt. In einem späteren Kapitel werden Sie
erfahren, welche Bedeutung eine Klärung der Werte für die
Schaffung von Wettbewerbsvorteilen beim strategischen Planen hat.
   Doch nun zu den Schlüsselfragen, die Sie sich hinsichtlich
Ihrer Werte stellen sollten:

Frage 1: Wenn Sie sich über Ihre Werte unklar sind oder Sie
Verwirrung empfinden, was könnten die Gründe dafür sein?
A
B
C
Frage 2: Gibt es Widersprüche oder Konflikte zwischen den
von Ihnen gewählten Werten? Schreiben Sie Beispiele für
Ihre Erfolge und Niederlagen auf.
A
B
C
Frage 3: Nennen Sie drei Beispiele, wie Ihnen diese Werte-
übung hilft.
A

B

C

Frage 4: Nennen Sie drei Beispiele, wie Sie diese Werteübung behindert.

A

B

C

Frage 5: Wer oder was beeinflusste Sie bei der Bildung Ihrer persönlichen Werte am meisten? Wie trugen diese Menschen, Situationen oder Ereignisse zu Ihrer Wertebildung bei?

A

B

C

Werte als Grundlage bei der Zielsetzung und Leistungssteigerung von Teams

Meiner Meinung nach lassen sich Erfolge und Leistungen auf die richtigen Grundeinstellungen, Ansichten und Werte zurückführen. Grundlage aller positiven Effekte sind die richtigen Werte. Klare Werte führen zu einer guten Planung und Zielsetzung. Die richtigen Zielsetzungen wiederum bilden die Grundlage für ein gutes Zeitmanagement. Klar geordnete Werte ergeben „Sinn".

Ein gutes Zeitmanagement schafft Kommunikations- und Strategievorteile in Ihrem Berufs- und Privatleben. Ein Ziel, das Sie nicht sehen, können Sie auch nicht treffen. Wenn Sie nicht wissen, wohin Sie steuern, landen Sie wahrscheinlich am falschen Ort.

Der Hauptgrund dafür, dass Teams nicht ihr volles Potenzial ausschöpfen, liegt an mangelndem Vertrauen und einer schwachen Kommunikation. Ein Mangel an Vertrauen hängt direkt mit dem Wertesystem im Team zusammen.

Für die Entwicklung des Teams und des Unternehmens sollten klar definierte Grundwerte:

1. den Mitarbeitern die Möglichkeit bieten, Mensch zu sein und nicht nur Ressourcen im Produktionsvorgang;
2. jedem Team oder Organisationsmitglied wesentlich mehr Möglichkeiten bieten, das eigene Potenzial voll auszuschöpfen;
3. versuchen, die Effektivität des Teams oder der Organisation hinsichtlich der Ziele zu steigern;
4. ein Klima schaffen, in dem man aufregende und anspruchsvolle Arbeit findet;
5. Teams die Möglichkeit bieten, Einfluss darauf zu nehmen, wie sie zu ihrer Arbeit, dem Unternehmen und ihrer Umwelt stehen und was sie dazu beitragen;
6. jeden Menschen als eine Persönlichkeit mit komplexen Bedürfnissen behandeln, die alle für die Arbeit, für das Berufs- und Privatleben wichtig sind.

Allerdings gibt es oft Konflikte zwischen den Menschen und ihrer Arbeit. Dieser Umstand wird vor allem dann akut, wenn Unternehmen aufgrund des Wettbewerbsdrucks oder aus finanziellen Gründen Stellen abbauen oder umstrukturieren müssen. Dennoch verkünden viele Unternehmen in ihren Jahresberichten weiterhin: „Unsere Mitarbeiter sind unser wertvollstes Kapital."

Diese Erfahrung reflektiert den Wechsel zu wesentlich „praktischeren" Werten, bei denen es um die Arbeitsvoraussetzungen und -bedingungen geht, um Prioritäten, Standards und Budgets für die Ausstattung, um Finanzen und Zeit. Diese Werte betonen eine effektive Kundenbetreuung und Auslieferung und drängen allgemeinere Werte wie menschliches Potenzial und Zufriedenheit der Angestellten in den Hintergrund.

Für viele Mitarbeiter in den Unternehmen scheint die große Wertediskussion in dem Widerspruch zwischen dem zu liegen, was die Chefs in der Führungsetage sagen, und dem, was sie tun. Andererseits haben die meisten Führungskräfte gute Absichten, scheitern aber immer wieder an der Umsetzung. „Wie wende ich diese idealen Szenarien an?" „Wie schaffe ich es, dass sich auch die Mitarbeiter mit schwachen Leistungen ins Zeug legen?" „Wie sage ich meinem Verkaufsleiter, dass er seine besten Tage hinter sich hat?" „Wie schaffe ich das Superteam?"

Als unternehmerischer Manager sollten Sie das Wertekonzept für sich persönlich annehmen und bei allen Einzelgesprächen anwenden. Das wirft die Frage nach dem „Warum" auf. Nur allzu oft stellt man die Frage nach dem „Was (sollen wir tun)?" und die Frage nach dem „Wie (sollen wir es tun)?" und erhält auch eine Antwort, doch niemals die Frage nach dem Grund, dem „Warum".

Das Wertekonzept entfaltet eine starke Wirkung, denn es schafft Vertrauen, Gemeinschaftsgefühl und Esprit de corps im Team. Außerdem bildet es natürlich die Grundlage beim Aufbau einer positiven, offenen Unternehmenskultur.

Die meisten Manager lassen diese Entwicklungsphase aus. Selbstverständlich haben sie dann später mit den Folgen zu kämpfen. Der unternehmerische Manager dagegen übernimmt das Wertekonzept als ein weiteres grundlegendes Instrument zur Schaffung von Wettbewerbsvorteilen. Das Wertekonzept liegt der Entwicklung von Persönlichkeit, Kompetenz und Strategie zugrunde (siehe Kapitel 5).

Die innere Einstellung

Ihre Einstellung ist für die Ausbildung Ihrer Persönlichkeit von großer Bedeutung. Ihre Einstellung ist die Art, wie Sie Dinge wahrnehmen und Herausforderungen angehen. Es ist allein Ihre persönliche Einstellung. SIE SELBST denken, fühlen und handeln so, wie SIE es wollen. Sie entscheiden, ob Sie ein Ereignis oder eine Person als ein Problem (negativ), als Situation (neutral), als Herausforderung (positiv) oder als Gelegenheit (proaktiv) wahrnehmen und so das unternehmerische Management leben.

Viele Menschen haben das Problem, dass sie sich über ihre eigene Einstellung nicht im Klaren sind. Sie deuten ihre Einstellung einfach falsch. Auf einer Skala von eins bis zehn sind sie überzeugt, eine „positive Einstellung" zu haben, obwohl wir, wenn wir ihre Geisteshaltung wissenschaftlich messen würden, festellen würden, dass sie blinde Flecke hinsichtlich ihrer eigenen Entwicklung und Wahrnehmung der Welt haben.

Die wenigsten Menschen verfügen über einen Maßstab, an dem sie ihre Einstellung messen können. Ihnen fehlen die geeigneten Instrumente; manche wissen nicht einmal, dass es Instrumente gibt, mit dem sie ihre geistigen Kompetenzen ändern oder weiterentwickeln können. Man spricht in diesem Zusammenhang auch von der so genannten Intelligenzfalle. Wer sich darin im Zeitalter von Information und Kommunikation verfängt, ist sein Leben lang auf Mittelmaß und Mühsal abonniert.

Als unternehmerischer Manager ist es Ihre Aufgabe, ein Experte für Einstellungsmanagement zu werden. Sie beginnen mit der Entwicklung Ihrer eigenen Einstellung (intrapersonell) und machen dann bei Interaktionen mit Einzelnen (interpersonal) weiter. Das Management von Einstellungen ist eine persönliche Managementkompetenz. Die natürliche Ausweitung intrapersonaler und interpersonaler Interaktion ist die Entwicklung im Rahmen eines Teams. Wir alle arbeiten in Teams. Ihre größte Herausforderung ist es schließlich, Ihre Teams so weit zu bringen, dass sie gut in Ihrem Unternehmen arbeiten.

Eine Person – Sie als unternehmerischer Manager – kann die Richtung einer ganzen Organisation bestimmen. Ein unternehmerischer Manager kann Wettbewerbsvorteile schaffen und ganze Berge versetzen. Kennen Sie den Ausspruch: „Zeigen Sie mir ein Unternehmen, das etwas Außergewöhnliches macht, und ich garantiere Ihnen, dass dort ein Monomane frei herumläuft"?

Der Eigentümer eines Unternehmens bat mich, ihm beim Aufbau einer Verkaufskultur in seinem Unternehmen zu helfen und die Fähigkeiten seines Managementteams zu schulen. Er war bereit, mir eine beträchtliche Summe zu bezahlen, damit ich den Prozess in Gang brächte. Er selbst wollte jedoch nicht beteiligt werden. Ich erklärte ihm, dass das nicht meinem Ansatz entspräche, doch er blieb hartnäckig. Schließlich fragte er, warum es für ihn so wichtig sei, dass er daran teilnehme. Ich antwortete: „Weil Ihre Persönlichkeit hier alles dominiert. Alles und jeder ist völlig von Ihnen beeinflusst." Ich wusste das, weil ich gerade eine Untersuchung zur Einstellung seiner Kunden und seiner Belegschaft durchgeführt hatte.

Die idealen Mitarbeiterkompetenzen

Ich habe die folgende Übung zum idealen Mitarbeiter mit Tausenden von Managern und Mitarbeitern in ganz Europa durchgeführt. Die Ergebnisse sind unweigerlich die gleichen, unabhängig von den Branchen, Unternehmensformen und -kulturen. Ich fordere meine Zuhörer einfach auf, in einem Brainstorming zusammen mit mir die Einstellung und die Qualitäten eines guten Mitarbeiters aufzuzählen.

Wenn sie diesen idealen Mitarbeiter anstellen würden, damit er ihnen zum Beispiel als Assistent bei der Optimierung ihrer Leistung hilft, was wären die wichtigsten Eigenschaften einer solchen Person? Ich ermuntere das Publikum, für die

Gehen Sie die Liste durch und vergleichen Sie die Eigenschaften mit Ihrer eigenen Situation. Schreiben Sie ein E neben eine Beschreibung der Einstellung, ein F neben Fähigkeiten und ein W neben Wissen. Zählen Sie die Begriffe für jeden Buchstaben zusammen und schreiben Sie die Zahl in die drei Kreise Wissen, Einstellung und Fähigkeiten. Das zeigt die Mischung der Eigenschaften beim idealen Angestellten für Sie. Stellen Sie entsprechend diesem Verhältnis ein, sprechen Sie danach Beförderungen aus, bilden Sie so aus?

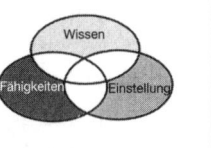

Abb. 19: Der ideale Mitarbeiter

Beschreibung ihres „idealen" Mitarbeiters Begriffe zu verwenden, die ihnen gerade einfallen. Die Beschreibungen gleichen sich in fast jedem Fall.

90 % der Begriffe beschreiben Einstellungen und Werte. Ein Manager denkt nicht sofort an Fähigkeiten und Kenntnisse, wenn er die Anforderungen an einen wichtigen Mitarbeiter umreißen soll.

Einfach ausgedrückt, zählen für Manager bei der Auswahl von Mitarbeitern Kenntnisse und Fähigkeiten. Auch bei der Schulung und Weiterbildung der Mitarbeiter wird Wert auf Kenntnisse und Fähigkeiten gelegt. Aber wie stellen Sie Mitarbeiter anhand ihrer Einstellung ein und schulen sie? Die meisten Manager und Unternehmensleiter wissen das nicht.

Sie versuchen es mit neuen Trends wie Total Quality Management, Empowerment, Teambildung und eigenverantwortlichen Arbeitsteams. Schließlich fühlen sie sich bei ihrem Bemühen unweigerlich frustriert. Ein Großteil der Total-Quality-Initiativen erreicht die gesteckten Ziele nicht, was vor allem daran liegt, dass dabei nicht entsprechend auf die Menschen eingegangen wird.

Ihr Schlüssel zum Erfolg bei der Haltung Ihrer Mitarbeiter liegt in Maßnahmen, die andere Manager nicht ergreifen. Die Maßnahmen stehen vielleicht sogar schon fest! Die meisten Leader und Eigentümer von Unternehmen, mit denen ich zusammenarbeite, sind der Ansicht, dass Probleme wie mangelnde Kommunikation, niedrige Moral, geringes Vertrauen und die falsche Einstellung verbessert werden könnten und dass solche Verbesserungen unnötige Kosten, Fehlzeiten und Verschwendung verringern und außerdem den Absatz, die Produktivität und den Gewinn steigern könnten. Wenn die Manager das wissen, warum lösen sie dann diese Probleme nicht? Die Antwort ist einfach: Sie wissen nicht wie oder haben nicht die geeigneten Mittel. Meiner Meinung nach sind die grundlegenden Motivationsfaktoren Kompetenzen, die definiert, gefördert und entwickelt werden können.

Ein weiterer Schlüssel zum Erfolg bei der Einstellung besteht darin, radikal alle potenziellen Hemmnisse bei den Ressourcen oder Durchsatzsystemen zu beseitigen. Anders ausgedrückt, Sie entfernen alles, das Sie daran hindert, schneller von A nach B zu kommen.

Motivation

Als unternehmerischer Manager sind Sie an mehr interessiert als nur an der Motivation Ihrer Belegschaft. Ihnen ist bekannt, dass das Konzept der Motivation oft missverstanden und seit über 100 Jahren falsch eingesetzt wird. Die meisten Manager verstehen nicht einmal den Begriff Motivation. Sie glauben, dass Motivation etwas ist, das man mit anderen macht: „Ich habe die Aufgabe, das Team zu motivieren."

Viele Manager verbinden mit dem Begriff Motivation die Vorstellung von Zuckerbrot und Peitsche. Mit dem „Zuckerbrot" bringt man jemanden durch Ermutigung, durch bestimmte Anreize oder eine Belohnung dazu, sich mit der Zeit in einem bestimmten Tempo auf einen zuzubewegen. Beim Ansatz mit der „Peitsche" droht man dem zu „Motivierenden" offen oder verdeckt und bringt ihn dazu, sich aus Angst in eine bestimmte Richtung zu bewegen. Keine der beiden Methoden kann man als Motivation bezeichnen. Bei jeder geht es nur um äußerliche Anreize. Durch einen äußeren Stimulus bewegt man die Mitarbeiter auf sich zu oder von sich weg.

Motivation dagegen kommt von der Person selbst. Es ist ein Gefühl. Die Person wird dazu angeregt, eine bestimmte Handlung aus persönlichen Gründen und zu ihrem eigenen Nutzen auszuführen. Sie können nur das Umfeld dafür schaffen, damit es leichter dazu kommt.

Als unternehmerischer Manager wissen Sie das und entwickeln ein System, mit dem Sie nicht nur Einzelne motivieren, sondern auch Teams und das ganze Unternehmen. Sie haben erkannt, dass man, wenn man außergewöhnliche Leistungen von Einzelnen, Teams oder einem Unternehmen erhalten will, zunächst selbst Höchstleistungen erbringen muss. Sonst wird sich der anfängliche Erfolg, den Sie vielleicht haben, nicht wiederholen.

Der Schlüssel zur Erschließung des Potenzials anderer und zu einer positiven Veränderung der Unternehmenskultur liegt in Ihnen selbst, dem unternehmerischen Manager. Sie lernen, persönliche Spitzenleistungen zu erbringen und Führungskompetenzen zu entwickeln. Dann bringen Sie diese Kompetenzen den Mitarbeitern und Teams im Unternehmen bei. Manchmal beginnt die Aufgabe, eine Unternehmenskultur zu verändern und das wahre Potenzial einer Firma zu erschließen, bei einer Person. Dann werden daraus zwei Personen, fünf Personen, zehn Personen, 50 und 500.

Werkzeuge für interne Champions

Der Schlüssel zur erfolgreichen Umformung einer Organisation liegt in Zeiten des beschleunigten Wandels in der systematischen Anwendung der Instrumente im mentalen „Werkzeugkasten". Man kann unmöglich ein ganzes Unternehmen auf einen Streich verändern. Sie brauchen die Hilfe und Unterstützung von Menschen, die auf der gleichen Wellenlänge liegen. Die Heranbildung dieser internen Champions erfordert Zeit und Investitionen. Sie müssen sich völlig auf die Anwendung dieses „Werkzeugkastens" festlegen. Wir alle sind Rädchen im Getriebe – ein kleines Rädchen greift ins andere.

Verändern Sie die Haltung des Unternehmens

Meiner Ansicht nach beginnt man am besten mit einer „Verbesserung der Lage", indem man das Modell zur menschlichen Leistungssteigerung anwendet, das im Folgenden vorgestellt wird. Es ist eine andere Auslegung von PITOK®.

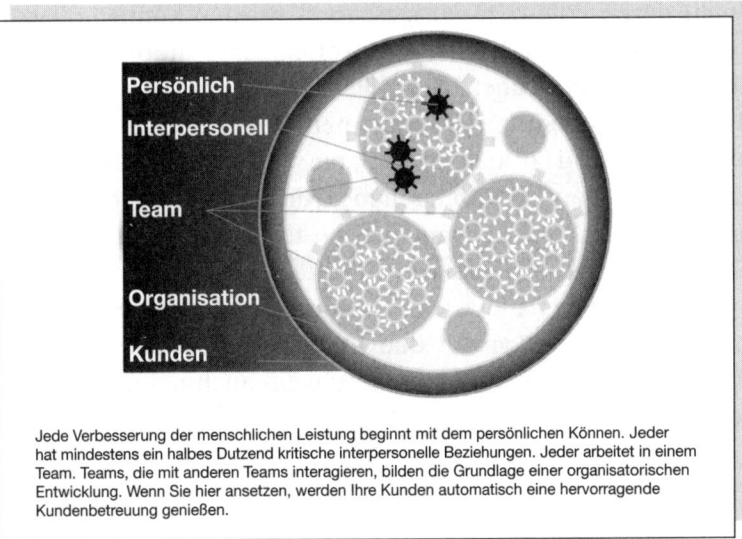

Jede Verbesserung der menschlichen Leistung beginnt mit dem persönlichen Können. Jeder hat mindestens ein halbes Dutzend kritische interpersonelle Beziehungen. Jeder arbeitet in einem Team. Teams, die mit anderen Teams interagieren, bilden die Grundlage einer organisatorischen Entwicklung. Wenn Sie hier ansetzen, werden Ihre Kunden automatisch eine hervorragende Kundenbetreuung genießen.

Abb. 20: Das Modell zur Verbesserung der menschlichen Leistung

Schritt 1: Sorgen Sie dafür, dass jeder über die Persönlichkeitsfaktoren Temperament, Wissen, Haltung, Werte, Intelligenz usw. Bescheid weiß. Nur dann kann man die persönlichen und mit seiner Tätigkeit verbundenen Kompetenzen definieren, messen und entwickeln.

Schritt 2: Erlernen Sie interpersonelle Kompetenzen und optimieren Sie so die Beziehungen zu Kollegen, Kunden und anderen Interessensgruppen.

Schritt 3: Tragen Sie dazu bei, dass aus Gruppen von Einzelpersonen Teams werden. Die natürliche Fortsetzung der persönlichen und interpersonellen Entwicklung ist die Bildung und Förderung von Teams. Sie müssen Teamentwicklungskompetenzen erfahren, lernen und anwenden. Welche Kompetenzebenen sind für die verschiedenen Arbeitsfelder erforderlich?

Schritt 4: Unterstützen Sie die Betriebe darin, die richtigen Bedingungen, das richtige Umfeld, Klima, die richtige Kultur und entsprechende Lernmöglichkeiten für Teams zu bieten, damit deren Potenziale ausgeschöpft werden können. Dabei kommt es zu einem Übertragungseffekt, die Wirkung geht auf andere Bereiche über. Letztlich geht es bei der Führung darum, von jedem im Unternehmen Höchstleistungen zu erhalten und so dazu beizutragen, dass die strategischen Ziele erreicht werden. Allerdings haben die meisten Organisationen die Kernkompetenzen des Unternehmens weder definiert noch gemessen oder entwickelt!

Schritt 5: Der Kunde ist der oberste Richter. Jeden Tag stimmen die Kunden mit den Füßen ab. Konzentrieren Sie daher alles auf den Kunden. Aber weiß auch jeder, was eine „gute Kundenpraxis" ausmacht?

„Hire and Fire"

Ich bin davon überzeugt, dass die meisten Unternehmen ihre Mitarbeiter auf allen Ebenen aufgrund deren Fähigkeiten, Kenntnissen und Erfahrungen einstellen. Der Personalchef überprüft den Lebenslauf hinsichtlich der Hintergrunderfahrungen, Ausbildung, beruflichen Kenntnisse und der Anwendung der Fähigkeiten. In einem persönlichen Gespräch verwendet er den Lebenslauf als Kommunikationsmittel zur Überprüfung der Persönlichkeit und inneren Einstellung. In vielen Fällen führt diese Vorgehensweise später zur Katastrophe. Meiner Ansicht nach werden 80 % der Mitarbeiter in erster Linie wegen ihrer Fähigkeiten und Kenntnisse eingestellt.

Die angehenden Arbeitgeber achten kaum auf die Haltung und das Wertesystem der Bewerber. Dennoch sagen 90 % aller Manager, dass die innere Einstellung bei den meisten Tätigkeiten in fast allen Branchen entscheidend für den Erfolg ist.

Auch aus einer anderen Perspektive wird meine These bestätigt. Manager geben an, dass in 80 % der Fälle der Grund für eine Entlassung nicht in fehlendem Wissen oder mangelnden Fähigkeiten liegt, sondern in der falschen Haltung. Meist geht es darum, dass die Betroffenen nicht mit anderen zurechtkommen, vor allem nicht mit ihren Vorgesetzten oder direkten Kollegen.

1999 führte ich in Deutschland einige Studien durch, um herauszufinden, was Top-Verkäufer und erfolgreiche Manager auszeichnet. Die Erkenntnisse der 500 Teilnehmer waren erstaunlich, die gleiche Studie wurde zeitgleich in den USA durchgeführt. Seitdem führe ich regelmäßig Vorträge und Ausbildungen in Deutschland, in der Schweiz und in Österreich mit dem Thema „Rekrutieren von Gewinnertypen" durch, aufbauend auf dem Kompetenzmodell. Die Erkenntnisse zeigen auf, dass bei der Einstellung neuer Manager Priorität Nr. 1 die Werte und Einstellungen sind, somit das WARUM und die Motive. Das ist Erfolgsgarant Nr. 1. Priorität 2 Verhaltenspräferenz, die richtige Person am richtigen Platz. Den introvertierten Buchhalter in die Buchhaltung und nicht ins Marketing. Denn die meisten Unternehmen stellen die Mitarbeiter nach der Fertigkeit ein, und entlassen sie wieder nach der „Einstellung". Wenn die Softskills stimmten, kommt als Priorität 3 das WAS, die Fertigkeit.

Die Kompetenzenmauer

In den meisten Unternehmen sind verkrustete Denkweisen und eine ineffektive Kommunikation die größten Hemmnisse. Daher sollte man sich bei der Optimierung der Unternehmensleistung besonders um die Beseitigung dieser Hindernisse bemühen. Vielen Unternehmen sind sie jedoch gar nicht bewusst. Sie lösen das falsche Problem. Natürlich verändert die Reparatur eines Glieds, das nicht das schwächste ist, nichts an der Kette insgesamt. Und dann gibt es noch Firmen, die zwar ihren Hemmschuh kennen, aber nicht wissen, WIE sie ihn beseitigen sollen.

Vielleicht sind sie durch frühere schlechte Erfahrungen in

Untätigkeit erstarrt. Meiner Ansicht nach beginnt man am besten mit dem Total Quality Thinking.

Die Kompetenzenmauer zeigt, dass man mit dem neuen Denken, der Erneuerung und Umstrukturierung am besten beim Fundament beginnt. Jedes Gebäude, das über lange Zeit schwerer Beanspruchung standhalten soll, benötigt aus der Sicht des Architekten ein solides Fundament. Je tiefer die Fundamente, desto höher kann man bauen. Ähnlich verhält es sich, wenn Sie versuchen, die Denkweise, Kultur, Einstellung und Werte in Ihrem Unternehmen zu ändern; auch hier müssen Sie beim Fundament beginnen. Allerdings sind die Fundamente meist psychologischer Natur und auf die innere Einstellung zurückzuführen.

Wir blicken auf Generationen von schlechtem Management und fehlerhaften Managementstrukturen zurück. Meiner Ansicht nach beginnt man mit der Schaffung von Wettbewerbsvorteilen am besten bei der persönlichen Kommunikation und der Entwicklung der Einstellung.

Der Weg zu persönlicher Spitzenleistung

Das stärkste Fundament oder Instrumentarium, das ich je verwendet habe, um die persönlichen und beruflichen Kompetenzen von Einzelnen, Teams und Unternehmen zu entwickeln, ist ein Prozess, der von meinem Freund Brian Tracy entwickelt wurde. Tracy ist der weltweit führende Managementexperte und beschreibt diesen Ansatz in seinem Bestseller High Performance Leadership, in dem es um persönlichen und organisatorischen Wandel geht. Der Ansatz verfolgt die Entwicklung persönlicher Höchstleistungen und die Schaffung von Wettbewerbsvorteilen.

Sie brauchen ein Instrumentarium, mit dem Sie Ihre Vorgehensweise programmieren können. Sie müssen den Übergang vom derzeitigen Status quo zur zukünftigen Vision

Die Kompetenzenmauer ist so stark, wie ihre Fundamente solide und tief sind. Die Kombination von tätigkeits- und berufsorientierten Kompetenzen mit persönlich orientierten Kompetenzen stärkt die gesamte Organisation. Eine Mauer ohne solides Fundament zu bauen, ist sinnlos – früher oder später bilden sich Risse.

Abb. 21: Die Kompetenzenmauer

meistern. Zur Erschließung des Potenzials braucht man Einzelne, Teams und Organisationen. Wie beim Schneeballeffekt gewinnt der Übergang an Geschwindigkeit und Schwung, wenn man Einzelnen diejenigen Instrumente gibt, mit deren Hilfe sie Begriffe wie Zielsetzung, persönliche und betriebliche Veränderung, Mitarbeiterbeteiligung, Kreativität, Werte, ständige Verbesserung, Innovation, Qualität, Arbeit und Höchstleistung verstehen.

Der Vorgang, der von unserem Team bei Century Management und dem SCHEELEN® Institut angewandt wird, bietet Einzelnen und Teams die Möglichkeit, sich in einem Forum

149

mit den wichtigsten Fragen und Problemen zu befassen, die sie davon abgehalten haben, in dem Tempo vorwärts zu kommen, zu dem sie eigentlich fähig sind. So können sie konstruktiv Leistungsblockaden, Barrieren für eine effektive Kommunikation und andere Wettbewerbshindernisse analysieren. Diese Hindernisse haben insgesamt den Effekt, dass sie für das ganze Unternehmen ein starker Hemmschuh sind.

Vor allem trägt unser System jedoch dazu bei, alle Kompetenzen zu reaktivieren, die nur unzureichend oder überhaupt nicht genutzt werden. „Wenn wir nur wüssten, was wir heute wissen." Die meisten Menschen haben einen reichen Schatz an Wissen, Fähigkeiten und Potenzialen, die tief in ihrer Natur, ihrer Erziehung und ihren erlernten Fähigkeiten schlummern.

Der Praxistest zeigt in den meisten Unternehmen, dass der Feind selten von außen kommt, sondern heimlich innerhalb des Unternehmens arbeitet. „Der Feind, das sind unweigerlich WIR."

Sie als unternehmerischer Manager müssen kontinuierlich daran arbeiten, dass jeder mit Ihnen kooperiert und seinen größtmöglichen Beitrag leistet.

Wenn eine Organisation nicht harmonisch arbeitet, sagen wir, dass die Summe ihrer Ressourcen zwei plus zwei gleich drei ergibt. Wenn ein Unternehmen zwar erfolgreich, aber dennoch nur mittelmäßig ist (also sein Potenzial nicht voll ausschöpft), sagen wir, dass zwei plus zwei gleich vier ergibt. Ihr Fokus, Ihr Ziel, sollte jedoch darin bestehen, dass aus zwei plus zwei fünf oder sechs wird. Oder noch mehr.

Wenn alle gemeinsam daran arbeiten, die Aufgabe, Vision und die strategischen Ziele des Unternehmens umzusetzen, ist das so, als ob viele zusätzliche Helfer die einzelnen Mitglieder der Teams unterstützen.

Erlernte Fähigkeiten

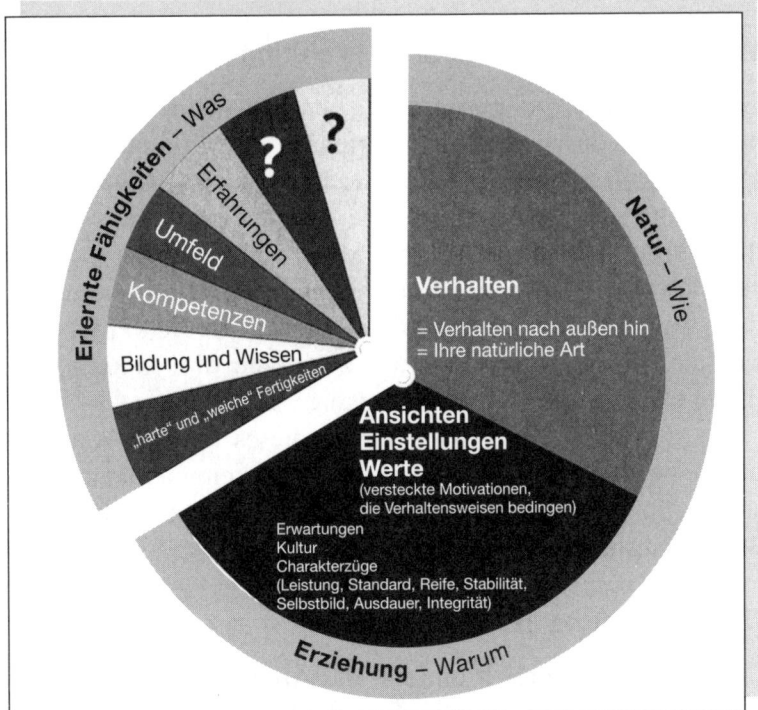

Abb. 22: Das Kompetenzmodell

Der dritte Teil des Kompetenzmodells umfasst die Faktoren Fähigkeiten, Wissen, Ausbildung, Umwelt, Intelligenz und Erfahrungen – die so genannten erlernten Fähigkeiten, die Sie sich im Lauf Ihres Lebens angeeignet haben. Es handelt sich hierbei um die „Was"-Aufgabenkompetenzen, allerdings verschwimmen bei einigen die Grenzen. Neben den Einstellungen und Werten gibt es noch zwei weitere Lernbereiche: Wissen und Fähigkeiten. Diese Bereiche haben einen großen Einfluss auf die Schaffung von Vorteilen im persönlichen, interpersonellen, Team-, Unternehmens- und Kundenbereich. Die Verbindung zwischen den Bereichen der Persönlichkeit und des Lernens ist wichtig, wenn man Kompetenz als Herausforderung verstehen will.

Wissen und die Informationsrevolution

Eine Sonntagszeitung von heute umfasst mehr Informationen, als ein durchschnittlicher Mensch im Mittelalter (500 – 1500 n. Chr.) in seinem ganzen Leben erhielt. Bis zum Jahr 1776 hatte sich die Wissensmenge zweimal verdoppelt. Trotzdem verdoppelte sie sich während der Industrialisierung (bis zum Zweiten Weltkrieg) noch einmal. 50 Jahre vergingen, dann verdoppelte sich das Wissen erneut. Heute verdoppelt sich die Informationsmenge alle zwei oder drei Jahre – und das mit wachsender Geschwindigkeit.

Es ist wichtig, die Auswirkungen dieses rapiden Wandels und seiner historischen Entwicklung zu erkennen und zu verstehen. Sonst könnte sich unser Denken weit von der Realität des 21. Jahrhunderts entfernen.

Die Anwendung der Fähigkeiten

Der dritte Lernbereich umfasst die Aneignung, den Aufbau und die Aktualisierung von Fähigkeiten, die für eine Optimierung der Ressource Wissen erforderlich sind. Das Wissen um den technischen Fortschritt des 21. Jahrhunderts genügt noch nicht für die Schaffung eines Wettbewerbsvorteils. Die wahre Herausforderung liegt in der Frage: „Wie kann man sein technisches und geistiges Kapital einsetzen, um die Konkurrenz zu übertreffen?"

Die Technologie ebnet selbst solchen Volkswirtschaften und Branchen den Weg, die früher wirtschaftlich, sozial, politisch oder geografisch benachteiligt waren. China und Südostasien, Indien und Afrika können bei der Technologierevolution schnell zu den Industrieländern aufschließen. Wo werden Sie also Vorteile schaffen können? Wo liegen die Hauptergebnisbereiche, in denen Sie die Konkurrenz schlagen können? Welche Maßnahmen müssen Sie unbedingt treffen, damit Sie vorn bleiben?

Meiner Meinung nach kann der entscheidende Vorteil in den persönlichen und unternehmerischen Fähigkeiten oder Managementtechiken liegen, die nur Menschen in neue Revolutionen einbringen können – geistige Fähigkeiten und deren Anwendung.

Die alten Methoden sollten jedoch nicht außer Acht gelassen werden. Im Gegenteil, wir sollten viele alte Managementfähigkeiten noch einmal heranziehen und sie mit einem neuen, energischen Ansatz auffrischen – dem unternehmerischen Management. Alte und neue Fähigkeiten können zusammenwirken. Weiche und harte Fähigkeiten können zur gegenseitigen Wertsteigerung vermischt werden. Aber definieren und messen Sie diese Praktiken zunächst als Kompetenzen und entwickeln Sie diese erst danach.

Neue Arbeitsformen

Kernstück der neuen, weichen, vorteilhaften persönlichen Fähigkeiten werden neue Lernmöglichkeiten sein. Selbstständigkeit war die Grundlage der Tausch- und Handelswirtschaften vor 1000 Jahren. Die elektronische Revolution bietet uns die Möglichkeit, uns von der Plackerei am Fließband, im Büro oder dem „Job auf Lebenszeit" zu befreien.

Eine Kollektion von Fähigkeiten zusammenzustellen und anzuwenden ist die neue Art, sich zu verkaufen. Neue Arbeitsformen sind derzeit im Entstehen und werden weiter entstehen. Zeitarbeit, variable Bezahlung, Teilzeitarbeit, Jobsharing und Heimarbeit sind Trends, die enorme Auswirkungen auf unsere Wirtschaft und Gesellschaft haben werden. In zunehmendem Maß werden wir lernen, das Konzept Selbstständigkeit zu schätzen, zu verstehen und anzunehmen.

Die Berufstätigen von heute müssen die Konzepte der Selbstbeschränkung und Abhängigkeit, die im Industriezeit-

alter entstanden, durch den Unternehmensgeist der eigenverantwortlichen Tätigkeit ersetzen – für die Angestellten des
21. Jahrhunderts mag das eine neue Kompetenz sein, mit der
sie erst einmal fertig werden müssen. Das sozialistische Konzept, dass jemand anderes verantwortlich ist und alle gleich
sind, wird allmählich überall auf der Welt verdrängt. Der
Kommunismus funktionierte einfach nicht. Jahrzehntealte
Gewohnheiten, sei es nun die kapitalistische oder die kom-
munistische Variante, lassen sich nicht so einfach abschütteln.
Es ist leichter, unter der Obhut einer Mutterorganisation zu
leben.

Versagensangst und Veränderungsresistenz lähmen die
meisten Menschen, Teams und Organisationen und verhindern, dass Potenziale voll ausgeschöpft werden.

Es ist leichter, sich in Schuldzuweisungen, Misstrauen und
Kritik zu ergehen, als die neue Ordnung anzunehmen. Jeder
ist zu Veränderungen fähig, doch nur wenige trauen sich. Sie
als unternehmerischer Manager müssen den Mut dazu aufbringen. Neues Denken und die Anwendung der eigenen Fähigkeiten werden gebraucht.

Selbstständigkeit, Eigenverantwortung, Empowerment,
Selbstvertrauen, Eigenantrieb und eigenständiges Lernen
werden die Schlüsselkompetenzen des unternehmerischen
Managers im 21. Jahrhundert sein. Die Konzepte der variablen Bezahlung und Beschäftigung werden bleiben, egal, ob
Sie Ihre Fähigkeiten als Unternehmer oder als lebenslanger
Angestellter feilbieten. Das erfordert das Erlernen von harten Fähigkeiten wie Computerkenntnissen und die Fähigkeit,
sich Zugang zu diesen Kenntnissen zu verschaffen. Diese
Entwicklung wird die Spreu vom Weizen trennen. Die lernende Organisation wird die Organisation mit dem traditionellen Ansatz übertreffen.

PITOK®-Mitverantwortung

Als unternehmerischer Manager ist Ihnen bewusst, dass Selbstständigkeit erst dann entsteht, wenn sich jeder Einzelne als Mitbesitzer und Mitverantwortlicher fühlt. Dies ist eine Ihrer größten Herausforderungen und der Grund dafür, dass Sie voll und ganz in der Entwicklung Ihrer persönlichen und beruflichen Kompetenzen aufgehen müssen.

Sie wissen, dass Sie jemand anderen nicht weiter bringen können, als Sie selbst sind. Sie können jemandem keine Erfahrung vermitteln, die Sie nicht selbst hatten. Sie müssen durch Ihr Beispiel vorangehen. Daher müssen Sie ständig an Ihrer eigenen Entwicklung arbeiten. Dann werden Ihre Mitarbeiter Ihre Kenntnisse und Erfahrungen respektieren – nur dann werden sie die Aufgaben und die Instrumente, die Sie ihnen geben, ernst nehmen. Schaffen Sie ein Umfeld, in dem man produktiv arbeiten kann.

Intelligenz

Intelligenz ist die Anwendung des gesunden Menschenverstands. Leider ist der gesunde Menschenverstand nicht so verbreitet, wie man annimmt. Intelligenz ist ein Thema, das oft missverstanden wird. Wir werden uns damit und mit dem Thema Lernen in Kapitel 7 ausführlich beschäftigen.

Erfahrungen

Ihre Lebenserfahrung formt Ihre erlernten Fähigkeiten, Ihre Persönlichkeit und Ihre Kompetenzen. Es gibt fünf wichtige Einflussbereiche, in denen Sie Lebenserfahrung sammeln.

1. Kindheit und Familie

Ihre Erziehung, Erfahrungen und Konditionierungen im Kindesalter wirken sich positiv oder negativ auf Ihr Erwachse-

nenleben aus. Oft geschieht dies unbewusst. Der Einfluss der
Eltern ist stark und währt ein Leben lang. Viele, die negative
Erfahrungen mit ihren Eltern hatten, lernen nie damit umzugehen. Oft wird das Thema bewusst oder unbewusst vermie-
den. Wir sind alle „Opfer" von Kritik, Schuldgefühlen und
anderen negativen Empfindungen, die von unseren Eltern
meist unwissentlich vermittelt wurden. Erschreckenderweise
wird durch diese Form der Konditionierung eine unsichtbare
Mauer um unseren Glauben an uns selbst errichtet. Das wirkt
wie eine mysteriöse Bremse auf die Entwicklung der Kompetenzen.

2. Schule

Ihre Lehrer hatten eventuell großen Einfluss auf die Entwicklung Ihrer Persönlichkeit. Der Ethos Ihrer Schule, die Sicherheit dort und die Erinnerungen tragen zu Ihren derzeitigen
Meinungen, Haltungen und Werten bei.

Ein 40-jähriger Unternehmensleiter erzählte mir vor einiger Zeit, dass er alles an seiner alten Schule und das, was sie
repräsentierte, hasse. Er hatte besonders schlechte Erfahrungen mit einem bestimmten Lehrer gemacht.

Als ich ihn fragte, warum er diesen Mann immer noch
„bekämpfe", stellte sich heraus, dass zwei Kollegen genau die
gleichen Eigenschaften hatten wie dieser Lehrer. Der Unternehmensleiter kam einfach nicht mit ihnen zurecht.

Alles hat einen Grund. Was Sie heute sind, ist die Summe
all Ihrer Erfahrungen. Gefühle wie Ärger, Schuld und Zynismus entwickeln sich aus bestimmten Ursachen. Sie müssen
diese Gefühle loslassen. Vergebung ist schwierig, aber notwendig.

Kurz und bündig formuliert: Sie werden nie völlig kompetent sein, wenn Sie die Vergangenheit nicht loslassen können.

3. Arbeit

Aus denselben Gründen, aus denen Eltern und Lehrer Autoritätspersonen in ihrer Kindheit waren, übertragen viele Menschen diese Rolle auf ihren Chef, gleichgültig, ob er nun tatsächlich so gesehen werden möchte oder nicht. Ob es Ihnen gefällt oder nicht, die Arbeit dominiert das Leben der meisten Erwachsenen. Ihre Arbeitserfahrung und Interaktion mit Arbeitskollegen formen Ihre Persönlichkeit. Und der Schlüssel zur Kompetenz ist nun einmal die Persönlichkeit.

Bei meiner Beratertätigkeit für verschiedene Unternehmen stoße ich regelmäßig auf bestimmte Verhaltensmuster oder Komplexe. Ich stellte einer Mitarbeiterin die Frage: „Mit welchem Ihrer bisherigen sechs Vorgesetzten kamen Sie am wenigsten aus und warum?" Sie nannte den Chef, der die gleichen Charaktereigenschaften hatte, die ihr schon bei ihrem Vater und dem Schuldirektor missfallen hatten. Er war „zu anspruchsvoll und zu dominant". Zufall? Ich bezweifle es. Wir schleppen unsere Erfahrungen mit uns herum.

Seien Sie vorsichtig, gegen wen Sie psychisch ankämpfen! Meist sind solche Kämpfe eine enorme Verschwendung von mentaler Energie, die Sie für kreativere Unterfangen verwenden sollten.

4. Jetziges Familienleben

Ihre Erfahrungen zu Hause mit Ihren „wichtigen Bezugspersonen" – Lebenspartner, Kinder und Eltern – tragen zur Bildung Ihrer Persönlichkeit bei. Ich kann mir nicht vorstellen, dass jemand im Büro ein Star und zu Hause ein Versager ist.

Bei vielen Unternehmern, mit denen ich gearbeitet habe, lag der eigentliche Grund für die geschäftlichen Probleme im Privatleben. Meinen Schätzungen zufolge haben etwa 35 % dieser Gruppe ernsthafte Partnerschaftsprobleme oder leben bereits getrennt. Die Erfahrung einer gescheiterten Beziehung ist eine große Belastung und wirkt sich auf die Entwicklung der Persönlichkeit aus.

5. Hobbys

Ihre Freizeitbeschäftigung zeigt, welche Erfahrungen Ihnen wirklich zusagen. Was Sie gern machen, wenn Sie selbst darüber entscheiden können, kann Ihnen helfen, Ihre wahre Berufung im Leben zu verstehen.

Über die Hälfte aller Berufstätigen hat den falschen Beruf – kein Wunder, dass viele ihre Arbeit hassen. Ich mag meine Arbeit, weil ich hier die besten Leistungen erbringe. Mir haben frühe Erfolge und Niederlagen im Sport immer geholfen, aus der Teamarbeit und selbst noch aus geschäftlichen Rückschlägen positive Erfahrungen zu ziehen. Ich „spiele das Geschäftsspiel" bis zum Schlusspfiff oder dem Ende des Projekts immer mit ganzer Kraft. Doch wenn es vorüber ist, schüttelt man wie nach einem Fußballspiel dem Gegner die Hand, vergisst die Misserfolge während des Spiels und macht einfach weiter. In welchen Hobbys sind Sie gut? Zu welchen Hobbys fühlen Sie sich hingezogen? Worüber sprechen Sie? Was lesen Sie? Jeder hat eine besondere Begabung. Wo liegt Ihre? Ihre Hobbys können Ihnen einen Hinweis darauf geben.

Das Geheimnis liegt in Ihnen

Ihre Persönlichkeit ist eine Gabe. Sie ist die Gesamtsumme all dessen, was Sie sind oder geworden sind. Wenn Sie ein unternehmerischer Manager des 21. Jahrhunderts sind, sind Sie meiner Ansicht nach moralisch verpflichtet, all Ihre Fähigkeiten zu verwirklichen. Sie müssen alles über Ihre persönlichen und beruflichen Kompetenzen lernen, wenn Sie Ihr Potenzial voll ausschöpfen wollen. Das Kompetenzmodell bietet Ihnen einen Rahmen, mit dem Sie diese Herausforderung angehen können.

Über 80 % der Menschen kennen ihre eigenen Fähigkeiten nicht. Die Ursache dafür, wo sie sich heute befinden, schreiben sie den Umständen, Pech, ihrer Herkunft oder zahlreichen anderen Faktoren (Ausreden) zu. SIE kennen das Geheimnis. Das Geheimnis liegt in Ihnen selbst.

Investieren Sie in Ihre Kompetenzen

Vier Schritte fördern die Entwicklung Ihrer Persönlichkeit:

1. Führen Sie eine umfassende Bestandsaufnahme Ihrer persönlichen, beruflichen- und geschäftlichen Kompetenzen durch. Um vorwärts zu kommen und sich selbst weiterzuentwickeln, müssen Sie zuerst wissen, wo Sie Schwerpunkte setzen sollen. Die Entwicklung Ihrer Persönlichkeit haben Sie selbst in der Hand. Entwickeln Sie klare Vorstellungen von den persönlichkeits- und aufgabengebundenen Kompetenzen, die Sie für eine Erschließung Ihres Potenzials benötigen.
2. Können Sie einen Plan aufstellen, mit dem Sie Ihre Kompetenzen in den kommenden fünf Jahren neu definieren, bewerten und entwickeln? Schreiben Sie für den Anfang 20 Ideen auf und wählen Sie davon drei aus, mit denen Sie die folgenden sechs Monate beschäftigt sind. Tun Sie etwas. Irgendetwas. Aber fangen Sie an.
3. Suchen Sie sich einen persönlichen Mentor (jemanden, mit dem Sie über Ihre Entwicklung sprechen können). Fragen Sie einfach. Sie können den Mentor sogar dafür bezahlen. Es drängt sich niemand danach, Sie zu retten. Holen Sie sich Hilfe.
4. Wie bei allen guten Investitionen müssen Sie zunächst Mühe, Zeit und Geld aufbringen und dann warten, dass sich die Investition auszahlt. Investieren Sie jetzt gleich in Ihre Persönlichkeit, nicht erst später. Haben Sie Vertrauen in das hier vorgestellte Konzept.

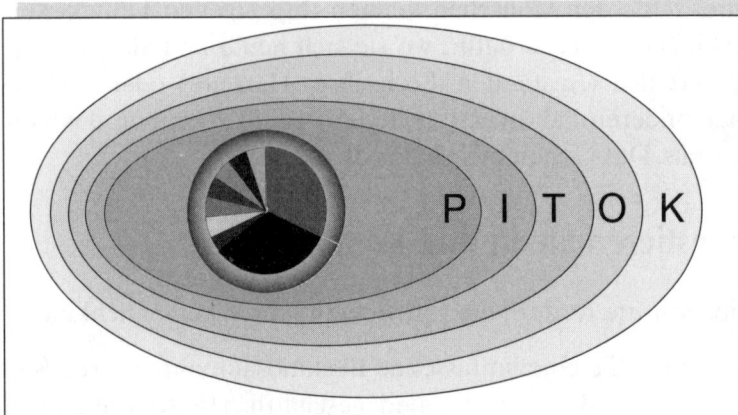

Kompetenzen helfen, Höchstleistungen in allen PITOK®-Bereichen zu definieren, zu messen und zu entwickeln. Wenn Sie etwas nicht beim Namen nennen können, wissen Sie auch nicht 100-prozentig, welche Bedeutung es bei der Schaffung von persönlichen, beruflichen, Team-, Unternehmens- und Kundenvorteilen hat. Die Kompetenzentwicklung stellt sich dieser Herausforderung.

Abb. 23: PITOK®-Kompetenz

Kapitel 4

Strategisches Denken und Planen beherrschen

„Wer nicht aufsteht und kämpft, wenn eine Chance auf den Sieg besteht, der wird eines Tages in die Schlacht geschickt, wenn es keine Chance gibt, zu gewinnen."

(Winston Churchill)

Der wahrscheinlich wichtigste Punkt für Ihr unternehmerisches Management der nächsten fünf Jahre ist Ihre Fähigkeit, ein klares Verfahren für strategisches Denken und Planen zu entwickeln. Wie bringen Sie alle Beteiligten in Ihrem Unternehmen dazu, an einer gemeinsamen Strategie mitzuarbeiten?

Das Management der Strategieentwicklung wird meist anhand von Methoden zur Planung und Analyse beschrieben. Ebenso wichtig ist aber strategisches Denken, nur ist darüber weniger ausführlich geschrieben worden.

In diesem Kapitel werde ich die Disziplin des strategischen Denkens und die Wissenschaft der strategischen Planung in einem Gesamtrahmen synergistisch verbinden.

Der eigentliche Zweck des unternehmerischen Managements ist es, einen strategischen Vorteil zu erzielen. Unternehmerische Manager müssen die Herausforderung an jedem neuen Tag in ihrem Leben annehmen und planen, denken, erfahren, reagieren, festlegen, abwägen, entwickeln, einführen und verändern.

Studieren Sie die Kunst der Strategie gründlich. Fassen Sie den Entschluss, strategisches Denken zu studieren, zu lernen und letztendlich auch einzusetzen. In ihrem Bestreben, das

Thema Strategie der normalen Führungskraft verständlich zu machen, haben Akademiker, Berater und Autoren den Begriff fast bis zur Unkenntlichkeit kompliziert. Sie haben das Thema verschleiert. Das hat dazu geführt, dass die meisten Führungskräfte sich nur widerstrebend mit Strategie als erfolgreichem Führungsinstrument befassen.

Sie erkennen, dass die Strategie ein wichtiges gedankliches Werkzeug und ein wirkungsvolles Planungsverfahren ist. Das bringt Sie persönlich, Ihr Team oder Ihr Unternehmen im Wettbewerb voran. Sie setzen die gedanklichen Werkzeuge ein, wie ein Schreiner seine Geisteskraft gebraucht, wenn er einen Tisch oder einen Stuhl herstellt.

Dieses Kapitel über strategisches Denken und Planen soll:

1. kurz auf die Ursprünge der Wissenschaft von der Strategie eingehen, um Ihnen Einblick in ihre Bedeutung und Möglichkeiten zu geben. Verständnis ist wichtig für das Beherrschen.
2. Sie sollten einen umfassenden Überblick über das Thema bekommen, damit Sie die Methoden des strategischen Denkens und Planens gleich anwenden können.
   Der Heimwerker hat einen Werkzeugkasten, der dem Werkzeugkasten des professionellen Handwerkers ähnelt. Er muss nicht jedes Werkzeug ewig studieren, ehe er es ausprobiert. Auf ähnliche Weise können Sie die Instrumente und Methoden für eine gute Strategie sofort anwenden.
3. Sie sollen ein praktisches Modell (das Modell für strategisches Denken und Planen) zur Entwicklung einer realistischen, einfachen und wirksamen Strategie für Ihre eigene Unternehmenseinheit oder Ihr Unternehmen an die Hand bekommen.

Mein übergreifendes Ziel ist es, Ihnen die Grundlagen von Strategie sonnenklar darzulegen. Diese Grundlagen sind frei verfügbar, realistisch, praktisch und sehr praxisnah. Wichtiger noch, Sie können sie an entscheidender Stelle, im Tagesgeschäft, einsetzen. Wenn Sie strategische Verfahren aktiv einsetzen, sind sie wirksame Instrumente für den Aufbau Ihres Unternehmens.

Unternehmen und Behörden brauchen und missbrauchen Strategie. Umfangreiche Dokumente über Strategie, deren Entwicklung ein Vermögen gekostet hat, verstauben in Behörden und Betrieben. Oft fühlt sich keiner der Auftraggeber verantwortlich für diese Dokumente, und man hat sich nicht nach ihnen gerichtet.

Zum Teil liegt das daran, dass über Strategie mancherlei Missverständnisse kursieren und man sie mit dem Schleier des Geheimnisvollen umgibt. Hierzu müssen Sie wissen, dass das „Denken" und das „Planen" bei der Strategie weit auseinander klaffen. Wenn Denken und Planen synchron verlaufen, dann erhalten wir eine Kraft, eine doppelte Schlagkraft aus praktischer Anwendbarkeit und Emotion. „Emotionale Strategie" und „analytische Strategie" sind unschlagbar, wenn sie gut ausgeführt werden.

Wie Strategie zur Wissenschaft wird

Strategie ist so alt wie die Berge oder zumindest so alt wie der menschliche Konflikt. Militärische Beispiele und Bilder haben schon immer eine wichtige Rolle bei der Entwicklung von Unternehmen gespielt, vielleicht, weil es eine Menge Ähnlichkeiten gibt. Wer ist der Feind/die Konkurrenz? Wo ist das Schlachtfeld/der Markt? Welche Ressourcen werden eingesetzt? Wie engagieren wir uns?

Das Buch *Über die Kriegskunst* wurde 500 v.Chr. von Sun Tsu, einem chinesischen General, verfasst. Es ist ein Klassiker, heute wie damals, weil es den landläufigen Ansichten über Strategie zuwiderläuft. Wahrscheinlich wird hier die

Kunst der Strategie zum ersten Mal erwähnt. Bei der Strategie geht es nicht um reine Theorie. Sun Tsu stellt Grundlegendes infrage. Warum eine Schlacht schlagen, wenn Sie mit anderen Mitteln gewinnen können? Warum nicht die Strategie des Gegners (oder der Konkurrenz) angreifen, anstatt blind die eigene zu verfolgen? Oder seine Verbündeten? Oder seine Soldaten?

Sun Tsu lässt keinen Raum für Gefühle. Er sagt: „Stationiere Steitkräfte, um strategisch wichtige Punkte zu verteidigen: Sei wachsam in der Vorbereitung, sei nicht träge. Untersuche die Lage gründlich, warte insgeheim auf eine Nachlässigkeit von ihnen. Warte, bis sie ihre Festungen verlassen, dann nimm ihnen, was ihnen lieb und teuer ist."

Das Wort Strategie selbst kommt vom griechischen *strategia*, das bedeutet Feldherrenkunst oder -wissenschaft. Die griechischen und römischen Generäle wussten, dass man Kriege durch geschickten Umgang mit Politik, Logistik, taktischer Planung und Aktion gewinnen kann, aber die Parallelen zwischen militärischer und unternehmerischer Strategie können in allen Epochen gezogen werden, bis zum Golfkrieg 1990. Der Unternehmensalltag ist wie eine Reihe von Schlachten in einem Krieg. Wenn die Gesamtstrategie stimmt (und sie ist meistens richtig, wenn man mit Systemdenken daran geht), dann kann man sich auch einige taktische Fehler erlauben, ohne das Gesamtziel zu gefährden.

Eine gemeinsame Strategie entwickeln

Immer wieder fragen mich Manager: „Wer sollte an der Entwicklung der Strategie beteiligt werden?" Dahinter steckt die Vermutung: „Das können nicht alle." Als ob die Entwicklung einer Strategie im Verborgenen geschehen könnte. Leider gehört diese Reaktion zum gemeinsamen Erbe der Unternehmensstrategen, besonders aus den sechziger und siebziger

Jahren. Viele Führungskräfte fühlen sich nicht in der Lage, strategisch zu denken und zu planen. Der unternehmerische Manager entscheidet sich aber für die Strategie als Hauptwaffe zur Schaffung von Wettbewerbsvorteilen. Er beschließt auch zu lernen, wie das geht.

Wer sollte beteiligt werden?

Alle, die mit alltäglichen Führungsaufgaben im Unternehmen betraut sind, sollten an der Festlegung einer Strategie mitwirken. Dazu gehören Abteilungs- und Bereichsleiter, das obere Management, vor allem aber die geschäftsführenden Direktoren und die Vorstandsvorsitzenden. Wenn die Unternehmensleitung nicht beteiligt ist, wird diese Übung wenig sinnvoll sein.

Ist es möglich, die Mehrzahl der Betreffenden an der Entwicklung einer gemeinsamen Strategie zu beteiligen? Ja, das ist es. Wenn das ganze System (interne und externe Kunden) an der Entwicklung einer neuen Unternehmenskultur oder einer Veränderung beteiligt werden soll, dann brauchen Sie einen Moderator. Was man mitentwickelt hat, wird man auch unterstützen, und so wird der Entwurf für eine gemeinsame Strategie mit höherer Wahrscheinlichkeit sich auch insgesamt durchsetzen. Sobald eine bestimmte Menge von Mitarbeitern an der Entwicklung einer gemeinsamen Strategie beteiligt ist, gibt es mehr persönliches Pflichtbewusstsein, mehr Engagement, mehr Übereinstimmung, und alles geht schneller. Die Mitarbeiter, die am nächsten an den Problemen sind, werden diese Gelegenheit zum Feedback sicherlich zu schätzen wissen und sich mit kreativen und innovativen Vorschlägen beteiligen.

Wichtig ist jedoch ein professionelles Vorgehen. Ein Desaster habe ich beobachtet, als ein CEO das selbst übernahm – drei Jahre brauchte sein Unternehmen, um sich von den Folgen zu erholen. Die Schwierigkeit lag darin, dass er selbst ein Teil des Problems war.

Bei der Festlegung einer Strategie sollten Sie folgenden Rat beachten: „Wer sich zum Anwalt seiner selbst macht, hat einen Narren zum Klienten." Bei dieser wichtigen Aufgabe, der Entwicklung einer Unternehmensstrategie, sollten Sie unbedingt einen Experten als Moderator für Ihre Gruppe hinzuziehen.

Weiter unten in diesem Kapitel erkläre ich mein Vorgehen, wenn ich mit Unternehmen einen strategischen Denkprozess einleite und eine Unternehmensstrategie festlege.

Was ist Strategie?

Wenn Sie eine Strategie als Denkwerkzeug entwickeln, müssen Sie zunächst wissen, was eine Strategie ist. Es gibt viele Definitionen und Interpretationen, doch das macht es nur umso schwerer, die Strategie vom Nimbus des Geheimnisvollen zu befreien und ein einfaches und praxiserprobtes System zu entwickeln, das jede Führungskraft, insbesondere der unternehmerische Manager, nutzen kann.

Im Fremdwörter-Duden wird Strategie definiert als

1. a) umfassende [vorbereitende] Planung eines Krieges unter Einbeziehung aller wesentlichen (auch nichtmilitärischen) Faktoren;... b) Lehre von der Führung der Truppen und 2. Art des Vorgehens; genau geplante Verfahrensweise.

Der Laie verwechselt Strategie mit Plan. Eine Strategie ist eine klare Vorgabe, wie mit einer bestimmten Art von Situationen umgegangen werden soll. Ein Kind hat zum Beispiel eine Strategie, wie es seine Geburtstagsparty organisiert. Ein Unternehmen hat eine Strategie, wie es in einen neuen Markt eintritt. Eine Mannschaft im Sport hat eine Strategie, wie ein Spiel oder eine Meisterschaft gewonnen werden soll. Eine politische Partei hat eine Strategie, wie Wahlen gewonnen werden.

Nach dieser Interpretation haben Strategien zwei wesentliche Merkmale: 1. Sie werden vor den entsprechenden Aktionen entwickelt. 2. Sie werden bewusst und zweckorientiert entwickelt.

Ich glaube, die Ursache mancher Verwirrung über den Begriff liegt darin, dass man im Sport, beim Militär und im Management unter Strategie oft nur einen Plan versteht, wie die Dinge getan werden sollen.

Strategie ist eine Art zu denken

Wenn Sie ein guter Stratege werden wollen, muss Ihnen klar sein, dass Strategie viel mehr ist als nur Planung. Strategische Planung ist relativ einfach. Strategisches Denken unterscheidet den Profi vom Amateur. Strategisches Denken ist Vision im Handeln. Wenn Sie ein strategischer Denker werden wollen, müssen Sie folgendes wissen:

- Strategie ist geschicktes Lavieren. Manchmal werden Sie beim Sport hören: „Das war eine gute Strategie" oder „Er hat eine ausgezeichnete Strategie, seinen Gegner auszutricksen". In diesem Sinn kann Strategie eine List sein oder die Drohung, mit der man Konkurrenten überlisten und einen Vorsprung erringen kann.
- Strategie ist eine Folge von Handlungen. Strategie hat auch mit Verhaltensmustern zu tun, die Einzelne, Gruppen und Unternehmen an den Tag legen, um ihre Ziele zu erreichen.
- Strategie ist Positionierung. Für eine gute Strategie ist es von wesentlicher Bedeutung, wie Einzelne, Gruppen oder Unternehmen sich in ihrer internen und externen Umgebung positionieren. Wenn Sie im Verkauf arbeiten, positionieren Sie sich nur als Verkäufer von Produkten oder als Arzt, der Lösungen für die Probleme der Käufer bietet? Ersterer verkauft einfach. Letzterer berät, hört zu, erfüllt Bedürfnisse, bietet Lösungen und macht sich seinen Kunden zum Freund.

- Strategie ist eine Art zu denken. An dieser Einstellung muss kontinuierlich gearbeitet werden. Wenn Sie sie nicht einsetzen, verschwindet sie wieder. Manche Unternehmenskulturen gehen auf den Einfluss einer einzigen Person zurück, haben sich dann im Team und schließlich im ganzen Unternehmen ausgebreitet. Bei Hewlett Packard wurde The HP Way entwickelt. Es begann damit, dass die beiden Gründer Bill Hewlett und David Packard in einer Garage Geräte testeten. Die gleichmäßige Beschaffenheit des Produkts von McDonalds in 25 000 Verkaufsstellen weltweit beruht auf der Beachtung von Q, S, C und V – Quality, Service, Cleanliness und Value (Qualität, Service, Sauberkeit und Wert).

Strategie ist eine Perspektive, ein geschärfter Blick auf die Welt. In dieser Hinsicht ist Strategie für das Unternehmen, was Persönlichkeit für das Individuum ist. Sie enthält in einer Summe die Gesamtstrategie, die treibende Kraft, die Kultur und die Weltsicht des Unternehmens.

Die Ausbildung strategischen Denkens bedeutet, dass im Unternehmen gemeinsam eine Vision entwickelt wird, ein kollektives Bewusstsein, und dass ein Lernprozess beginnt. Diese Kernkompetenzen müssen Sie erkennen und mit ihnen führen. Eine solche Entwicklung ist eine große Herausforderung für den unternehmerischen Manager, zunächst für ihn selbst, dann für einzelne Personen, die Gruppen und schließlich für das gesamte Unternehmen.

Richtigstellung einiger falscher Vorstellungen über Strategie

Strategisches Denken und Planen umfasst alle oben genannten Aspekte der Strategie. Ich habe dieses Modell entwickelt und umgesetzt, weil mir die komplizierteren Modelle unzureichend erschienen.

Hier werden die emotionalen, geistigen, physischen und sogar spirituellen Qualitäten der Person und des Teams versammelt und koordiniert. Viele ausgezeichnete strategische Methoden versagen meiner Meinung nach, weil es ihnen nicht gelingt, diese vier Ebenen miteinander zu verbinden.

Oft fragen mich Führungskräfte: „Was ist der Unterschied zwischen Strategie und Taktik?" Ich erkläre dann, dass Taktik mehr mit den praktischen Plänen zur Umsetzung strategischer Ziele zu tun hat. Die Verantwortung für die Umsetzung und Entwickung einer Taktik liegt oft bei Führungskräften, die selbst nichts mit der Formulierung einer übergreifenden Strategie zu tun haben.

Häufig wird auch gefragt: „Kann man strategische Modelle auf den persönlichen Bereich übertragen?" Natürlich kann eine Führungsstrategie auch für den Privatbereich aufgestellt werden, aber unterschätzen Sie nicht den erforderlichen Zeitaufwand. Wenn Sie einen ordentlichen strategischen Überblick über Ihre persönliche Lage erlangen wollen, brauchen Sie am Anfang 20 Stunden, um zu überlegen, zu schreiben, zu recherchieren und neu zu strukturieren. Das ist jedoch nur am Anfang so aufwändig – danach müssen Sie nur fortlaufend aktualisieren und verbessern.

Das Modell für strategisches Denken und Planen, das auf den nächsten Seiten vorgestellt wird, lässt sich sehr gut auf das Privatleben übertragen. Schließen Sie sich mit Ihrem (Ehe-)Partner an einem langen Wochenende in einem ruhigen Hotel oder einer Pension ein, damit Sie gezwungen sind, das Projekt auch zum Abschluss zu bringen. Wenn Sie Ruhe und Frieden haben, sich einen Endtermin setzen und eine nachfolgende Belohnung versprechen, wird Ihre Kreativität beflügelt, und Sie werden Lösungen finden. „Und wie ist das bei einzelnen Gruppen oder Zweigstellen?" Eine Strategie für eine Unternehmenseinheit (Team) oder eine Gruppe kann in einer kleineren Gruppe, in einer Abteilung oder auf einer funktionellen Ebene entwickelt werden. Der

Zeitaufwand für diese Entwicklung sollte nicht unterschätzt werden.

Auf der höheren Führungsebene sollte jeder ernsthafte Versuch, einen strategischen Denk- und Planungsprozess in Gang zu setzen, am Anfang mindestens drei Tage dauern. Außerdem sind gründliche Vorbereitung und regelmäßige Überprüfungen ein Muss. Natürlich wird jedes Treffen der Betriebsführung (in vielen Unternehmen monatlich) direkt oder indirekt in die Gesamtstrategie eingebunden.

Wo sollte Ihre Strategie entwickelt werden?

Sitzungen zur Formulierung einer Strategie sollten an einem Tagungsort mit eingeplanter Übernachtung stattfinden, damit genügend Zeit zur Diskussion und für die Bildung von Gruppen bleibt. Wenn das Team aus der normalen Arbeitsumgebung, aus dem Büro oder dem Fabrikgebäude herauskommt, kann es sich besser auf die vorliegende Aufgabe konzentrieren.

Die Entwicklung einer Unternehmensstrategie sollte niemals in einem Sitzungssaal oder Konferenzraum in der Nähe des Arbeitsplatzes stattfinden. Die Teilnehmer können keinen Abstand gewinnen, solange sie sich in der Nähe der Büroräume, der Verwaltung oder des Fließbands befinden. Sonst besteht die Gefahr, dass man sich in den Kaffeepausen oder beim Mittagessen mit dem Alltagsgeschäft befasst. Auch Folgetreffen zur Weiterentwicklung oder Überprüfung sollten außerhalb des Betriebsgeländes stattfinden.

Der Tagungsort für eine Entwicklung von Unternehmenszielen sollte ruhig gelegen sein und weit entfernt vom Büro. Ich empfehle ein gutes Hotel in einer abgelegenen ländlichen Gegend. Die Mitarbeiter werden die gesamte Strategieentwicklung mit diesem Ort in Verbindung bringen und sich noch Jahre später an die Unterhaltungen, Diskussionen und die dort gesteckten Ziele erinnern.

Im Tagungshaus sollte ein großer, ruhiger Raum zur Verfügung stehen. Er sollte einladend sein, eine entspannte Atmosphäre in erholsamer Umgebung bieten. Das fördert Kreativität, Systemdenken und Planen. Dieser Prozess beansprucht die Teilnehmer sehr und zehrt an ihren Kräften, er führt von belebenden Hochs bis hin zu geistiger Erlahmung. Auf gezielte Konzentration kommt es an, und eine angenehme Umgebung ist eine entscheidende Voraussetzung für produktive Konzentration. Strategisches Denken verlangt völlige Konzentration auf die vorliegende Aufgabe über einen längeren Zeitraum hinweg.

Warum eine Strategie entwickeln?

Anstatt eine Strategie zu entwickeln, reagieren manche Unternehmen lieber auf bestimmte Situationen. Ihre rationale Erklärung lautet, alle Pläne und Vorhersagen seien ohnehin ungenau. Es gebe zu viele Veränderungen innerhalb und außerhalb des Unternehmens, und die Kosten, der Zeitaufwand und die Mühe für eine solche Reflektion und Planung führten nur zu Frustrationen und seien sinnlos.

Viele andere Unternehmen greifen nur zur Strategie, wenn eine Katastrophe droht, wie etwa der Verlust eines wichtigen Kunden. Dann entwickeln sie auf die Schnelle Strategien und ordnen ihren Denkprozess. Doch das kommt oft zu spät. Das zeigt sich auch an der Tatsache, dass beispielsweise 58 % aller neu gegründeten Unternehmen in Irland innerhalb der ersten fünf Jahre Schiffbruch erleiden. Der europäische Durchschnitt für solche Misserfolge liegt bei 46 %. Regelmäßige, konstante Wachsamkeit und das Voraussehen von Krisen sind wichtige Führungsfähigkeiten.

Wie Sie mit dem Modell für strategisches Denken und Planen eine Strategie entwickeln

Wenn Sie die richtigen Personen eingebunden haben, wenn alle gut vorbereitet sind und wissen, worauf es bei einer Strategie ankommt, wenn Sie bereit sind, die notwendige Zeit an einem geeigneten Ort aufzuwenden, wenn Sie gedankliche Klarheit über die eigentlichen Gründe für die Entwicklung einer Strategie haben, dann befinden Sie sich im Stadium der Strategieformulierung.

Das Modell für strategisches Denken und Planen ist einfach, praktikabel, leicht verfügbar und wirksam. Vor allem führt es zu hervorragenden Resultaten. Es lässt sich ebenso gut auf Ihre persönliche Situation anwenden wie im Rahmen Ihres Teams oder Ihrer Abteilung, und es kann den Rahmen für eine Gesamtstrategie des Unternehmens bieten.

Ich habe dieses Modell entwickelt, damit alle einbezogen werden und auf einen erfolgreichen Ausgang hinarbeiten. Man wird oft sehr leicht abgelenkt und bringt dann den Prozess nicht zu Ende. So entsteht ein Vakuum, und in ein solches Vakuum können Zynismus und Skepsis treten. Es ist entscheidend, dass die Strategieübung ganz zu Ende geführt wird. Das bedeutet, dass am Ende ein Dokument mit 30 bis 50 Seiten entsteht, in dem alle Elemente des Prozesses zusammengefasst sind.

Die Zeit ist der größte Feind dieser Denk- und Planungsmethode. Die Aufgabe des unabhängigen Moderators bei einer Strategiebemühung besteht darin, die richtige Balance zu finden zwischen dem Vorantreiben des Prozesses und genügend Zeit einzuräumen für den Dialog und für aufkommende Diskussionen. Der Zeitaufwand für Diskussion und Dialog ist direkt proportional zur Übernahme von Verantwortung und Verpflichtung für das Endprodukt.

Zu Beginn ist der Prozess meist eine Übung in Kommunikation, Kreativität und Gruppenarbeit, denn die meisten Unternehmen haben für ihre eigenen Aufgaben bereits Antworten im Rahmen ihrer Möglichkeiten und ihrer Wissensbasis gefunden.

Die sieben Schritte des Modells für strategisches Denken und Planen

Das Modell besteht aus sieben unterschiedlichen Schritten. Es beginnt mit einer Überprüfung Ihrer momentanen Realität – der Analyse der augenblicklichen Lage (Schritt 1). Dann müssen Sie einen Schritt zurück tun und die Geschichte und Entwicklung Ihres Unternehmens betrachten (Schritt 2). Darauf folgt eine Prüfung der Werte (Schritt 3) und die Entwicklung eines Unternehmensauftrags (Schritt 4). Dann formulieren Sie eine Vision (Schritt 5). Danach gehen wir mehr auf Einzelheiten ein und entwickeln strategische Ziele (Schritt 6) und taktische Pläne (Schritt 7).

Schritt 1: Analyse der augenblicklichen Lage (das „Jetzt")

Am Anfang des strategischen Denkens und Planens sollte die Analyse der augenblicklichen Lage stehen.

Was ist gerade Realität für Sie? Dies ist eine Momentaufnahme der gegenwärtigen Situation in Ihrem Unternehmen – Umsatz, Verkauf, Kosten, Ertrag, Trends, Aussichten, Produkte/Dienstleistungen, Qualität, Mitarbeiter, Kunden, Lieferanten, materielle und immaterielle Ressourcen, Herausforderungen, wichtigste Themen, Potenzial, Kommunikationswege, Struktur, Technologie, Vertrieb, Analyse von Konkurrenz und Markt. Sinnvoll ist auch immer eine Neube-

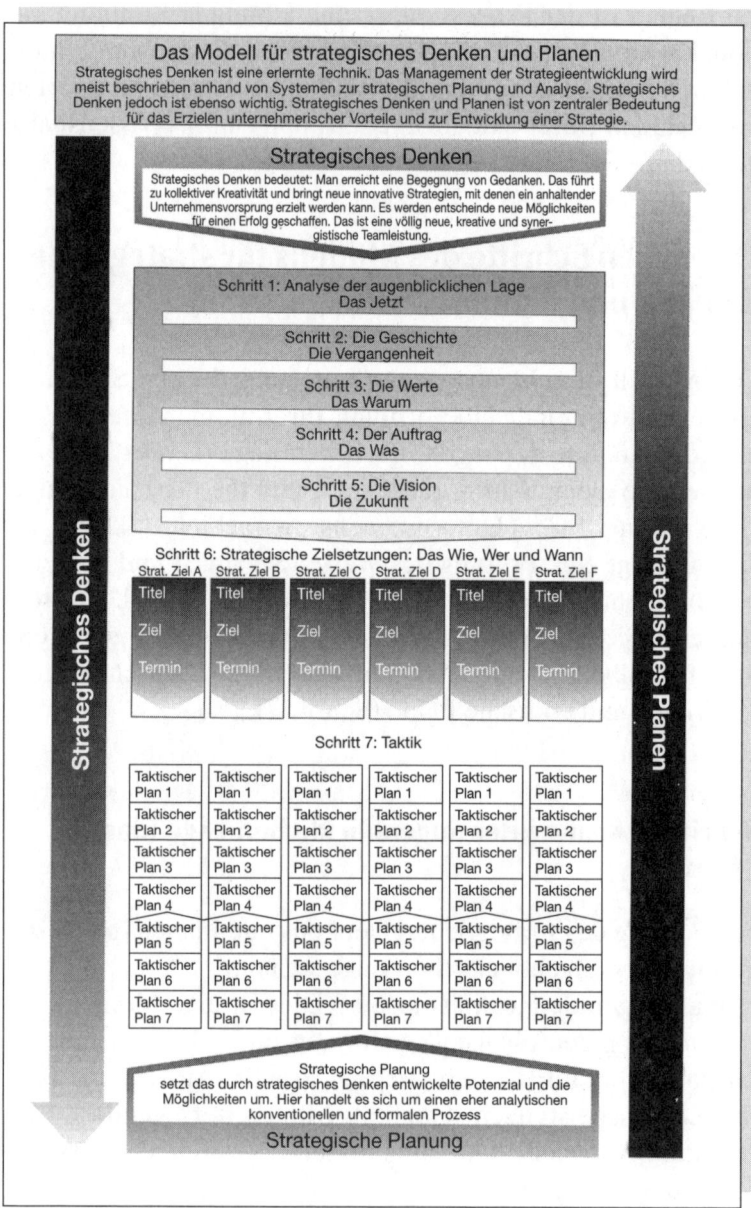

Abb. 24: Das Modell für strategisches Denken und Planen

wertung der Frage: „Was für ein Unternehmen betreiben wir und wodurch zeichnen wir uns aus?" und „Wer sind unsere Kunden?". Was ist unser entscheidender Faktor für den Erfolg? Welches sind unsere Kernkompetenzen? Welche Kompetenzen werden wir in drei Jahren brauchen? Setzen Sie einfache Methoden ein.

Sie können mit einer SWOT-Analyse beginnen. SWOT ist ein Akronym für Strengths, Weaknesses, Opportunities und Threats (Stärken, Schwächen, Möglichkeiten und Bedrohungen). So können sich alle im Team in einem frühen Stadium einbringen. Das ist besonders gut für diejenigen, die sich erstmals mit strategischem Denken und entsprechenden Aussagen befassen. Genauer gesagt, jeder hat genügend Gedanken zu den Stärken, Schwächen, Möglichkeiten und Gefahren für das Unternehmen. Hier können Sie diese zur Sprache bringen und jedem Gedanken eine Form geben.

Am besten halten Sie zu Beginn der Analyse die Stärken und Schwächen auf einem Flipchart fest. Bedenken Sie dabei, dass Stärken und Schwächen innnerhalb Ihrer Firma bestehen und in Beziehung zu Ihrer Konkurrenz stehen. Möglichkeiten und Bedrohungen bestehen außerhalb Ihres Unternehmens. Wahrscheinlich betreffen sie alle Mitspieler in Ihrer Branche oder auf Ihrem Markt.

Stärken und Schwächen

Die Stärken und Schwächen in Ihrem Unternehmen können in folgenden Bereichen liegen:

Kundenpflege: Mit welchen Indikatoren messen Sie Ihre Serviceleistung? Was schätzen die Kunden an Ihnen? Was würde sie veranlassen, woanders zu kaufen? Antworten Sie sehr detailliert.

Abläufe, Aufgaben, Funktionen: Sind Ihre Arbeitsabläufe klar? 80 % Ihrer Probleme – Fehler, Nacharbeiten, Verzögerungen, Nichterreichen des Qualitätsstandards – werden ihre Ursache in den Arbeitsabläufen haben. Kennen alle ihren Hauptergebnisbereich und ihre Arbeitsplatzbeschreibung?

Kompetenzen: Mit welchen Aufgaben und personellen Faktoren können Sie ansetzen? Oder stellen sie eher Hindernisse dar, weil hier Schwächen bestehen? Wie definieren, messen und entwickeln Sie Führung, Systemdenken, Aufbau von Beziehungen, besondere Fähigkeiten, Handlungsorientierung und emotionale Intelligenz?

Fähigkeiten: Haben Sie das Anforderungsprofil für jede Person und jeden Arbeitsbereich bestimmt? Wie steht es mit den „harten" Fertigkeiten wie Computerkenntnissen, Finanzwesen, Produktion und Marketing? Und mit den weichen, wie Change-Management, Coaching/Mentoring, Kommunikationsfähigkeit, Verhandlungsgeschick, Verkaufstalent, Problemlösung, Kreativität und Teamaufbau?

Kenntnisse: Wir leben im Informationszeitalter. Wissen ist das Produkt dieser Ära. Wissen Sie wirklich, was Sie wissen? Wie steht es mit Ihren Informationssystemen für Marketing und Vertrieb, kaufmännischen Fähigkeiten, Einkünften (Cashflow), Technologien, strategischem Denken und Planen, Vernetzung und Wissensmanagement?

Innovationen: Ihre Fähigkeit, neue Denkweisen einzuführen, ist entscheidend. Widersetzen sich in Ihren Unternehmen Einzelne oder Gruppen, wenn es um Veränderungen bei Ihren Produkten, Arbeitsabläufen oder Ressourcen geht? Innovation, Wandel und Marketing gehen Hand in Hand. Wie flexibel sind Sie im Vergleich zu Ihrer Branche?

Materielle Ressourcen: Wie modern oder veraltet sind Ihre Fahrzeuge, Ihr Betriebsgelände, Ihre Geräte?

Warenbestand und Warenbestandskontrolle: Die Speicherung und Bewertung der Lagerbestandsbewegungen ist zu einer eigenen Wissenschaft geworden. Wie gut ist Ihre Lagerhaltung, wie passen Sie sich an den Markt und seine Veränderungen an? Gibt es Just-in-Time und Kaizen? Wie sieht es aus mit ECR (Efficient Consumer Response), Vertrieb, Lagerhaltung, Auslieferung, Bestandskontrolle?

Corporate Identity und Image: Senden Sie die Signale aus, die Ihre Interessenpartner empfangen sollen? Liefern Ihre Vertriebsleute auch konsequent das, was Sie versprechen, und so, wie Sie es versprechen? Wie sehen Ihre Veröffentlichungen, Ihre Briefköpfe und Broschüren aus? Stimmen Erscheinungsbild, Farbe und Design Ihres Bürogebäudes oder Ihrer Betriebsanlage (innen und außen) mit dem Image überein, das Sie vermitteln möchten? Wie steht es mit der Qualität, dem Service, dem Preis und der Verpackung Ihrer Produkte?

Qualitätskontrolle: Wo liegt die Grenze der vertragsgemäßen Lieferung? Wie hoch ist der Ausschuss?

Interne Kommunikation: Herrschen Offenheit, Ehrlichkeit oder Schuldzuweisungen? Stehen Gerüchteküche und Informationen aus dunklen Kanälen im Vordergrund? Haben Sie einmal die wichtigsten Faktoren in diesem Bereich wie Vertrauen, Verbindlichkeit und Beteiligung gemessen? Wie viel tragen Arbeitsabläufe und Systeme zur schlechten internen Kommunikation bei? Welche Kosten verursacht die schlechte Kommunikation wirklich, wenn man Verzögerungen, Verlust von Kunden und schlechte Arbeitsmoral berücksichtigt?

Produktion: Können Sie Durchsatz und Qualität erhöhen? Können Sie den Ausschuss reduzieren? Wie stehen Sie im Vergleich zur Konkurrenz da? Orientieren Sie sich an den Besten?

Kundentypus: („Wer ist mein Kunde?") Verkaufen Sie an die richtigen Kunden? Haben Sie eine Pareto-Analyse durchgeführt? Erzielen Sie genügend „gute" Abschlüsse oder müssen Sie nehmen, was kommt? Wer bekommt die profitablen Aufträge in Ihrer Branche und macht das gute Geschäft?

Ermittlung entscheidender Erfolgsfaktoren: Was brauchen Sie, um wirklich gut zu sein und einen Wettbewerbsvorsprung zu erzielen? Kennen alle anderen diese Faktoren? Hat jede

Person ihren eigenen entscheidenden Erfolgsfaktor und kennt sie ihn auch?

Ermittlung der Hemmschuhe: Welches ist im Augenblick Ihr größter Schwachpunkt? Wenn Sie diesen ausschalten würden, könnte das das ganze System freisetzen? (Siehe Kapitel II).

Nutzen Sie Ihre Stärken, beseitigen Sie Ihre Schwächen

Eine Kernfrage ist, wie Ihre Stärken und Schwächen im Vergleich zu denen Ihrer Konkurrenten aussehen. Ihre Aufgabe ist es, auf Ihre Stärken aufzubauen und Ihre Schwächen auszugleichen. Vermeiden Sie, Stärken direkt mit Chancen in Verbindung zu bringen und Schwächen als bedrohlich zu sehen. Suchen Sie in der Gruppe Ihre fünf wichtigsten Stärken und erörtern Sie, warum sie Stärken sind.

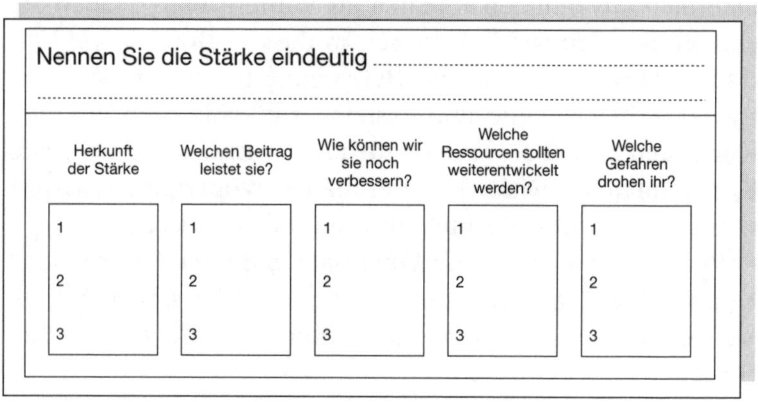

Nennen Sie die Stärke eindeutig				
Herkunft der Stärke	Welchen Beitrag leistet sie?	Wie können wir sie noch verbessern?	Welche Ressourcen sollten weiterentwickelt werden?	Welche Gefahren drohen ihr?
1	1	1	1	1
2	2	2	2	2
3	3	3	3	3

Abb. 25: Nutzen Sie jede Stärke

Ebenso sollten Sie jeden Schwachpunkt überkritisch analysieren – Ursachen, Auswirkungen und Abhilfe.

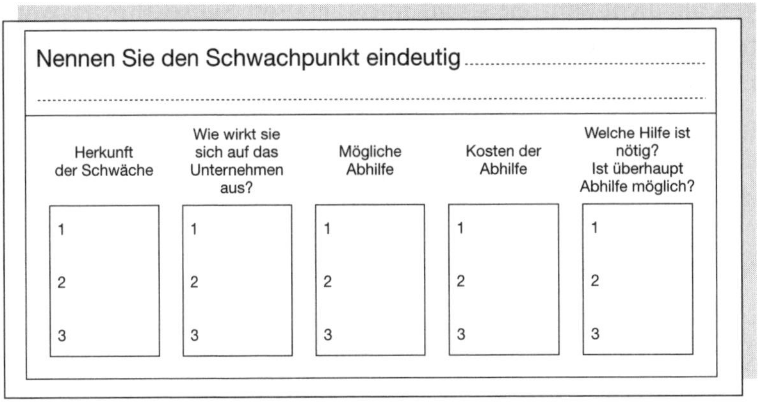

Herkunft der Schwäche	Wie wirkt sie sich auf das Unternehmen aus?	Mögliche Abhilfe	Kosten der Abhilfe	Welche Hilfe ist nötig? Ist überhaupt Abhilfe möglich?
1	1	1	1	1
2	2	2	2	2
3	3	3	3	3

Nennen Sie den Schwachpunkt eindeutig ....
....

Abb. 26: Beseitigen Sie jede Schwäche

Chancen und Gefahren

Die Chancen und Gefahren für Ihr Unternehmen sind externe Faktoren. Chancen und Gefahren haben meist folgende Ursachen:

• Konkurrenz und Branchentrends
• Die Wirtschaft – lokal oder global
• Marktfaktoren (Veränderungen der Außenhandelsstruktur)
• Entwicklung neuer Produkte
• Wirtschaftskontrollen oder Liberalisierungen
• Technologischer Fortschritt
• Globalisierung
• Neue Trends und Kundenerwartungen

Sie können die Möglichkeiten und Gefahren für Ihr Unternehmen nach Ernsthaftigkeit und Wahrscheinlichkeit ihres Auftretens einordnen. Bewerten Sie im entsprechenden Quadranten jede Möglichkeit oder Gefahr auf einer Skala von 0 bis 10. Sie könnten zum Beispiel die Wahrscheinlichkeit, dass ein Konkurrent eine weitere Niederlassung eröffnet, mit der Ziffer 7 als sehr hoch bewerten, die Schwere der Auswirkun-

179

gen als nicht sehr ernsthaft mit 4. Halten Sie so Ihre Bewertung jeder Gefahr und Chance im entsprechenden Quadranten fest.

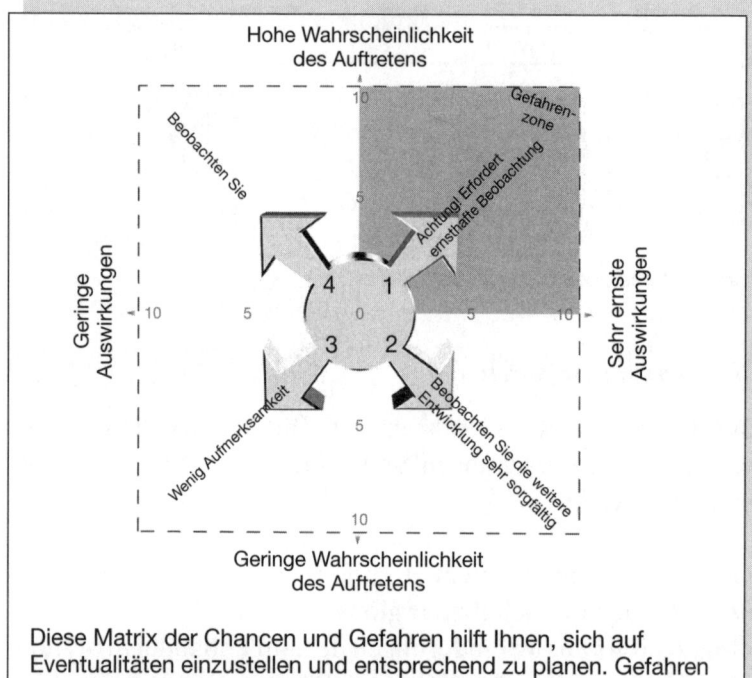

Diese Matrix der Chancen und Gefahren hilft Ihnen, sich auf Eventualitäten einzustellen und entsprechend zu planen. Gefahren und Chancen mit geringer Wahrscheinlichkeit und wenig ernst zu nehmenden Auswirkungen können in den Quadranten 3 eingetragen werden. Achten Sie sorgfältig auf Gefahren und Chancen mit ernsthaften Auswirkungen und hoher Wahrscheinlichkeit ihres Auftretens (Quadrant 1). Achten Sie auch auf Gefahren, die mit hoher Wahrscheinlichkeit auftreten und die keine ernsthaften Auswirkungen haben.

Abb. 27: Darstellung Ihrer Chancen und Gefahren

Wenn Sie diese Übung ausgeführt haben, konzentrieren Sie sich zuerst auf den Quadranten 1 und bewerten Sie Ihre Chancen. Sie können Ausgangspunkt für Ihre strategischen Ziele werden. Auch mit einer Vorausplanung für den Bedarfsfall und einem „Was-wäre-wenn"-Szenario können Sie drohende Gefahren bewerten.

Wenn Sie zum Beispiel sechs Chancen und sechs Gefahren bestimmen, kann das eine sehr anschauliche und prägnante Aussage ergeben. Ein Unternehmen, mit dem ich zusammengearbeitet habe, hatte zwei Gefahren im Schnittpunkt 8 x 8 von Quadrant 1 genannt. Niemand aus der Unternehmensleitung hatte diesen Gefahren zuvor große Beachtung geschenkt oder sie in der Planung berücksichtigt. An diesem Abend besprach sich die Unternehmensführung fünf Stunden lang und spielte verschiedene Szenarien durch. Innerhalb von drei Tagen entwickelte man einen einsatzreifen Aktionsplan. Eine der Gefahren war die „Ankunft" britischer Einzelhandelsketten auf dem irischen Markt. Acht Monate später wurde diese Gefahr Realität, aber man war bereit. Dank der vorangegangenen Planungsanstrengung konnte man einen großen Teil der drohenden Verluste auffangen.

Das gegenwärtige Denken formulieren

Wenn Sie die SWOT-Analyse abgeschlossen haben, können Sie den strategischen Denk- und Planungsprozess mit anderen Instrumenten vorantreiben, je nach Gruppe und Situation. Ich habe oft erlebt, dass Führungskräfte aus einer ersten Zusammenkunft zur SWOT-Analyse mit großer Klarheit hervorgingen und Umsatz und Leistung verdoppelt werden konnten. An die Stelle von Komplexität und Unordnung traten Klarheit und eindeutige Konzentration. Sie hatten von einem oft gering geschätzten, aber meiner Erfahrung nach sehr wirksamen Führungsinstrument Gebrauch gemacht.

Wenn Sie die SWOT-Analyse durchgeführt haben, bitten Sie die Gruppenmitglieder, folgende drei Fragen zu beantworten:

1. In was für einem Unternehmen arbeiten wir?
2. In was für einem Unternehmen sollten wir arbeiten?
3. Was müssen wir tun, um dorthin zu kommen, wo wir hin-wollen?

1. In was für einem Unternehmen arbeiten wir?

Diese Frage scheint zunächst einfach zu beantworten. Aber unterschiedliche Gruppen liefern immer viele verschiedene Perspektiven bei der Beantwortung dieser Frage.

In einem Betrieb, in dem ich einmal gearbeitet habe, gab es eine größere Diskussion darüber, ob man nun ein Transport-unternehmen sei, ein Vertriebs- oder ein Logistikunterneh-men. An diesem Punkt war eine klare gedankliche Unter-scheidung sehr wichtig, weil davon die langfristige Perspek-tive wie auch die strategischen Ziele abhingen. Man verstand allmählich, woher Konflikte, Misstrauen, schlechte Arbeits-moral und Frustration im gesamten Unternehmen stammten. Alle hatten grundlegend unterschiedliche Ansichten über ihr Unternehmen. Falsche Vermutungen oder falsche Interpreta-tionen sind Ursache der meisten Probleme.

Klassisches Beispiel für die ungeklärte Frage „In was für einem Unternehmen arbeiten wir?" sind die Eigentümer der amerikanischen Eisenbahnen an der Wende zum 20. Jahrhun-dert. Sie gingen davon aus, sie seien in der Eisenbahnbranche tätig, anstatt in der Transportbranche. Daher versäumten sie, neue Kunden zu werben, als der Transport auf der Straße und auf dem Luftweg zu Lasten der Schienentransporte immer beliebter wurde.

Eine meiner Kundinnen ist in der Branche Bürokommuni-kation tätig, und ihre Palette von Produkten und Dienstleis-tungen (darunter auch Mobiltelefone) ist breiter als in ihrem Schreibwarenladen, den sie früher geführt hat. Ist ihr Kunde jemand, der Schreibwaren kauft? Oder ist ihr Kunde jemand, der umfassende Bürokommunikation braucht?

Als ich 1989 meine eigene Firma gründete, war ich in der Branche der Führungskräfteschulung tätig, und mein Kunde war der Eigentümer kleiner und mittlerer Betriebe. Inzwischen hat sich die Antwort auf die Frage „In was für einem Unternehmen arbeiten wir?" und „Wer sind unsere Kunden?" beträchtlich verändert. Wir arbeiten nun auf dem Gebiet der Leistungssteigerung, Beratung und Unternehmensentwicklung. Wir bieten Lösungen für ein strategisches Change-Management. Unser Firmenslogan lautet: *Wir schaffen Unternehmensvorteile.* Wir bieten langfristige Lösungen für eine große Palette von Unternehmensproblemen anstelle von kurzfristigen Reparaturen. Daher hat sich auch unser Kundenprofil verändert.

Anstatt in einer Nacht- und Nebelaktion Dreitageslösungen zu liefern, werden wir für unsere Kunden zum langfristigen Profitpartner, Mentor und Unternehmensberater. In drei Jahren werden wir auf andere Weise Lösungen zur *Entwicklung von Wettbewerbsvorteilen* bieten.

Wenn Ihr Unternehmen nur ein Produkt anbietet, sollten Sie sich fragen, wie stark der Verkauf von Moden, sinkenden Einkommen, plötzlichen Steigerungen der Rohstoffpreise oder anderer Einstandskosten, Zinsänderungen, Währungsschwankungen, politischen Entscheidungen und Import/Exportbestimmungen abhängt.

Während der BSE-Krise 1996 erlitt einer meiner Kunden schwere Verluste, weil die Preise für und die Nachfrage nach Rindfleisch über Nacht fielen. Er entwickelte darauf die Strategie, künftig mehr als ein Produkt zu exportieren. Die Firma liefert nun Produkte aus Schweine- und Hühnerfleisch und erreicht allmählich wieder ihre ursprünglichen Verkaufs- und Profitzahlen. Ein anderer meiner Kunden erlitt große Einbußen beim Einkauf, als das britische Pfund absackte. Daraufhin stellte er sich die ernsthafte Frage, ob er sein Unternehmen weiterführen sollte oder nicht.

2. In was für einem Unternehmen sollten wir arbeiten?

Manche Firmen/Unternehmen hält die Erfüllung der augenblicklichen Nachfrage und der Kundenbedürfnisse so in Atem, dass sie keinerlei Bedenkzeit und andere Ressourcen in die Erforschung ihrer Möglichkeiten in angrenzenden Gebieten investieren. Wo sehen Sie Ihre Produkte in drei Jahren, in fünf Jahren? Was sind die Trends auf dem Markt? Was macht die Konkurrenz? Wie leicht ist es, einen neuen Markt zu erschließen? Wie stehen Sie da auf Ihrem Markt, mit Ihren Produkten und im Verhältnis zu Ihrer Konkurrenz? Wann ist eine neue Idee nur der letzte Schrei, wann der Beginn eines neuen Trends?

Sind Sie auf dem Laufenden? Wissensmanagement ist wichtiger als je zuvor, wenn Sie in der Gewinnzone bleiben wollen.

Die Produkt-/Marktexpansionsmatrix ist eine einfache und wirkungsvolle Methode zur Überprüfung Ihrer Möglichkeiten bei der Unternehmensentwicklung. Zwei Variablen müssen betrachtet werden: Ihre Produkte und Ihr Markt. Eine Variable lautet: Bleiben Sie auf demselben Markt oder suchen Sie neue Märkte? Die andere Variable ist: Verkaufen Sie mehr von Ihrem augenblicklichen Produkt oder entwickeln Sie neue Produkte? Zusammengenommen können Sie in der Matrix mit den vier Quadranten sehen, wo Sie im Augenblick stehen und wo Sie stehen könnten.

Sehen wir uns die Produkt-/Marktexpansionsmatrix genauer an und untersuchen wir jeden einzelnen Quadranten.

Quadrant 1 – Marktdurchdringung: Sie hat den geringsten Risikofaktor, weil Sie beide Variablen kennen – Ihre aktuellen Produkte und Ihren augenblicklichen Markt. Wollen Sie diesen Markt ausweiten, müssen Sie mehr verkaufen und aggressiver vorgehen, damit Sie den Markt mit Ihren augenblicklichen Produkten durchdringen.

Es gibt nur drei Möglichkeiten des Wachstums in Ihrem augenblicklichen Unternehmen: 1. Sie steigern die Zahl

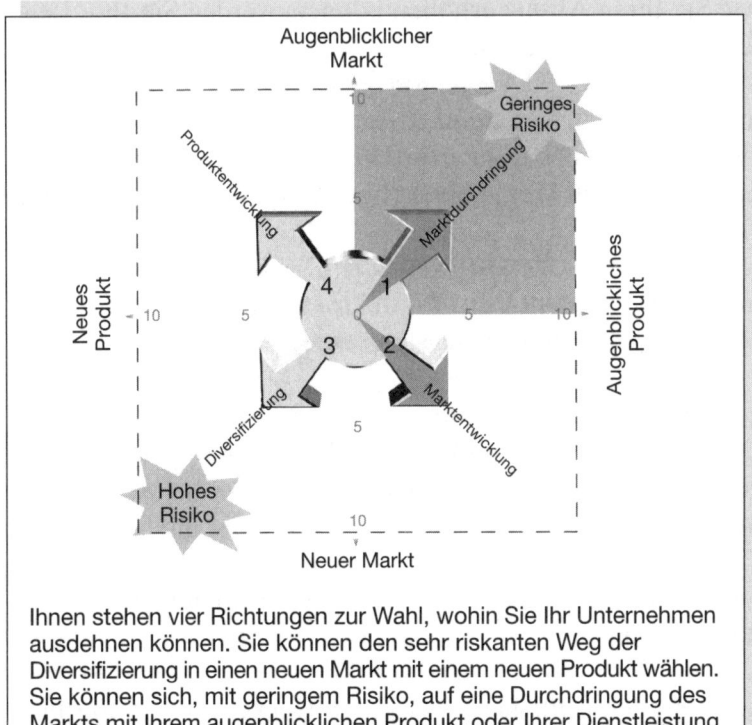

Ihnen stehen vier Richtungen zur Wahl, wohin Sie Ihr Unternehmen ausdehnen können. Sie können den sehr riskanten Weg der Diversifizierung in einen neuen Markt mit einem neuen Produkt wählen. Sie können sich, mit geringem Risiko, auf eine Durchdringung des Markts mit Ihrem augenblicklichen Produkt oder Ihrer Dienstleistung auf dem momentanen Markt konzentrieren. Sie können für Ihren augenblicklichen Markt ein neues Produkt entwickeln oder Sie können mit dem bisherigen Produkt neue Märkte erschließen. Für jede Richtung brauchen Sie eine andere Strategie, und jede Strategie wirkt sich anders auf Ihr Unternehmen aus.

Abb. 28: Unternehmensexpansion: Wachstumsstrategien

Ihrer Kunden, 2. Sie steigern die durchschnittliche Menge, die jeder Kunde kauft, 3. Sie steigern die Kaufhäufigkeit der Kunden.

Verkaufstechnik, Marketing, Werbung, Steigerung der Produktakzeptanz, Informations- und Datenverwaltung und -nutzung sowie Einsatz all der anderen Methoden und Hilfsmechanismen tragen zur Steigerung in diesem Marktquadranten bei. Wenn Sie im Brainstorming 20 Ideen sammeln, wie Sie Ihren Absatz erhöhen können, werden Sie Ihre Leistung steigern (siehe Kapitel 6).

Es gibt etwa 20 Wege, ein Produkt zu vermarkten. Die meisten Firmen beschränken sich jedoch nur auf eine oder zwei Methoden. Warum erforschen Sie nicht andere Möglichkeiten? Nur ein Weg mehr könnte Ihren Umsatz dramatisch erhöhen.

Quadrant 2 – Marktentwicklung: Das bedeutet, Sie werden mit Ihrer momentanen Produktpalette auf einem neuen Markt expandieren. Wenigstens eine Variable ist Ihnen bekannt (Ihre momentanen Produkte). Oder Sie bringen Ihre gegenwärtigen Produkte auf einen Exportmarkt.

Wie sieht hier Ihre Strategie aus? Sie müssen Untersuchungen anstellen, recherchieren und brauchen vor allem Zeit, neue Märkte zu suchen. Beobachten Sie die internationalen Trends? Surfen Sie im Internet? Lesen Sie Fachzeitschriften? Gehen Sie zu Messen? Es ist nicht zwingend notwendig, aber doch wichtig.

Quadrant 3 – Diversifizierung: Das ist sehr riskant, weil Sie neue Produkte für neue Märkte entwickeln. Wenn Sie Produkte, über die Sie nichts wissen, auf einen Markt bringen, den Sie nicht kennen, kann das zum Blindekuhspiel werden. Für kleine und mittlere Unternehmer kann das katastrophal enden, muss aber nicht. Gehen Sie vorsichtig und umsichtig vor und setzen Sie die notwendigen Ressourcen ein (siehe Kapitel 2).

Ein hervorragendes Beispiel für ein diversifiziertes Unternehmen mit unterschiedlichen Produkten ist die Firma Virgin mit ihrem Leiter Richard Branson. Als irisches Beispiel könnte man den Versuch des Zigarettengiganten Carrolls in der Fischzucht anführen: ein neues Produkt auf einem neuen Markt. Es fiel durch.

Quadrant 4 – Produktentwicklung: Hier bringen Sie ein neues Produkt auf Ihren bekannten Markt oder verkaufen in Ihrem aktuellen Sektor der Branche. Die Aufgabe, neue Produkte zu schaffen, auch wenn sie für Ihren etablierten Kundenstamm bestimmt sind, erfordert natürlich Zeit und Energie sowie den korrekten Einsatz Ihrer augenblicklichen Ressourcen.

Wenn Sie fragen: „In was für einem Unternehmen sollte ich arbeiten?" und „Wer ist mein Kunde?", kann das einiges Potenzial für eine Diskussion und einen Dialog eröffnen. Das ist angewandte Strategie, und hier ist der unternehmerische Manager am produktivsten.

Jede Stunde, die Sie mit Überlegungen und Gesprächen über diese strategischen Fragen verbringen, bringt Ihnen bis zu 50 Stunden Ersparnis an Zeit, an Ressourcen und Sorgen in der Zukunft. Manager neigen natürlich meist dazu, sofort etwas zu unternehmen. Abwarten, Nachdenken und Strategien entwerfen erfordert Disziplin. Bedenken Sie das für sich selbst und Ihr Team. Napoleon hat gesagt: „Zeit, die mit Aufklärung verbracht wird, ist selten verschwendet."

3. Was müssen wir tun, um dort hinzukommen, wo wir hinwollen?

Bei der gesamten Anstrengung des strategischen Denkens und Planens geht es letztendlich um die Frage: „Was müssen wir tun, um dorthin zu gelangen, wo wir sein wollen?" Für die strategische Planung und den erfolgreichen Abschluss des Modells zum strategischen Denken und Planen ist es sehr wichtig, sich die richtige Frage zu stellen. Die Antworten sind relativ leicht. Im Verlauf des Prozesses werden die Werte, der Auftrag, die Vision, die strategischen Ziele sowie taktische Pläne formuliert. Die Antwort auf die Frage wächst und entwickelt sich in den Köpfen und Herzen der Beteiligten. Letztendlich ist das das Wesentliche an der Strategie: Wo stehen Sie jetzt? Wie kommen Sie dorthin, wo Sie stehen wollen?

Es gibt noch viele andere Methoden, wie Sie in diesem Stadium die augenblickliche Situation analysieren können, aber mit dieser werden alle zum Nachdenken und zum offenen Gespräch über die Kernfragen angeregt. Damit wird der weitere Ablauf vorbereitet. Andere Möglichkeiten, Ihr Unternehmen zu durchleuchten, sind Umfragen, Kompetenzraster, Analysen der Konkurrenz und der Branche.

Schritt 2: Geschichte (die „Vergangenheit")

An diesem Punkt der Strategieentwicklung lasse ich die Gruppe meist auf die Geschichte zurückblicken, auf die Entwicklung und den Aufbau des Unternehmens von der Gründung an. Dazu gehören die bedeutenden Momente, Traditionen, erfolgreiche strategische Schritte und die wichtigsten Erklärungen für die gegenwärtige Situation.

Folgende Fragen sind wichtig: „Welche Hindernisse haben sich in der Entwicklung ergeben?", „Wie ist das Unternehmen gewachsen und wie hat es expandiert?" Ohne ein Verständnis dafür, wer man ist und was das bedeutet, kann man sich nur schwer der Frage zuwenden, wohin die Reise geht oder gehen sollte. Ihre Geschichte ist ein wichtiger Teil Ihrer Unternehmenskultur, des „Wer sind wir?" Hier zeigt sich der Unterschied zwischen den strategischen Denkern und den Planern.

Die Planer sehen sich die Vergangenheit an und suchen Daten, an denen sie Trends festmachen und nachzeichnen können. Die Denker blicken zurück und suchen nach Zusammenhängen und der Moral von der Geschichte. Planer suchen Zahlen, Denker suchen Geschichten, die die gegenwärtige Realität mit der Vergangenheit verbinden.

Dieser Teil der Übung lässt sich schnell abschließen. Er bietet eine Verschnaufpause bei der Analyse der augenblicklichen Lage. Er stellt auch den Gesamtablauf in einen Kontext und bringt Klarheit. Vergessen Sie ihn also nicht.

Oft haben die neueren Mitarbeiter noch nie etwas über die Geschichte des Unternehmens und seine Prozesse und Probleme in der Vergangenheit gehört. Wenn sie die Vergangenheit kennen, können sie sich besser in die Gegenwart und Zukunft hineindenken. Meiner Erfahrung nach sehen die Teams, die sich richtig in die ersten beiden Schritte des strategischen Denkens und Planens vertiefen, doppelt so weit in die Zukunft wie andere.

Schritt 3: Werte (das „Warum")

Werte sind das Zentrum und die Grundlage, auf der eine Person, eine Gruppe oder ein Unternehmen funktioniert. Die meisten Personen, Gruppen oder Unternehmen haben weder die Neigung noch die Zeit für eine sinnvolle Diskussion über die wichtigsten Überzeugungen und das Wertesystem ihres Unternehmens.

Natürlich haben die Werte Einzelner einen Einfluss auf die Werte der Gruppe, und die Werte der Gruppe haben einen Einfluss auf die Werte des Unternehmens. Die Unternehmenskultur ist dann eine Kombination aus den Einstellungen aller Personen, die in diesem Betrieb arbeiten. „Wie wir die Dinge hier tun", das ist Ihre Unternehmenskultur, und das spürt man schon aus größerer Entfernung. Es ist das Öl für das „Feuer des Erfolgs".

Was sind nun die Werte?

Persönliche Werte können beschrieben werden als Aussage, was für Sie als Person wichtig und bedeutsam ist. Werte einer Gruppe, eines Betriebs oder eines Unternehmens bezeichnen also das, was für Ihre Gruppe wichtig ist. Das ist Ihr Glaubenssystem. So nehmen die meisten Beteiligten Ihr Unternehmen wahr. Ihre Werte sind Ihr Hauptkontrollsystem, denn nur diese Verfahrensanweisungen werden nicht von der Angst bestimmt.

Regeln, Gesetze und Handbücher zum Arbeitsablauf setzen Grenzen wie: „Wenn Sie diese Regel verletzen, werden

Sie bestraft" oder „Jetzt haben Sie ein Problem". Man braucht viel Zeit, um ihre Einhaltung zu überwachen, und dadurch entstehen Angst und Hemmungen.

Jedes Unternehmen hat ein Wertesystem, sei es gut oder schlecht, klar oder unklar für die Beteiligten. Die Werte bieten einen Rahmen für die Entscheidungsfindung. Sie sind Handlungsgrundlage und Orientierung, damit alle mit den Ergebnissen der getroffenen Maßnahmen leben können. Werte bilden den Kern jeder persönlichen und unternehmerischen Strategie. Sie sind die einheitsstiftenden Prinzipien und Grundüberzeugungen. Alle persönliche oder unternehmerische Weiterentwicklung beginnt mit einer Klärung und Ordnung der tatsächlichen Werte. Dann verpflichtet man sich, konsequent danach zu leben.

Was sind also die Werte Ihres Unternehmens? Wie ist Ihr Verhältnis zum Risiko, zur Spitzenleistung? Wie sieht es mit Wachstum aus, mit dem Einsatz Ihrer Ressourcen? Unabhängigkeit? Beteiligung? Mitarbeiter? Teamarbeit? Gewinn? Handlungsfreiheit? Kommunikation? Qualität? Gesundheit und Sicherheit? Vergütung? Innovation? Lernen? Moralische Grundwerte? Umwelt?

Die Werteübung

Bei der Arbeit mit Gruppen habe ich die Erfahrung gemacht, dass anfänglich immer eine Zurückhaltung besteht, sich auf die Werteübung einzulassen. Vielen erscheint diese Beschäftigung etwas zu verschwommen, abstrakt oder unwesentlich für die eigene Situation. Sobald sie jedoch mit der Übung begonnen haben, erkennen sie schnell, dass die Bestimmung der Werte von zentraler Bedeutung für alle Aufgaben und Probleme in ihren Unternehmen ist. Schon die Übung an sich macht ihnen Spaß.

Die Werteübung ist einfach. Lassen Sie alle im Brainstorming wichtige Wörter und Sätze über ihre persönlichen und beruflichen Werte sammeln. Alternativ können Sie auch Gruppen die Fragen stellen: „Wofür steht unser Unternehmen?" „Auf welche unserer Leistungen können wir alle stolz sein?" „Was ist das wirklich Befriedigende an unserer Arbeit?"

Der nächste Teil der Übung besteht darin, die wichtigsten Wörter und Sätze zu Wertaussagen zusammenzuführen. Das kann sehr schwierig sein. Aber hier funktioniert emotionale Strategie auch wirklich.

Einer meiner Kunden hatte verkündet, seine wichtigsten Werte seien Ehrlichkeit und Integrität. Darauf erhob sich aber eine größere Diskussion, denn seine Mitarbeiter wussten, dass zur Kosteneinsparung minderwertige Rohstoffe zur Fertigung ihrer Produkte verwendet wurden. Man lebte mit einer Lüge, und das verursachte Stress. Im ganzen Unternehmen spürte man, dass der Kunde und die Aufsichtsbehörden das früher oder später herausfinden würden. Das Personal arbeitete unter dauerndem Unbehagen und befand sich in ständigem Konflikt: Man belog den Kunden und sich selbst. In diesem Fall fasste man beim strategischen Denk- und Planungsprozess den Entschluss, wieder hochwertige Rohstoffe zu kaufen, auch wenn das beträchtlich höhere Kosten zur Folge hätte. Man suchte und fand an anderen Stellen Einsparungsmöglichkeiten. Man entdeckte auch, dass die früheren Sparmaßnahmen vom rechtlichen Standpunkt aus den ganzen Betrieb gefährdet hatten.

Ich forderte die Gruppe auf, eine endgültige Liste der Wertvorstellungen aufzustellen und sie nach Priorität zu ordnen. Sie sollte beginnen mit: „Unsere wichtigsten Werte sind…"

Diese Übung hat einen reinigenden Effekt und beflügelt alle, zum nächsten Schritt des Verfahrens überzugehen. Aber das ist schwierig, und es macht Ihnen deutlich, wie viel Unklarheit über die Grundsätze und Verfahrensweisen noch herrscht. Wenn die Sitzung effektiv sein soll, ist konzentriertes Arbeiten über mehrere Stunden hinweg notwendig.

191

Oft brauchte eine Gruppe bis zu fünf Stunden allein für diese Übung. Hinterher haben alle das Gefühl, wirklich etwas geleistet zu haben, und stürzen sich auf den nächsten Schritt. Hier zeigt sich auch, wie wichtig es ist, aus der gewohnten Arbeitsumgebung herauszukommen.

Schritt 4: Der Auftrag (das „Was")

Es herrscht einige Verwirrung und es gibt viele abweichende Meinungen über den Unterschied zwischen einem Auftrag und einer Vision. Ein Freund sagte einmal: „Das ist normal, dass Wissenschaftler nicht einer Meinung sind." Wenn wir aber nach dem Modell zum strategischen Denken und Planen arbeiten, ist es wichtig, dass alle von derselben Definition ausgehen.

Meiner Ansicht nach sollte sich ein Auftrag aus der Formulierung der Werte ergeben. Der Unternehmensauftrag ist eine breit angelegte, dauerhafte Absichtserklärung, mit der sich Ihr Betrieb von anderen Unternehmen derselben Art unterscheidet. Er liefert die Begründung für die langfristige Existenz Ihres Betriebs. Darin kristallisieren und artikulieren sich Werte, Träume, Verhaltensweisen und die Kultur Ihres Unternehmens. Es geht darum, wie man die Dinge (einmal) tun möchte. Er ist Ihre betriebliche, ethische und grundsätzliche Leitlinie.

Wenn die Angestellten an Ihr Unternehmen glauben sollen, ist es oft wichtiger, ein Gefühl für den Auftrag zu entwickeln, als nur den Auftrag formell festzuschreiben. Sie sollen davon ausgehen, Ihr Unternehmen existiert, um etwas zu erreichen. Sie müssen das beständig vorleben und dauernd darüber sprechen.

Der Auftrag der NASA (der amerikanischen Raumfahrtgesellschaft) war es zum Beispiel, nach dem Zweiten Weltkrieg den Weltraum zu erforschen, zur Weiterbildung der Menschheit. Die Formulierung des Auftrags beantwortet die Fragen

192

„Was, wer, wie?" und nennt die treibenden Kräfte des Unternehmens.

Aus einem Sammelsurium von Beschreibungen und Schlagworten einen zusammenhängenden Satz und gar einen Unternehmensauftrag zu formulieren, ist an sich schon eine Prüfung, eine mühsame, aber lohnende Aufgabe. Wenn die Gruppe sich auf den endgültigen Unternehmensauftrag geeinigt hat, spüren alle Verpflichtung, Verantwortung und Begeisterung. Genau darum geht es beim strategischen Denken und Planen.

Ich habe erlebt, dass in einer Gruppe stundenlang über das passende Wort oder den richtigen Satz gestritten wurde. Die Beteiligten hatten verstanden, dass viele ihrer Probleme und Schwächen von den unterschiedlichen und sogar widersprüchlichen Vorstellungen und Überzeugungen jedes Einzelnen und jeder Gruppe herrührten.

Es gibt Skeptiker, die an der Bedeutung einer solchen Formulierung des Unternehmenszwecks zweifeln. Sie finden die Übung sinnlos, weil sie bald in Vergessenheit gerät, missverstanden wird oder unerreichbar ist. Viele sonst ausgezeichnete Manager verstehen nicht, worum es hier geht. Unternehmerische Manager wissen, dass Engagement im Verhältnis eins zu eins mit Verpflichtung zu tun hat und dass ein gut formulierter Auftrag, der bei jeder Gelegenheit wiederholt wird, die Mitarbeiter zu Engagement und Verpflichtung in diesem Verhältnis anregen wird.

Hier geht es aber vor allem darum, mehr Mitarbeiter einzubeziehen, ein Feedback zu geben und anzunehmen, dann die Absicht und den Tenor der endgültigen Fassung weiterzutragen und zu erklären.

Wir sprechen in unserem Unternehmen bei jeder Gelegenheit über die Formulierungen der Werte und des Unternehmensauftrags. Neue Mitarbeiter erhalten beide Erklärungen ausgehändigt, und wir erklären, wie unser Wert Nummer eins, „Wir führen unseren Betrieb mit Energie, Integrität und Professionalität", mit gesundem Menschenverstand im Alltag umgesetzt wird. Ich kann zwei Stunden lang ohne Pause allein über diesen Wert sprechen.

Vor einiger Zeit sah ich an unserer Rezeption ein schlecht gepacktes Paket für die Post liegen. Ich musste nur fragen: „Finden Sie, das sieht professionell aus?" Die Antwort lag auf der Hand. Alle unsere Mitarbeiter können so viel zusätzliche Ausgaben machen, wie nötig sind, um uns nach außen hin professionell aussehen zu lassen.

Laut Shakespeare bedeutet Integrität: „Sei dir selbst treu." Stellen Sie sich vor, welche Fragen dies in Bezug auf ehrliche Mitarbeit und Leistung aufwerfen würde: „Sind Sie zufrieden mit Ihrem Beitrag?" Integrität bedeutet Vertrauen! Deshalb sehe ich in der Formulierung der Werte und des Auftrags die besten regulativen Strategien, die es gibt. Aber nicht, um an der Rezeption die Post zu kontrollieren. Sie dienen dem Leben.

Schritt 5: Vision (die „Zukunft")

Einer meiner Kunden mit einem Umsatz von 15 Millionen Euro beschrieb vor einigen Jahren die Vision für sein Unternehmen: „Ich will der Beste in der Branche werden." Seine Kollegen fanden, das sei eine großartige Aussage. In Wahrheit war sie nichtssagend. Sie kann eigentlich nicht verwirklicht werden. Jeder Konkurrent sagt heute seinen Kunden auf die eine oder andere Art: „Wir sind die Besten." Diese Aussage setzt keinen Zeitrahmen. Sie ist nicht spezifisch. Sie hatte keine Bedeutung und keine Schubkraft. Nachdem das Unternehmen den Prozess des strategischen Denkens und Planens durchlaufen hatte, lautete die Vision: „Unser Unternehmen soll auf einen Umsatz von 30 Millionen Euro anwachsen mit einem Reingewinn von 8 %. Dazu sollen vier neue Niederlassungen eröffnet werden. Unser Personal soll bis zum 30. Dezember 2003 auf 75 Personen aufgestockt werden." Alle waren begeistert. Besorgt? Ja. Skeptisch? Sicher. Alle möglichen zukünftigen Chancen winkten. Konzentrierte Teamarbeit hat sich durchgesetzt.

Sie formulieren eine Vision für strategisches Denken und Planen

Eine Vision ist eine genaue Beschreibung eines gewünschten Sachverhalts zu einem bestimmten Augenblick in der Zukunft. Eine Vision sollte

1. sich auf betriebliche Prozesse konzentrieren;
2. klar messbare Ziele/Resultate/Ergebnisse enthalten;
3. die Grundlage verändern, mit der man auf dem Markt antritt.

Die Vision ist eine Messlatte: „Schau dich um, sind wir schon da?" – Und sie ist eine Parole: „Das wird toll, wenn wir erst dort sind, also lasst uns…"

Ein gutes Beispiel für eine Vision, die sich erfüllte, war der Schwur von John F. Kennedy im Jahre 1961: „… ehe dieses Jahrzehnt verstrichen ist, soll ein Mensch auf dem Mond landen und sicher wieder zurückkehren." Die besten Visionen werden entwickelt, wenn alle aus dem Betrieb daran mitarbeiten, aber die Führungsriege muss eine zentrale Rolle bei der Formulierung einer Vision und ihrer Verwirklichung spielen.

Eine Vision sollte sich heute auf einen Rahmen von drei bis fünf Jahren beziehen. Sie sollte spezifisch, messbar, ausführbar, realistisch und termingebunden sein (SMART, engl.: specific, measurable, achievable, realistic and time-bounded). Meiner Erfahrung nach kommen Gruppen relativ schnell zur Formulierung einer Vision. Noch schneller geschieht das, wenn sie im vorherigen Teil des strategischen Denkens und Planens hart arbeiten mussten.

Ihre Hauptaufgabe als unternehmerischer Manager ist es, sich auf die Werte, die Mission und die Vision Ihrer Gruppe oder Ihres Unternehmens zu konzentrieren. Überlassen Sie anderen die Verantwortung für die Umsetzung der strategischen Ziele und taktischen Pläne, die ich nun erklären werde.

Ehe Sie eine Entscheidung über wichtige betriebliche Fragen treffen, sollten Sie sich zwei Fragen stellen:

1. Wie lässt sich diese Handlung mit unseren Werten und unserer Mission vereinbaren?
2. Bringt uns diese Handlung der Verwirklichung unserer Vision näher?

Nichts eint ein Team so stark wie eine Vision, wenn sie klar, spezifisch, ausführbar, termingebunden und realistisch ist. Sie ist nur für den internen Gebrauch bestimmt. Natürlich hängt alles von der Ausführung ab. Eine Vision ohne Ausführung ist nur ein Traum.

Schritt 6: Setzen Sie strategische Ziele (das „Wie" und das „Wer")

Ihre Fähigkeit, bestimmte Ziele zu setzen und zu erreichen, ist der letztendliche Zweck des unternehmerischen Managements. Ihr grosses Ziel ist Ihre Vision. Ihre strategischen Ziele verleihen Ihren Werten und Ihrer Mission einen betrieblichen Zweck.

Ich habe schon über höchste Führungskräfte gestaunt, die Fortbildungen über Zielsetzungen besucht haben und Vorträge darüber halten konnten, „wie man Ziele setzt". Aber wenn es darum geht, diesen Prozess strategischen Denkens und Planens in die Tat umzusetzen, weichen sie aus und suchen nach Ausflüchten. Schließlich besteht Erfolg aus der fortlaufenden Realisierung vorbestimmter Ziele.

Jedes Unternehmen oder jede Firma sollte wenigstens sechs strategische Ziele haben. Jedes strategische Ziel sollte innerhalb von sechs bis 24 Monaten erreichbar sein.

Jedes Ziel sollte SMART sein, also spezifisch, messbar, ausführbar, realistisch und termingebunden. Sie müssen in der Lage sein, am Ende des Zeitraums festzustellen: „Ja, ich habe es geschafft " oder „Nein, ich habe es nicht geschafft", das Ziel zu erreichen. Keine Ausflüchte. Es muss messbar sein. Sie können Zeit, Geld und Produktionszahlen messen, nicht aber Gefühle.

Dies ist die Ausführungsphase der Strategie. Die Ausführung hat mit dem Anfang des Prozesses begonnen. Eine hervorragende Gesamtstrategie, die in dieser Phase schlecht ausgeführt wird, muss scheitern. Wenn eine durchschnittliche Strategie gut ausgeführt wird, kann sie zu außerordentlichen Erfolgen führen.

Ihre sechs strategischen Ziele werden zum Brennpunkt Ihres Handelns im gesamten Jahr. Wenn Sie fragen: „Wie kann ich meine Zeit genau jetzt am besten einsetzen?", wird die Antwort unverändert lauten: „Ich konzentriere mich darauf, eines meiner strategischen Ziele voranzubringen."

Als weitere Frage zur Konzentration können Sie sich in Ihren Schreibtisch schnitzen: „Ist das, was ich im Augenblick tue, meinen strategischen Zielen förderlich?" Wenn die Antwort „Nein" lautet, müssen Sie die Sache neu überdenken. Die Fähigkeit, über einen längeren Zeitraum hinweg „strategisch zu bleiben", ist eine geistige Disziplin, die nur wenige Manager beherrschen. Manche können kaum wenige Stunden lang „strategisch" bleiben. Manche können sich nicht einmal 30 Minuten lang konzentrieren.

Strategische Ziele sind wichtig, aber selten dringlich. Sie erfordern vielleicht Delegieren, Forschung und Entwicklung, Outsourcing, Einteilung von Finanzen oder Personal. Vielleicht müssen Sie manche Ihrer sechs Ressourcen (siehe Kapitel 2) anders einsetzen oder einen Ihrer Abläufe neu gestalten.

Ihre sechs strategischen Ziele sollten Ihre Schubkräfte (Ihren echten Vorteil auf dem Markt) und Ihre Kompetenzen zusammenführen. Sie sind das kollektive Wissen, das Ihr Unternehmen sich angeeignet hat und das Sie von anderen unterscheidet. Was können Sie wirklich gut, das Sie von Ihrer Konkurrenz unterscheidet? Könnte dieses Know-how (geistiges Eigentum) auch auf einem anderen Markt zum Einsatz kommen? Ist es wichtig genug für die Kunden?

Bei jedem Ihrer sechs strategischen Ziele sollte eine Führungskraft die Gesamtverantwortung für die Durchführung tragen. Ich bin immer bemüht, so viele Namen wie möglich in das Abschlussdokument des strategischen Denk- und Planungsprozesses einzutragen.

Wenn es darauf ankommt, wissen die Mitarbeiter, was zu tun ist, um ihren Auftrag und ihre Vision zu erfüllen. Ich habe die Erfahrung gemacht, dass Manager diesen Abschnitt mit Leichtigkeit nehmen, wenn Zeit und Begleitumstände günstig waren.

Folgende Bereiche können Leitlinien für strategische Ziele sein:

Bessere Ermittlung von Umsatz und Gewinn

Produktion

Marketing

Service

Neustrukturierung, Re-Engineering, Neuentwicklung…

Vertrieb

Sicherheit

Standort, Firmensitz, Lage

Technologie, Wissensmanagement

Umwelt

Partnerunternehmen

Fachliche Weiterentwicklung

Führung und Nachfolgeplanung

Innovation und Forschung
Absatz (Umsatz, Kundenzahl, Kundentyp)
Entwicklung (kaufen) oder Nutzen anderer, für einen
Wettbewerbsvorteil entscheidender Fähigkeiten
Neuer Einsatz von Ressourcen anderer Beteiligter
Markt und Produkte
Ruf, Image und Profil
Globalisierung: Export/Import
Fusionen und Akquisitionen

Hier ist ein Beispiel aus dem schon erwähnten Unternehmen mit der Vision eines Wachstums von 15 Millionen Euro auf über 30 Millionen Euro im Verlauf von vier Jahren. Die Unternehmensleitung hat die folgenden sechs strategischen Ziele aufgestellt:

1. 5 % der Personalausgaben sollen in den folgenden zwölf Monaten in Schulungen investiert werden, damit alle am Ladentisch in der Lage sind, mehrere Produkte zu verkaufen. Es soll eine Verkaufskultur entwickelt und der Umsatz durch Verkäufe über den Ladentisch um 20 % gesteigert werden.
2. 300 000 Euro sollen in die Steigerung der Technologiefreundlichkeit investiert werden.
3. Um den Umsatz auf dem heimischen Markt in den nächsten zwölf Monaten um 15 % zu steigern, werden drei unterschiedliche Strategien eingeführt: a) Einrichtung eines Call-Centers, b) Einstellung von vier neuen Verkaufsangestellten und c) Durchführung monatlicher, eintägiger Schulungen für das Verkaufsteam.
4. Es soll ein Vertriebsleiter für den Export ernannt werden, der verantwortlich ist für die Gründung von zehn Filialen in Europa, die alle durchschnittlich 60 000 Euro Umsatz innerhalb von 18 Monaten erbringen sollen.

5. Es werden drei neue Zweigstellen eröffnet, von denen jede innerhalb von 24 Monaten 1 Million Euro einbringen wird.
6. Das gesamte optische Erscheinungsbild, das Logo und die Unternehmenskultur sollen sich in den nächsten 18 Monaten ändern.

Beachten Sie, dass jedes Ziel nur eine SMART-Aussage über einen für die Zukunft gewünschten Zustand darstellt. Die Details kommen später. An diesem Punkt muss man dem natürlichen Drang widerstehen, darüber zu streiten, wie jedes Ziel erreicht oder warum es nicht erreicht werden kann. Legen Sie das für den Augenblick einfach beiseite, und Sie werden überrascht sein, wie viel Energie Ihnen für das „Wie" bleibt, dazu Kreativität, Innovation, Teamgeist und Konzentration.

Doch jetzt haben Sie einen Denkprozess in Gang gebracht, und Ihnen steht ein Rahmenplan zu sinnvollen Umsetzung zur Verfügung. Das ist angewandte emotionale Strategie. Die Taktik als letzter Punkt gibt dem Ganzen ein Gefühl von Realität.

Schritt 7: Taktische Planung (das „Wer" und das „Wann")

Taktische Pläne sind die betrieblichen, alltäglichen Pläne und Ziele, die notwendig sind, um jedes strategische Ziel zu erreichen. In Wahrheit handelt es sich um kurzfristige Ziele. Sie müssen spezifisch, messbar, ausführbar und termingebunden sein. Sonst sind es nur schöne Ideen.

Für jeden taktischen Plan können unterschiedliche Mitarbeiter die Verantwortung tragen, wenn sie jemandem unterstellt sind, der die Gesamtverantwortung für das strategische Ziel und seine erfolgreiche Umsetzung innerhalb des gesetzten Zeitrahmens trägt. „Wer macht das?" und „Bis wann?"

sind die Kernfragen für die taktische Planung. Diese Hauptergebnisbereiche werden zu Prioritäten im Zeitmanagement.
Aber, wie Sie jetzt erkennen, handelt es sich um Prioritäten
mit einem Zweck. Alles arbeitet auf die Erfüllung der Vision
hin, wobei auf Übereinstimmung mit den Werten und der
Mission des Unternehmens geachtet wird.

Am Ende des Jahres sollten Sie Ihre strategischen Ziele
überprüfen, auf den neuesten Stand bringen, Ihre Vision, Ihre
Mission und Ihre Werte wieder in den Mittelpunkt rücken.
Die Werte und die Mission sollten sich im Lauf der Zeit nicht
wesentlich verändern. Die Formulierung Ihrer Vision wird
sich mit den Jahren verändern, aber Ihre strategischen Ziele
sollten alle zwölf oder 24 Monate auf den neuesten Stand gebracht werden. Taktische Pläne sollten laufend verändert,
angepasst, vervollständigt oder fallen gelassen werden. Sie
sind etwas Lebendiges.

General George Patton (1885–1945), amerikanischer General im Zweiten Weltkrieg und eine schillernde Persönlichkeit, sagte: „Kein Plan überlebt jemals den Kontakt mit dem
Feind." Auf ähnliche Weise wird sich der Plan im Geschäftsleben verändern. Seien Sie also flexibel. Benutzen Sie Ihr Pla-
nungsdokument zum strategischen Denken und Planen. Ich
habe zerfledderte, mehrfach überschriebene Dokumente
nach zwei oder vier Jahren gesehen. Ich habe erlebt, dass
Führungskräfte an ihren Exemplaren festgehalten haben wie
Kinder an ihrem Lieblingsspielzeug. Ein vollgekritzeltes, gut
überarbeitetes Dokument ist sicher besser als ein schön
gedruckter, ungebrauchter Plan!

Ein System zur Bewertung Ihres strategischen Denk- und Planungsprozesses

Ehe Sie letzte Hand an Ihren strategischen Denk- und Planungsprozess legen, sollen Sie einen Prüflauf mit unserem Untersuchungssystem machen. Dieses System enthält die Grundzutaten jeder guten Strategie. Zu Beginn dieses Kapitels habe ich ausgeführt, dass jede gute Unternehmensstrategie Parallelen zu militärischen Strategien aufweist. Jedes Element in unserem Untersuchungssystem kann stark oder weniger stark auftreten. Das System sollte wie ein Filter eingesetzt werden, um die Gesamtstärke Ihres strategischen Rahmenwerks zu ermitteln. Checken Sie die folgenden Bereiche sorgfältig.

Ziel

Jede gute Strategie muss ein genau bestimmtes, klares Ziel haben. Die Zielsetzung erfordert gedankliche Klarheit, besonders innerhalb der Führungsriege, über die Werte, den Auftrag und die Vision Ihres Unternehmens. Kennen alle den Gesamtzweck? Haben sich alle den strategischen Zielen verschrieben? Werden sie die Verantwortung für die Durchführung der taktischen Pläne zur Erreichung der strategischen Ziele übernehmen? Engagement und Klarheit über den Gesamtprozess des strategischen Denkens und Planens sind wesentliche Voraussetzungen, wenn Sie das klare Ziel erreichen wollen. Sie müssen das Gesamtziel verkaufen! Sie müssen erklären, was Sie geschaffen haben, und Einsichten in das Wie vermitteln. Wenn Ihre Truppen genügend Gründe haben (das Wissen, warum), werden sie jedes Wie meistern.

Offensive

Ein wesentlicher Teil aller guten Strategien ist der Augenblick, an dem man in die Offensive geht und sich vorwärts bewegt. Napoleon sagte: „Am entscheidenden Punkt kann man unmöglich zu stark sein." Die Frage, die Sie sich selbst und Ihrem Team stellen müssen, lautet: „Welche neuen Initiativen erfordert unser strategischer Rahmen?" und „Bewegt sich die Offensive in die richtige Richtung?"

Sie müssen die nächsten drei Variablen Masse, Manöver und Wirtschaftlichkeit effektiv einsetzen.

Masse

Wenn Sie an Masse denken, müssen Sie fragen: „Wie erreiche ich in den Bereichen, wo es mit den Ressourcen kritisch aussieht, höchste Qualität, und das zur richtigen Zeit, am richtigen Ort und mit der richtigen Wirkung?" Wie müssen Sie Ihre Ressourcen zusammenziehen, um mit Ihrem Rahmen für Denk- und Planungsprozesse einen entscheidenden Wettbewerbsvorteil zu erzielen? Mangelnde Konzentration auf das Wesentliche ist ein gängiger menschlicher Fehler. Ablenkung lauert überall. Disziplin lässt nach. Durchhaltevermögen schwindet. Sie müssen das, wozu Sie sich verpflichtet haben, mit der entsprechenden Durchschlagskraft tun, wenn Sie einen strategischen Vorteil erringen wollen. Teamwork und gute Kommunikation sind entscheidende Faktoren bei der Sammlung der Truppen!

Manöver

Sie wissen, dass Sie im Umgang mit Ihren Ressourcen flexibel und mobil sein müssen, wenn Sie Gefahren begegnen und sich bietende Gelegenheiten beim Schopf packen wollen. Das ist ein Diktat des Wandels. Wie flexibel und schnell können Sie auf Veränderungen reagieren, speziell wenn Ihre strategischen Ziele das erfordern? Könnten Sie die erforderlichen Ressourcen in Stellung bringen und bisher nicht vollständig genutzte Ressourcen neu einsetzen, um sich bietende Gelegenheiten auszuschöpfen? Können Sie manövrieren?

Militärisch gesprochen, gelten Umwege, Täuschungsmanöver oder indirekte Herangehensweisen als exzellente Taktik. Welche Manöver planen Sie/sollten Sie planen? Wie werden Sie Zeit, Ausrüstung, Rohmaterial und Geld einsetzen, um Ihr Gesamtziel zu erreichen? Wie gut ist Ihre Informationsbeschaffung?

Die kritische Variable bei der Mobilität sind die Menschen. Wie wollen Sie die Ihnen zur Verfügung stehende Geisteskraft einsetzen? Wenn unbegründete oder falsche Hoffnungen geweckt werden, kann das zu zynischen Reaktionen führen und der Gesamtstrategie einen Rückschlag versetzen. Die Ressource Mensch wird Ihnen die meisten Probleme bereiten. Gehen Sie mit den Menschen besonders sorgfältig um.

Das Planen mit Szenarien hat in den letzten zehn Jahren eine ganze neue Lehre hervorgebracht. Wie könnten Sie diese für sich nutzen?

Wirtschaftlichkeit

Wir könnten alle unsere strategischen Ziele besser erreichen, wenn unsere Ressourcen unbegrenzt wären. Das Geheimnis einer guten Strategie ist es jedoch, die Ressourcen sparsam einzusetzen und die Position zu sichern, um die Ressourcen vor Gegenbewegungen zu schützen oder um für schlechte Tage vorzusorgen. Das Vorhersehen von Krisen ist hier wichtig. Ein Grund, warum Wellington die Schlacht von Waterloo gewonnen hat, war die Tatsache, dass er 17 000 Soldaten für ein Was-wäre-wenn-Szenario zurückbehalten hatte. Dieser Entschluss war entscheidend für den Sieg in dieser Schlacht.

Wie viel wird Sie das bei allen Ihren sechs Ressourcen kosten (siehe Kapitel 2)? Natürlich können Sie viel bewegen, wenn Sie ein kleines Vermögen investieren. Aber denken Sie immer daran: „Wie kann ich bei möglichst geringen Kosten meine Ressourcen einsetzen und meine Strategie umsetzen?" Manchmal kostet die beste strategische Initiative nicht viel, nur eine Investition in Bedenkzeit. Es ist zum Beispiel in den meisten Fällen weitaus billiger, Ihr Unternehmen durch den Einsatz besserer Verkaufs- und Vertriebsmethoden zu expandieren, als durch die Einführung eines neuen Produkts oder den Eintritt in einen neuen Markt. Seien Sie umsichtig. Handeln Sie weise.

Ausführung

Mancher schlechte Plan ist durch eine ausgezeichnete Ausführung gerettet worden. Von der Ausführung hängt alles ab. Eine Vision an sich ist noch keine Lösung. Vor allem sind schon viele (theoretisch) brillante Pläne durchkreuzt worden, weil eine wichtige Ressource (oder Person) nicht am richtigen Ort war oder weil die Pläne zu kompliziert waren, oder weil einem Konkurrenten die Gelegenheit gegeben wurde, zu manövrieren und eine Gegenoffensive zu starten. Zentrales Thema in diesem Buch sind Handlungsorientierung und Ausführung.

Nutzen

Wenn die Richtung klar ist und Sie sich auf das Ergebnis konzentrieren, ist Ihr nächster wichtiger Schritt der Einsatz und die Nutzung aller Möglichkeiten auf dem Markt. Die hauptsächlichen internen Ursachen für ein Scheitern der Strategie sind die Angst, Risiken einzugehen, Glaubensgrundsätze, mit denen Sie sich selbst einschränken, Bummelei, mangelnde Konzentration und Unklarheit über die Richtung. Sie sollten auf die Achillesferse Ihres Konkurrenten zielen, wenn Sie Ihre Möglichkeiten nutzen wollen. Konzentrieren Sie sich auf Ihre Stärken und auf die Schwachpunkte der anderen, wenn Sie Erfolg haben wollen.

Überraschung

Wie viel Originalität, Wertzuwachs und Einzigartigkeit können Sie in Ihre strategischen Pläne einbringen? Wann, wo, warum und wie Sie Ihre strategischen Initiativen starten, kann großen Einfluss auf die Gesamtwirkung haben. In militärischen Schlachten und im Sport kann das Geheimnis des Erfolgs in einer neuen Herangehensweise oder in einer überraschenden Methode liegen. Die Schritte Ausführung, Nutzung und Überraschung sind zentral für die erfolgreiche Umsetzung einer Strategie.

Als Saddam Hussein im Golfkrieg 1990 Kuwait angriff, machten die Alliierten unter Führung der Amerikaner Gebrauch von vielen der oben genannten Variablen. Das Ziel war von Anfang an klar – die Vertreibung von Saddam Husseins Truppen aus Kuwait. Es herrschte Einheit in der Führung der amerikanischen, britischen, französischen und saudi-arabischen Truppen, und die Offensive wurde schnell und entschieden ausgeführt. Die Initiative wurde sofort ergriffen. Der entscheidende Vorteil der Alliierten war die überlegene Stärke (Masse) der amerikanischen Luftwaffe. Sie machten von dieser Ressource effizienten Gebrauch, mit minimalen Verlusten (Wirtschaftlichkeit).

Es gab ausgiebig Gelegenheit zum Einsatz der anderen Ressourcen Seestreitkräfte und Landstreitkräfte (500000 Männer und Frauen wurden an der irakischen Grenze zusammengezogen). Die amerikanischen Luftstreitkräfte nahmen die irakische Home Guard unter Beschuss (Ausführung), und als diese geschlagen war, nutzte man die Chance und rückte vor.

Die Irakis hatten einen solchen Angriff nicht erwartet (Überraschung), nicht so schnell und sicher auch nicht die massive Gegenbewegung in den Irak hinein, bei dem Tausende irakischer Panzer und Flugzeuge zerstört und leider auch Menschen getötet wurden. Insgesamt gab es relativ wenig Opfer (Wirtschaftlichkeit) für einen Krieg in diesem Maßstab, und natürlich wurden die kuwaitischen Ölreserven (Wirtschaftlichkeit) geschont.

Im Gegensatz dazu würde eine genauere Untersuchung des Vietnamkriegs in den sechziger Jahren ergeben, dass viele Komponenten dieser strategischen Formel fehlten. Welches waren die Gesamtrichtung und das Ziel des amerikanischen Engagements in Vietnam? Politisch, militärisch, wirtschaftlich? Wie hoch waren die humanitären Kosten? Wie wurden die Ressourcen eingesetzt? Welchen Einfluss hatte die Länge des Kriegs auf die Kosten? Hätte man die Verluste geringer halten und sich früher zurückziehen sollen, als die Elemente des Nutzens und der Überraschung keine Wirkung mehr hatten?

Der Strategietest

Ehe Sie Ihre Strategie absegnen, sollten Sie diesen Test durchlaufen und Ihre Antworten auf einer Skala von 1 bis 7 eintragen.

Ziel

Wird die Umsetzung Ihrer Strategie Sie von Ihrer Konkurrenz unterscheiden? Gibt es von Anfang bis Ende 100-prozentig Klarheit und Zusammenhalt, und wird mit vereinten Kräften vorgegangen? Weiß jeder, warum Sie das tun?

Sehr schlecht	schlecht	neutral	gut	ausgezeichnet
1	2	3	4	5	6	7

Offensive

Wird die Umsetzung dieser Strategie Ihnen einen Vorsprung vor Ihrer Konkurrenz verschaffen? Ist es eine handlungsorientierte Strategie?

Sehr schlecht	schlecht	neutral		gut		ausgezeichnet
1	2	3	4	5	6	7

Masse

Glauben Sie, Sie haben ausreichend Ressourcen eingesetzt? Sind sie auf die Erreichung Ihrer (entscheidenden ersten) strategischen Ziele ausgerichtet? Sind Aufwand, Zeit, Geld usw. konzentriert eingesetzt?

Sehr schlecht	schlecht	neutral		gut		ausgezeichnet
1	2	3	4	5	6	7

Manöver

Sind Sie und Ihr Team wachsam und flexibel genug, um Ressourcen neu einzusetzen, wenn Sie eine Erfolgschance nutzen oder Schaden abwenden wollen? Kann Ihre „Aufklärung" oder Ihr Feedback-Kontrollsystem eine Frühwarnung geben?

Sehr schlecht	schlecht	neutral		gut		ausgezeichnet
1	2	3	4	5	6	7

Wirtschaftlichkeit

Haben Sie die Kosten für Ihre Pläne berechnet und ein Budget erstellt (Kapitalflussrechnung usw.)? Haben Sie so geplant, dass die Ziele mit einem Minimum an Ausgaben erreicht werden? Wie sieht es mit Ihrer Sicherheit aus? Wie werden Sie sich gegen einen Angriff der Konkurrenz verteidigen?

Sehr schlecht	schlecht	neutral		gut		ausgezeichnet
1	2	3	4	5	6	7

Ausführung

Wer wird die Umsetzung leiten? Ist diese Person ein fähiger Projektmanager? Was sind die unmittelbaren Hauptergebnisbereiche? Kann diese Person in großen Dimensionen denken und betrieblich koordinieren?

Sehr schlecht	schlecht	neutral		gut		ausgezeichnet
1	2	3	4	5	6	7

Nutzen

Analysieren Sie den Markt? Halten Sie Ausschau nach neuen Trends und sich bietenden Gelegenheiten in Ihrer Branche? Sind Sie gerüstet, solche Chancen zu nut-

Sehr schlecht	schlecht	neutral		gut		ausgezeichnet
1	2	3	4	5	6	7

zen, wenn sie zu Ihrer allgemeinen strategischen Stoßrichtung passen? Können Sie mit solchen Trends oder Chancen Ihre Stärken ausbauen und ergänzen?

Überraschung

Haben Sie die Startzeit, den Ort und die Art und Weise aller neuen Initiativen genau überdacht? Werden Sie direkt oder indirekt vorgehen? Wer weiß davon? Wer muss darüber Bescheid wissen? Welche Vorteile bietet es, wenn man überraschend handelt?

Sehr schlecht	schlecht	neutral	gut	ausge-zeichnet
1	2	3	4	5	6	7

Erzielen strategischer Vorteile: Zusammenfassung

Strategisches Denken und Planen bildet den Kern aller Bemühungen um Wettbewerbsvorteile und des unternehmerischen Managements. Strategisches Denken ist eher kreativ, von der Norm abweichend und prozessorientiert. Es funktioniert von oben nach unten und bildet den Ausgangspunkt für das Modell. Nicht alle sind dazu in der Lage und nicht alle sind bereit dafür.

Strategisches Planen ist eher analytisch, formal, strukturorientiert. Es formt und verwirklicht die Pläne, die im Denkstadium entwickelt wurden. Es ist nur menschlich, dass man schnell zum Planungsstadium übergehen möchte. Mit dem Modell zum strategischen Denken und Planen lassen sich die beiden Prozesse synchronisieren. Zu lange schon ist Strategie ohne Emotion und menschliches Gefühl verfolgt worden. Jetzt gibt es die emotionale Strategie.

Praktische Übungen

1. Analysieren Sie anhand des Modells für strategisches Denken und Planen Ihre persönliche Situation oder die Ihrer Familie.
2. Wie könnten Sie strategisches Denken und Planen in Ihrem Unternehmen einsetzen? Welche Art von Unterstützung brauchen Sie? Wer könnte Ihnen helfen? Wo fangen Sie an?
3. Sammeln Sie im Brainstorming zehn Dinge, die Sie ankurbeln müssten. Das Geheimnis für den Erfolg liegt in sofortigem massivem Handeln.
4. Setzen Sie strategisches Denken und Planen in Ihrem Betrieb ein. Suchen Sie sich Hilfe. Gehen Sie von einem Zeitraum von drei oder fünf Jahren aus.

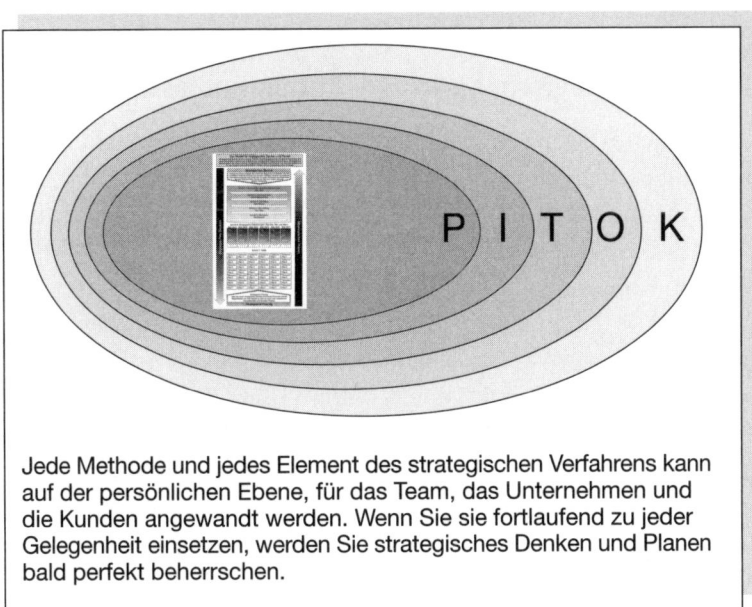

Jede Methode und jedes Element des strategischen Verfahrens kann auf der persönlichen Ebene, für das Team, das Unternehmen und die Kunden angewandt werden. Wenn Sie sie fortlaufend zu jeder Gelegenheit einsetzen, werden Sie strategisches Denken und Planen bald perfekt beherrschen.

Abb. 29: PITOK®-Strategie

211

Kapitel 5

Hervorragenden Kundenservice managen

Wie Sie einen hervorragenden Kundenservice entwickeln

In diesem Kapitel geht es darum, wie Sie einen hervorragenden Kundenservice entwickeln und so einen Wettbewerbsvorteil erzielen. Es gibt ein System und die entsprechenden Instrumente für die Entwicklung einer solchen Kultur. Sie müssen jedoch strikt und systematisch über einen längeren Zeitraum hinweg eingesetzt werden. Das System besteht aus den folgenden fünf Komponenten.

1. Stellen Sie fest, wie Sie die tatsächlichen und potenziellen Kundenbedürfnisse und -erwartungen übertreffen können

Als unternehmerischer Manager sind Sie in der Lage, sich auf die Erfüllung strategischer Ziele zu konzentrieren, indem Sie Bedürfnisse und Erwartungen der Kunden erfüllen und noch übertreffen, und das besser als die Konkurrenz. Da die Kundenerwartungen ständig steigen, ist dieser Punkt von zentraler Bedeutung für das Verständnis der Philosophie zum hervorragenden Kundenservice. Mittelmäßigkeit reicht nicht aus. Gut ist selten gut genug. Nicht alle Produkte werden in Schachteln verkauft. Auch eine Dienstleistung kann ein Produkt sein, auch eine Idee. Ein Produkt kann ebenso eine Kombination aus Konsumgütern, Dienstleistungen und Ideen sein.

Der Hauptzweck eines Krankenhauses kann zum Beispiel die Pflege von Patienten sein (eine Dienstleistung). Ein Krankenhaus kann auch Dienstleistungen wie Röntgen oder Computertomografie anbieten. Es kann auch eine Idee dahinter stehen, zum Beispiel das Krankenhaus als „Wellness-Center für präventive Medizin".

Auch ein materielles Produkt kann immaterielle Qualitäten besitzen. Es kann ein Markenprodukt sein. Das Einzelhandelsgeschäft, das dieses Produkt anbietet, kann den Ruf haben, beste Qualität oder gute Produkte zum günstigen Preis zu bieten. Das Produkt kann eine reale oder implizierte Garantie bieten. Auch der Ruf des Produzenten kann einen Teil des Produkts ausmachen. Aber alle Produkte haben einen gemeinsamen Nenner: Sie befriedigen ein tatsächliches oder imaginäres Bedürfnis des Kunden. Und der Kunde hat um dieses Bedürfnis herum Erwartungen an Qualität und Service entwickelt.

2. Entscheiden Sie, mit welcher Strategie Sie am besten einen hervorragenden Kundenservice entwickeln können

Wir werden uns später in diesem Kapitel die fünf Teile des Puzzles anschauen, mit deren Hilfe Sie ein Produkt oder eine Dienstleistung liefern werden, das oder die die Kundenbedürfnisse oder -erwartungen übertrifft. Jedes Produkt hat einen offensichtlichen Nutzen. Daneben gibt es aber noch andere Nutzen, wie etwa die Reaktionsbereitschaft, den Markennamen, die Verpackung, die Qualität, die Garantieleistungen, den Kundendienst, die Lieferung, die Kreditbedingungen usw.

3. Entwickeln Sie Arbeitsabläufe und Vertriebssysteme so, dass Ihr Produkt oder Ihre Dienstleistung effektiver ausgeliefert werden kann

Wie Sie die Produkte zum Kunden bringen, ist oft wichtiger als das Produkt selbst. Die Logistik ist unlösbar mit dem Marketing und dem Kundenservice verbunden. Logistik als Führungsaufgabe ist die strategische Organisation der Beschaffung, Bewegung und Lagerung von Rohstoffen, Teilen und gefertigten Produkten. Auch der damit verbundene Informationsfluss im Unternehmen und die Vermarktungskanäle müssen so organisiert werden, dass augenblickliche und zukünftige Aufträge kosteneffektiv erfüllt werden und optimale Rentabilität bringen. Die Globalisierung, Zeitmangel und die Nachfrage nach hervorragendem Kundenservice kurbeln diese Revolution in der Logistik an. Die Vertriebswege oder Einzel- und Großhandel werden einen großen Einfluss darauf haben, wie intensiv das Produkt den Markt durchdringt.

4. Kommunizieren Sie laufend mit den Kunden

Information und Überzeugung des Kunden – Verkauf, Public Relations, Werbung – sind Grundaufgaben des Marketings. Akio Morito, Chairman bei Sony, hat einmal gesagt: „Kommunikation ist die wichtigste Form des Marketings."

Es gibt viele Methoden, die Kunden zu informieren und zu überzeugen, Ihre Produkte zu kaufen. Man kann von Angesicht zu Angesicht über den Ladentisch verkaufen, durch Direkt- oder Telemarketing, durch Werbung und Verkaufsförderung. Den größten Einfluss auf den Aufbau von Loyalität haben die „prägenden Augenblicke", die die Kunden mit Ihrem Produkt oder Ihrem Unternehmen laufend erleben.

215

5. Management des hervorragenden Kundenservice nach dem Verkauf

Das System zum hervorragenden Kundenservice bietet Ihnen einen Rahmen, mit dem Sie als Manager Ihre Mitarbeiter und Ihr Unternehmen über die Grenzen der außerordentlichen Leistung hinaus führen können. Es bietet Ihnen Gelegenheit, die Zukunft Ihres Unternehmens neu zu überdenken und den Auftrag, die Strategien und Systeme für das 21. Jahrhundert neu zu gestalten. Verkaufen ist relativ simpel – schwieriger ist es, den langfristigen Verlauf zu managen.

Eine Kultur des hervorragenden Kundenservice hilft

Wenn Sie eine Kultur des hervorragenden Kundenservice entwickeln, leisten Sie damit einen wichtigen Beitrag zu Ihren Verkaufs- und Marketingstrategien:

- Sie wird Ihnen helfen, die Loyalität von Langzeitkunden zu gewinnen.
- Sie wird Ihnen helfen, neue Verkaufskanäle zu eröffnen.
- Sie wird Ihnen helfen, einen nachhaltigen Wettbewerbsvorteil zu erzielen.
- Sie können mit dem Modell zum hervorragenden Kundenservice als Führungsaufgabe ein wirklich kundenorientiertes Unternehmen schaffen. Das ist eine Sache der Unternehmenskultur.

Jeder spricht heutzutage über Kundenservice. Sie gilt als wichtigste Schubkraft für wirtschaftlichen Erfolg und kann als entscheidender Faktor zum Erhalt Ihres Wettbewerbsvorteils gesehen werden. Paradoxerweise ist die Mehrheit der Kunden immer noch unzufrieden mit dem Service, den sie erhalten.

Mit diesem System lernen Sie eine Reihe von Methoden, wie Sie die Erfahrung, die der Kunde mit Ihrem Unternehmen macht, wirksam lenken können. Das ist effektives Marketing an vorderster Kundenfront. Trotzdem neigen viele Führungskräfte dazu, die Interaktion mit dem Kunden „einfach geschehen" zu lassen, anstatt sie zu organisieren. Kundenorientierung bedeutet, dass über einen langen Zeitraum hinweg hervorragender Kundenservice geleistet wird.

Eigentümer, Manager, Vorgesetzte und Mitarbeiter auf allen Ebenen eines Unternehmens sollten ihre Tätigkeit als Aufgabe im Kundenservice begreifen. Der Leitsatz für das Management der Kundenerfahrung lautet: „Wenn Sie als Manager nicht direkt mit dem Kunden zu tun haben, dann ist es Ihre Aufgabe, derjenigen Person Unterstützung und Hilfestellung zu geben, die dem Kunden dient."

Prägende Augenblicke auf dem Serviceweg

Service ist das erste, was ein neuer Kunde wahrnimmt, wenn er mit Ihrem Unternehmen in Kontakt kommt. Ehe der potenzielle Kunde Gelegenheit hatte, Ihr Produkt zu sehen oder nach dem Preis zu fragen, hatte er vielleicht Kontakt mit Ihrem Verkaufspersonal, mit jemandem vom Empfang, einer Person am Telefon oder jemand anderem aus Ihrem Unternehmen. Dieser erste Kontakt kann sich als prägender Augenblick erweisen.

Ein prägender Augenblick ereignet sich jedesmal, wenn ein Kunde in Kontakt mit einem Aspekt oder einer Person Ihres Unternehmens tritt, direkt oder indirekt, und wenn er Gelegenheit erhält, sich einen Eindruck zu verschaffen (positiv oder negativ). An einer relativ einfachen Begegnung – Sie bringen Ihr Auto in die Werkstatt zum Kundendienst – lässt sich zeigen, wie eine Interaktion sehr gut oder sehr schlecht verlaufen kann.

Die Frage ist, an welchem Punkt Sie als Kunde sagen: „Genug ist genug" und mit Ihrem Auftrag woanders hingehen. Es ist außerdem fraglich, ob Sie es dem „schuldigen" Unternehmen sagen, dass Sie woanders hingehen und warum. Also macht man dort weiter in seliger Unkenntnis – man umwirbt Kunden und verliert sie wieder. Haben Sie die kritischen prägenden Augenblicke auf dem Serviceweg in Ihrem Unternehmen benannt?

+ 9. Die Werkstatt rief an, um mir zu sagen, dass die Bremsbeläge erneuert werden müssten, und fragte, ob sie das tun sollte.

+ 8. Er half mir mit dem Ersatzwagen.

+ 10. Beim Abholen des Wagens zeigt mir der Werkstattmeister die alten Teile und erklärt, was gemacht wurde.

+ 7. Der Serviceleiter versprach schnelle Arbeit.

+ 11. Rechnung erhalten. Ich war angenehm überrascht, dass das Auto innen und außen gereinigt war.

– 6. Zur falschen Tür gefahren. Keine Schilder.

– 5. Wurde gebeten, hinter die Werkstatt zur Serviceabteilung zu fahren.

+ 12. Weitere Überraschung: Ein Aufkleber im Auto erinnert an den Termin für den nächsten Kundendienst.

– 4. Ankunft am vereinbarten Tag. Fünf Minuten Warten am Empfang.

– 13. Ankunft am Empfang: Das Radio lief in voller Lautstärke. Keiner zu sehen. Drei Minuten gewartet.

+ 3. Bitte um einen Ersatzwagen für den Tag. Alles O. K.

+ 2. Weiterverbunden zur Serviceleitung, die sehr freundlich und routiniert einen Termin vereinbart.

– 14. Man sagte mir, ich sollte in die Kundenabteilung gehen. Wieder drei Minuten gewartet.

– 1. Anruf bei der Werkstatt: „Bleiben Sie dran, Sie werden gleich bedient (75 Sek.)"

+ – 15. Es bleiben gemischte Gefühle.

Ich habe mein Auto zum Kundendienst gebracht. Hier einige positive und negative prägende Augenblicke. Folgen Sie meinen Fußstapfen von dem Augenblick an, als ich die Werkstatt betrat (Nr. 1), bis zu dem Augenblick, als ich sie wieder verließ (Nr. 15), dann sehen Sie, warum ich die Werkstatt mit gemischten Gefühlen verließ. Jeder setzt auf den Serviceweg. Sechs positive prägende Augenblicke machen einen negativen Kontakt wieder wett. Eine negative Erfahrung kann den ganzen Weg verderben.

– = negativ   + = positiv

Abb. 30: Der Serviceweg

Solche Kontakte entscheiden oft, ob dieser Kunde wieder zu diesem Unternehmen kommen wird oder nicht. Diese prägenden Augenblicke gehören zum Servicezyklus, den die Kunden bei Ihrem Geschäft zurücklegen.

Hervorragender Kundenservice ist ein eigenständiges Produkt. Die Produktion, Qualität und Lieferung müssen genauso wie andere Teile eines Unternehmens organisiert und effektiv und effizient gemanagt werden.

Empowerment für das Management

Es gibt ein wichtiges Bindeglied zwischen erfolgreicher Entwicklung einer Kultur des hervorragenden Kundenservice und der Unternehmensentwicklung. Viele Managementteams haben schon versucht, die Kundenbeziehungen zu verbessern, ohne zu überlegen, ob ihr Unternehmen die notwendigen Veränderungen schaffen kann. Sie müssen lernen, den Kunden ganz anders zu sehen, und sie müssen überlegen, wie dieses Denken zu ihren strategischen Zielen passt.

Wenn Sie nur einmal 20 Minuten lang joggen, werden Sie nicht fit – Sie laufen sich Blasen und bekommen Muskelkater. Wenn Sie aber über einen längeren Zeitraum hinweg täglich 20 Minuten laufen, werden Sie fit. Genauso wird ein kurzer Anstoß für den Prozess diese neue Kultur nicht schaffen. Oft führt so ein Versuch eher zu skeptischen und zynischen Bemerkungen darüber, wie es nicht funktioniert. Gehen Sie umsichtig vor.

Wenn ein ganzes Unternehmen gerüstet sein soll und auf einen hervorragenden Kundenservice hinarbeiten soll, ist weitaus mehr Denken und Planen im Management erforderlich als für jede andere wichtige betriebliche Initiative.

Verpflichtung für den gesamten Betrieb

Wenn die Bemühung um eine Kultur des hervorragenden Kundenservice wirklich Erfolg haben soll, muss sie zur unaufhörlichen Besessenheit werden. Jeder Einzelne im Betrieb muss seine Energien und seine Begeisterung darauf konzentrieren, es nicht nur gut, sondern ständig besser zu machen. Kundenservice wird daher zum dominierenden Thema im ganzen Betrieb – man spricht ständig darüber, prüft, verbessert –, und die Erfolge werden ständig gefeiert.

Diese Besessenheit muss sich von oben nach unten fortsetzen und von unten nach oben. Die Verpflichtung muss sichtbar, greifbar und real sein. Wenn das nicht der Fall ist, wird der Kundenservice bestenfalls mittelmäßig werden.

Jeder muss gründlich fortgebildet sein, damit die Methoden des außerordentlichen Kundenservice für den internen wie für den externen Kunden sichtbar werden. Eine solche Fortbildung sollte nicht als eine Reihe isolierter Ereignisse betrachtet werden, sondern als Bemühung zur betrieblichen Weiterentwicklung, die sowohl individuelle wie auch unternehmerische Veränderungen erfordert. Sie muss zu Ihrem strategischen Denken und Planen passen (siehe Kapitel IV).

In der Praxis können interne Verfechter zusammen mit einem Team für Kundenservice die Entwicklung einer Kultur des hervorragenden Kundenservice vorantreiben. Sie müssen sich ganz ihrem Ziel verschreiben und besessen sein von allem, was den Kunden betrifft.

Schulungen vermitteln viele wichtige Begriffe und Fertigkeiten, sollten aber nur einen Teil des Ganzen ausmachen. Es sind auch andere Aktivitäten notwendig, die mit dem Kunden zu tun haben, wie Training on the Job und Einzel-Coaching, um die Begeisterung für den Kundenservice zu erhalten.

Im Zeitalter der überragenden Leistung, des schnellen Wachstums und des Wandels können fortlaufende Verbesserung, Qualität, hohe Standards, Empowerment und ein hervorragender Kundenservice die entscheidenden Faktoren für Ihr Unternehmen werden. Der Erfolg dieser Initiative zum Kundenservice hängt davon ab, wie ernsthaft sie durchgeführt wird, von der Führung wie vom Personal. Sie erfordert eine neue Einstellung und sehr harte Arbeit. Sie als unternehmerischer Manager müssen sie sich zu Eigen machen, sie kennen und natürlich mit leuchtendem Beispiel vorangehen.

Das Modell zum Management des hervorragenden Kundenservice

Das Modell zum Management des hervorragenden Kundenservice bietet Ihnen einen Rahmen, wie Sie außergewöhnlichen und kontinuierlichen Kundenservice erreichen können. Hervorragenden Kundenservice findet dann statt, wenn die Erwartungen des Kunden durch die Erfahrung übertroffen werden. Sie stellt die Gesamtsumme der Kundenerfahrung dar.

Das Modell zum Management des hervorragenden Kundenservice enthält fünf Elemente:

1. Den Kunden
2. Die Servicekultur
3. Die Mitarbeiter
4. Das Produkt
5. Die Abläufe und das System

1. Der Kunde

Die Kenntnis der Bedürfnisse und der Kaufmotivation des Kunden bildet das Kernstück des Modells zum Management des hervorragenden Kundenservice. Das bedeutet, Sie müssen herausfinden, was der Kunde wirklich will, und ihm zuhören, ihn beobachten, befragen, die Ergebnisse prüfen und die Marktforschungsresultate zusammentragen. Entwickeln Sie auf dieser Basis eine Haltung für den Kundenservice. Sie müssen in erster Linie anbieten, was die Kunden brauchen und erwarten, nicht, was sie Ihrer Meinung nach brauchen. Betrachten Sie Ihre Kunden nicht nur als Gelegenheit für kurzfristige Gewinne aus dem Verkauf, sondern als langfri-

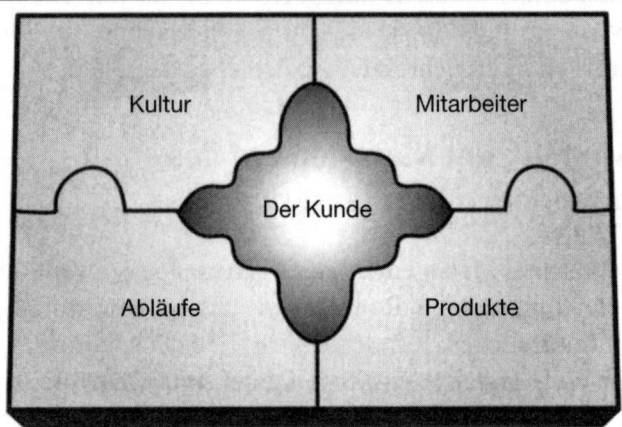

Hervorragender Kundenservice als Führungsaufgabe erfordert die Entwicklung einer Philosophie, wie Sie das Unternehmen intern und extern führen wollen – fortlaufend. Die Kultur Ihres Unternehmens, die Produkte, die Arbeitsabläufe und die Mitarbeiter müssen zusammenwirken, um Ihren Kunden auf außergewöhnliche Weise zu dienen. Hervorragender Kundenservice wird Ihr Unternehmen von der Konkurrenz unterscheiden. Ihre Entwicklung erfordert vor allem eine entschiedene Anstrengung und viel Zeit. Es ist schwierig, diese Kultur zu schaffen und zu entwickeln, aber es ist buchstäblich unmöglich, sie zu kopieren.

Sie können mir meine Mitarbeiter wegnehmen, meine Produkte, aber es wird Ihnen nicht gelingen, meine Kultur zu kopieren.

Die letztendliche Entscheidung des Kunden, mit Ihrem Unternehmen eine Geschäftsbeziehung einzugehen, hängt bewusst oder unbewusst von diesen Faktoren ab.

Sie stellen kompetente Leute ein, bilden sie weiter und unterstützen sie. Sie haben hochwertige Produkte, die effektiv beworben werden. Ihre Arbeitsabläufe und Systeme sorgen für besten Dienst am Kunden. Schließlich entscheidet Ihr Kunde darüber, welche unterschiedlichen Faktoren für ihn am geeignetsten ist.

Das Modell für das Management des hervorragenden Kundenservice bietet Ihnen einen Rahmen, um die Gesamtsumme der Erfahrungen zu betrachten, die Ihr Kunde macht.

Abb. 31: Das Modell zum Management des hervorragenden Kundenservice

stige Investition. Diese Haltung ist wesentlich für einen hervorragenden Kundenservice.

Dar Verlust eines Kunden darf für Sie nicht nur ein paar Euro weniger Einkommen bedeuten, sondern muss im Prinzip als Verlust von Tausenden und Zehntausenden Euro über eine lange Zeitspanne hinweg gesehen werden. Guter Kundenservice wird hier nicht ausreichen, aber hervorragender (außerordentliche) Kundenservice verbessert die Erfolgschancen.

Die ständige Konzentration auf den Kunden kann zu Stress bei den Angestellten führen, zu Unzufriedenheit mit der Arbeit, vermehrten Ausfallzeiten, schlechter Produktivität und zu Leistungsabfall.

Verhaltensänderungen bei den Mitarbeitern brauchen Zeit. Eine Veränderung der Kundenwahrnehmung braucht noch länger. Stellen Sie sich darauf ein, dass in den ersten Etappen auf diesem Weg zum Kundenservice Widerstand gegen die Veränderungen aufkommt oder auch neue Problemfelder entdeckt werden, und dass es zunächst so aussieht, als habe sich alles eher zum Schlimmeren verändert, nicht zum Besseren.

Das britische Institute of Customer Service hat über 200 Firmen untersucht und festgestellt, dass nur 40 % detaillierte Informationen über die jährliche Rentabilität jedes einzelnen Kundensegmentes besaßen. Wie gut kennen Sie die Erwartungen und Aussagen Ihrer Kunden? Kann es sein, dass Sie rentable Kunden ignorieren? Sind Ihre größten Kunden auch die profitabelsten? Wissen Sie das?

Der Eisberg des Kundenservice

Die prägenden Augenblicke an der Verkaufsfront sind bei den meisten Unternehmen nur die Spitze des Eisbergs. Was sich hinter den Kulissen abspielt (unter der Wasseroberfläche), bestimmt einen großen Teil der laufenden Kundenerfahrung auf dem Serviceweg.

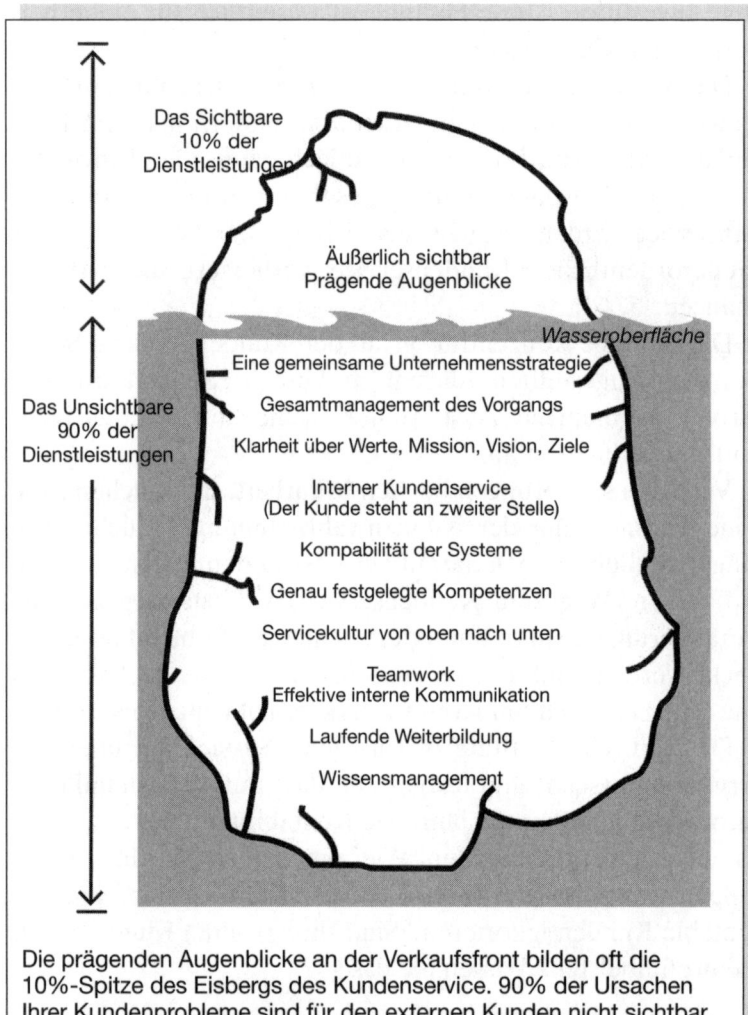

Das Sichtbare
10% der
Dienstleistungen

Äußerlich sichtbar
Prägende Augenblicke

Wasseroberfläche

Eine gemeinsame Unternehmensstrategie

Das Unsichtbare
90% der
Dienstleistungen

Gesamtmanagement des Vorgangs

Klarheit über Werte, Mission, Vision, Ziele

Interner Kundenservice
(Der Kunde steht an zweiter Stelle)

Kompabilität der Systeme

Genau festgelegte Kompetenzen

Servicekultur von oben nach unten

Teamwork
Effektive interne Kommunikation

Laufende Weiterbildung

Wissensmanagement

Die prägenden Augenblicke an der Verkaufsfront bilden oft die
10%-Spitze des Eisbergs des Kundenservice. 90% der Ursachen
Ihrer Kundenprobleme sind für den externen Kunden nicht sichtbar.
Was sich unter der Wasseroberfläche (hinter den Kulissen) abspielt,
entscheidet über die Qualität der Erfahrung, die der Kunde auf seinem
Serviceweg macht.

Abb. 32: Das Eisbergmodell

Wenn Sie hervorragenden Kundenservice bieten wollen, ist es wichtig, die Fronttruppen psychologisch und technisch zu unterstützen. Ebenso relevant sind die Arbeitsabläufe, das System, die Strukturen und die Kultur. Die Ursachen der meisten negativ prägenden Augenblicke liegen „unter der Oberfläche".

Vermutungen, Wahrnehmungen und Erwartungen im Management
In Nürnberg gibt es ein sehr kundenorientiertes Hotel. Viele große Unternehmen nutzten die Einrichtungen für wichtige Konferenzen. Die Konferenzmanagerin war der Ansicht, dass die Kaffeepausen verbessert werden müssten. Sie versammelte ihr Personal und fragte, was ihrer Meinung nach das wichtigste an den Kaffeepausen für die Kunden sei, worauf besonders geachtet werden sollte.
Dies sind die Aussagen des Personals:
1 Heißer Tee und Kaffee
2 Kekse oder Gebäckstücke
3 Feines Porzellan
4 Gute Bedienung
Nun, hätte sie aufgrund dieser Informationen die Qualität der Kaffeepausen für ihre Kunden verbessern können? Sie beschloss, ihren Kunden, hochrangige Manager aus verschiedenen Unternehmen, dieselben Fragen zu stellen, ehe sie etwas veränderte.
Dies sind die Wünsche der Kunden für die Kaffeepausen:
1 Zugang zu einem Telefon
2 Keine Warteschlangen in den Toiletten
3 Zeit und Raum für Gespräche mit anderen
4 Heißer Kaffee
Wie Sie sehen, hat die Konferenzmanagerin erfahren, dass das Personal und die Kunden völlig unterschiedliche Bewertungen liefern. Versetzen Sie sich an die Stelle des

225

anderen, wenn Sie wissen wollen, was er wichtig findet. Mit anderen Worten: Fragen Sie Ihren Kunden.
Die Fragen für Ihre Firma lauten:
Wie oft glauben Sie zu wissen, was der Kunde möchte?
Wie oft stellen Ihr Verkaufspersonal, Ihre Mitarbeiter im Kundenservice, Ihre Führungskräfte und Angestellten Vermutungen darüber an, was der interne oder externe Kunde will?
Wir sind Gefangene unserer Wahrnehmungen. Wenn es um hervorragenden Kundenservice geht, ist die Wahrnehmung oft wichtiger als die Realität.

Kundenfokusgruppen

Durch die Einrichtung von Kundenfokusgruppen können Sie laufend in die Kundenerwartungen hineinhören. So haben Sie einen direkten Draht und gewinnen langfristige Kundenloyalität.

So beginnen Sie: Wählen Sie einen Querschnitt von etwa 20 Kunden aus. Organisieren Sie ein Treffen mit ihnen (maximal 60 bis 90 Minuten lang), um zu erörtern, wie der Kundenservice verbessert werden könnte. Laden Sie sie förmlich mit einem Brief und einem nachfolgenden Telefonanruf ein. Versprechen Sie ihnen ein Geschenk, um das Treffen attraktiver zu machen. Rechnen Sie damit, dass 20 bis 30 % nicht kommen werden.

Engagieren Sie für die Sitzung einen erfahrenen Moderator und versuchen Sie, eine offene, freundliche Atmosphäre zu schaffen. Fordern Sie zu kritischer Rückmeldung auf. Beobachten Sie und hören Sie aufmerksam zu. Nehmen Sie Blickkontakt auf und seien Sie offen für die Bedürfnisse, Wünsche und Kritikpunkte aus der Gruppe. Vermeiden Sie Rechtfertigungen und verteidigen Sie sich nicht, besonders in der Anfangsphase.

Stellen Sie offene Fragen: „Wie können wir Ihren Bedürfnissen besser entgegenkommen?" „Was sind nun Ihre Erwartungen?" „Wie haben sie sich verändert?" Nehmen Sie den Verlauf der Sitzung auf Tonband auf und schreiben Sie einen Bericht. (Achten Sie auf Schlüsselbegriffe und unterdrückte Gefühle.) Bedanken Sie sich am Abend persönlich und wiederholen Sie Ihren Dank in einem nachfolgenden kleinen Brief. Halten Sie auch nach dem Treffen Kontakt. Schreiben Sie dem Kunden oder rufen Sie ihn an, sagen Sie einfach „Danke" oder fragen Sie, wie es ihm geht. Behandeln Sie Ihre Kunden wie Gäste.

Hören Sie sich ihre Bedürfnisse, Wünsche und Kritik immer wieder an und lernen Sie, was ihnen wichtig ist. Loben Sie sie und geben Sie ihnen Bestätigung. Seien Sie ein Freund.

Dimensionen des Kundenservice

Wenn Sie einen Wettbewerbsvorteil erzielen, Ihren Mitbewerbern voraus sein und von Ihren Kunden als Firma mit einzigartigem Zusatznutzen wahrgenommen werden wollen, müssen Sie die immaterielle oder „weiche" Dimension des Kundenservice stärker betonen. Sie müssen eine Umgebung schaffen, in der interne wie externe Kunden positive prägende Augenblicke erleben.

Organisation der Kundenerfahrung

Hier sind einige Aufgaben, die Sie beim Management des hervorragenden Kundenservice beachten sollten:

- Sind Sie absolut sicher, dass das, was Sie verkaufen, sich vollständig mit dem deckt, was der Kunde kaufen möchte? Betrachten Sie wiederum sowohl Ihr Produkt wie auch Ihren Service. Fragen Sie Ihre Kunden. Hören Sie zu.
- Service kann nur dann zur Waffe im Wettbewerb werden,

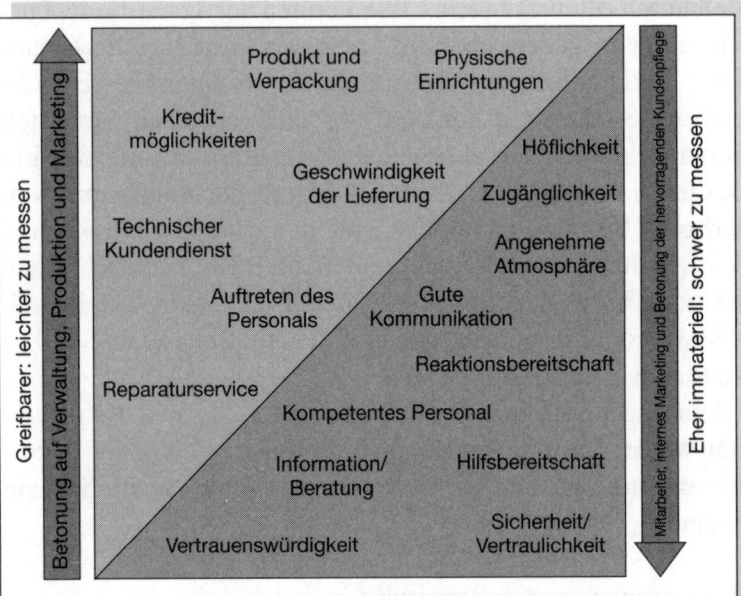

Wenn Sie einen Wettbewerbsvorteil erzielen und bei Ihrem Kunden als Firma mit einzigartigem Zusatznutzen wahrgenommen werden wollen, müssen Sie die immaterielle oder "weiche" Dimension des Kundenservice stärker betonen. Sie müssen dazu beitragen, dass eine Umgebung entsteht, in der der interne wie der externe Kunde positive prägende Augenblicke erlebt.
Sie müssen überlegen, ob Sie harte und weiche Elemente des Kundenservice messen. Die greifbaren (harten) Elemente sind leichter zu quantifizieren als die eher immateriellen (weichen) Elemente, die vergleichsweise schwer festzustellen und zu messen sind.

Abb. 33: Messen des hervorragenden Kundenservice

wenn er hervorragend ist. Guter Service ist einfach nicht mehr gut genug.

- Erkennen und managen Sie die prägenden Augenblicke, wo Ihre internen und externen Kunden zusammentreffen.
- Jede Person in Ihrem Unternehmen sollte direkt oder indirekt darauf hinarbeiten, den Dienst am Kunden zu unterstützen. Mit anderen Worten, jeder hat Kunden. Ihre Kunden sind darauf angewiesen, dass Sie das managen.

- Sichtbare Führung setzt sich von oben nach unten fort. Führungskräfte jeder Ebene praktizieren auch, was sie predigen.

Untersuchungen haben ergeben, dass Kunden sich von der durchschnittlichen Firma vor allem aus den folgenden „weicheren" Gründen abwenden:

- 1 % sterben
- 3 % ziehen um
- 5 % gehen andere Geschäftsbeziehungen ein
- 9 % aus Gründen der Konkurrenz
- 14 % Unzufriedenheit mit dem Produkt
- 68 % Gleichgültigkeit der Mitarbeiter – Fehlen des hervorragenden Kundenservice

Hervorragender Kundenservice ist ein eigenes Produkt und eine Serviceleistung für sich. Eine Serviceleistung wird jedoch zum Zeitpunkt der Auslieferung produziert. Anders als andere Produkte kann sie nicht im Voraus eingelagert oder bereitgehalten werden.

Eine Dienstleistung kann nicht „zurückgerufen", „repariert" oder „ersetzt" werden, wenn sie nicht gut war. Wenn sie nicht wiederholt werden kann, ist eine Entschuldigung die einzige Möglichkeit zur Entschädigung der Kundenzufriedenheit.

Derjenigen Person, die die Dienstleistung erhält, bleibt nur ein Gefühl. Der Wert der Dienstleistung liegt innerhalb der persönlichen Erfahrung des Kunden.

Die Kundenerfahrung mit dem Unternehmen als Führungsaufgabe bedeutet also die Organisation des prägenden Augenblicks auf dem Weg zum hervorragenden Kundenservice.

Der unternehmerische Manager erkennt, dass die meisten Unternehmen fast ihre gesamten Bemühungen auf den ersten Teil der Gleichung ausrichten – die Gewinnung von Kunden –, meist aber sind sie schlecht in der zweiten Hälfte, dem Zweck der Gleichung – den Kunden zu halten. Zentraler Punkt des hervorragenden Kundenservice ist, dass Sie die Erwartungen der Kunden übertreffen, dass Sie sie „zu Tode lieben".

Datenpflege und Automatisierung im Bereich Vertrieb und Kundenkontakt sind zentrale Bereiche für den Service danach, und bei den meisten Unternehmen liegen hier die Hemmschuhe. Könnte das auch bei Ihnen der Fall sein?

An diesem Punkt in unserem Buch über unternehmerisches Management wissen Sie bereits, wie sehr ein kleiner Faktor all Ihre anderen Aktivitäten beeinflussen kann. Übertragungseffekte haben immer ihre Ursachen. Wie erzielt der unternehmerische Manager einen zusätzlichen Wettbewerbsvorsprung durch die Organisation von hervorragendem Kundenservice?

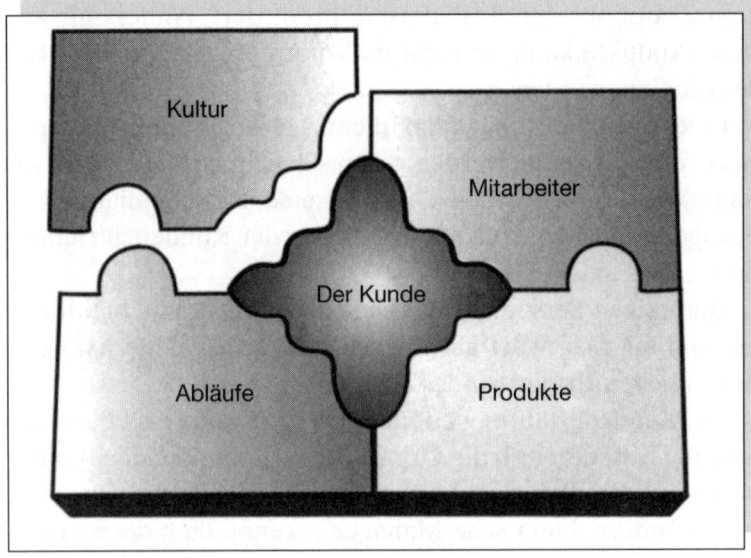

Abb. 34: Servicekultur

2. Die Servicekultur

Ihre Firma sollte sich von Konkurrenzunternehmen aufgrund ihrer Servicephilosophie (die in Ihren Werten verwurzelt ist), dem Auftrag oder der Kultur unterscheiden. Versuchen Sie nicht, allen alles zu sein. Ihre Kultur sollte entscheiden, was Sie wollen, nicht, wie Sie es erreichen wollen. Sie sollte die Mitarbeiter motivieren und weiterbringen durch das Bild eines gewünschten Sachverhalts, der zum Handeln anregt. Sie sollte darauf abzielen, dass alle zusammenarbeiten.

Eine Kultur ist eine Reihe von Werten, Haltungen und Vorgehensweisen, die für alle annehmbar sind. Sie legt ein Verhalten fest, nach dem jeder lebt. Sie kann nicht verordnet werden – sie entwickelt sich mit der Zeit.

Sie müssen für die Servicekultur ein Thema entwickeln, das aussagt, worum es in Ihrem Unternehmen geht. Außerdem müssen es alle von Anfang an akzeptieren. Ihre Kultur sollte eine klare, kurze Wertaussage sein, an der auch Ihre Einzigartigkeit abzulesen ist.

Wie stellen Sie das an? Zuerst müssen Sie beschließen, es zu tun. Dann verpflichten Sie sich, daran zu arbeiten. Sammeln Sie Ideen bei den Kunden. Fragen Sie: „Welche drei Dinge sollen wir für Sie als Kunden sehr gut machen?" Bitten Sie um spontane Antworten, denn die sind meist am ehrlichsten.

Sammeln Sie Ideen bei den Mitarbeitern. Suchen Sie im Brainstorming nach den fünf wichtigsten Dingen, worüber sich die Kunden freuen und womit Sie ihre Erwartungen übertreffen. Achten Sie sorgfältig darauf, welche Sprache gesprochen wird. Vielleicht kommen einige Worte und Sätze immer wieder vor. Und denken Sie daran, wenn die Kultur auf lange Sicht funktionieren soll, müssen Sie interne und externe Kunden hier beteiligen und mit einbeziehen. Sie werden im Lauf der Zeit einige Themen schreiben und sie wieder umschreiben müssen. Es sollten mindestens zehn Worte sein.

Superquinn ist mit Folgendem sehr erfolgreich: „Kommen Sie wegen der Preise, und Sie werden wegen des Service bleiben." Coca Cola benutzt den Satz: „Coke is it!" und Avis sagt: „Wir geben uns mehr Mühe." Eine Bank fragt: „Was können wir für Sie tun?" Jeder Mitarbeiter muss die Mitverantwortung für die Worum-es-uns-geht-Aussage kennen und fühlen. Das Mittragen kann wichtiger sein als die Aussage selbst. Üben Sie nicht zu viel Druck aus.

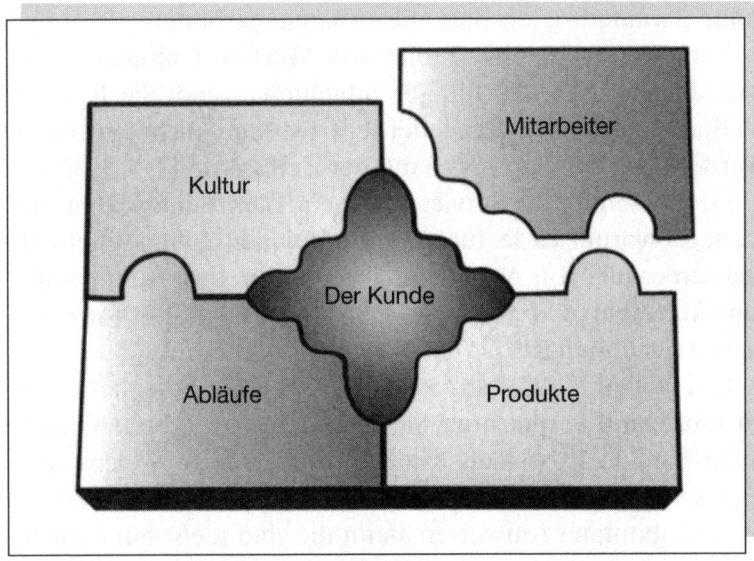

Abb. 35: Kundenfreundliche Mitarbeiter

3. Förderung kundenfreundlicher Mitarbeiter

Kundenorientiertes Verkaufspersonal braucht Empowerment, um mit dem Kunden so umzugehen, wie es ihm angemessen erscheint. Die Organisation der einzelnen prägenden Augenblicke liegt meist außerhalb der Reichweite von Managern. Belohnen Sie die Mitarbeiter an der Verkaufsfront für Spitzenleistungen, für guten Service – und nicht dafür, dass sie Kunden einfach abfertigen.

Bestimmte Typen (siehe Kapitel 2) fühlen sich wohler beim Dienst am Kunden als andere. Es ist Ihre Aufgabe als Manager, dafür zu sorgen, dass Mensch und Arbeitsplatz perfekt zueinander passen. Ein Hotelleiter bemerkte einmal sehr richtig: „Wir stellen nicht Mitarbeiter ein und bringen ihnen dann bei, freundlich zu sein. Wir stellen freundliche Menschen ein." Inhalte einer Schulungsstunde sind schnell vergessen. Das Training sollte fortlaufend und auf unterschiedliche Weise stattfinden: Einzel-Coaching, Arbeit in kleinen Gruppen, Training on the Job und formellere Schulungen. Dabei werden Grundkenntnisse wiederholt, und Sie zeigen, dass Sie sich der Servicekultur verpflichtet haben.

Warum sollten Ihre besten Mitarbeiter nicht zehn Minuten am Tag der Schulung anderer widmen? Als Themen wären Produktkenntnisse, Verhalten in schwierigen Situationen mit dem Kunden, Veränderungen im Betrieb oder in der Branche möglich. Lehrer – Ihre Führungskräfte – gewinnen beim Unterrichten an Format und Selbstvertrauen. Bringen Sie ihnen das Unterrichten bei.

Schulung schafft Vertrauen und Kompetenz. Belohnen Sie ihr Personal für hervorragenden Dienst am Kunden mit:

- Auszeichnungen und Prämien
- Beförderungen und Abwechslung am Arbeitsplatz – wie wäre es mit Job-Rotation?
- Flexibilität bei der Arbeitszeit
- Anstecknadeln und Abzeichen
- Wahl zum Mitarbeiter des Monats
- Dankesbriefen
- Berichten in der Presse
- Überraschungspartys

Ermitteln Sie im Brainstorming die „Du-sollst-nicht"-Gebote für Ihre Firma. Das sind Handlungen, die Ihre Mitarbeiter im Kundenservice vermeiden sollten. Fragen Sie Ihr Führungsteam immer wieder: „Wie könnten wir unsere Mitarbeiter an der Kundenfront noch unterstützen?" Der Umgang mit Kunden kann emotional sehr beanspruchen. Gibt es bei Ihnen ein angemessenes Pausensystem für die Mitarbeiter im Kundenservice? Bedenken Sie: „Müdigkeit macht uns alle zu Feiglingen (und Miesepetern)!"

Ermutigen Sie die Mitarbeiter, sich für den Kunden ein Bein auszureißen. Solche Meister im Kundenservice sollten Sie auch anerkennen. Beobachten Sie sie bei ihrer Arbeit und bei dem, was sie gut machen, und lassen Sie sie das wissen. Nichts motiviert so sehr wie angemessene verbale Bestätigung zum richtigen Zeitpunkt.

Mitarbeitermotivation entsteht durch:

• Lob für gute Arbeit
• Das Gefühl, sich auszukennen in seinem Bereich
• Hilfe bei persönlichen Problemen

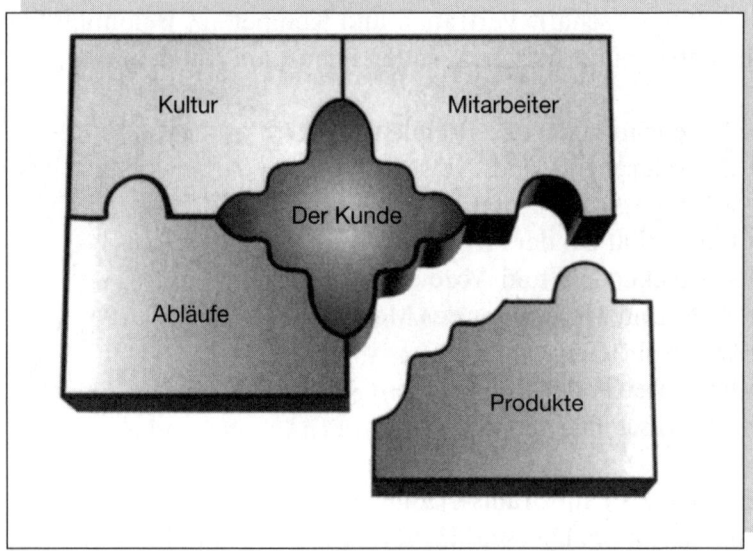

Abb. 36: Das Produkt

4. Das Produkt

In jedem Servicepaket muss das Produkt stimmen. Das ist eine Grundvoraussetzung und Ursache der meisten Unstimmigkeiten. Kunden reagieren zu 100 % emotional. Sie führen einfach ihre eigenen Argumente von einem logischen Standpunkt aus an. Der Service ist wahrscheinlich das erste, was der Kunde infrage stellen wird, wenn etwas schief läuft. In den letzten zwei bis drei Jahrzehnten haben wir uns auf die Perfektionierung der Produktion konzentriert. Heute erwarten wir ein Produkt in guter Qualität und erhalten das zunehmend auch. Bedenken Sie, dass der Service ein Teil des Produkts ist.

Wenn Ihr Produkt heute nicht gut genug ist, können Sie sicher sein, dass Sie sehr schnell aus dem Geschäft sind, denn diese Information verbreitet sich wie ein Lauffeuer. Und die Kunden sind heute weitaus informierter über ihr Rückgaberecht, über Möglichkeiten und Alternativen. Ich habe den Eigentümer eines Unternehmens, das nach vier Jahren Bankrott gemacht hatte, gefragt, wie das gekommen sei. Instinktiv antwortete er: „Das Produkt verkaufte sich nicht mehr." Natürlich. Aber warum verkauften fünf Mitbewerber haargenau dasselbe Produkt und machten ein gutes Geschäft dabei? Der schlechte Absatz war nur die Auswirkung anderer Ursachen.

5. Die Abläufe und das System

Die Abläufe und das System sollten so gestaltet sein, dass Ihrem Kunden alles leicht gemacht wird. Ihre Abläufe sollten von Ihren Werten und Ihrem Auftrag oder Ihrer Kultur ausgehen. Sie sollten Ihren Mitarbeitern ermöglichen, Ihr Produkt besser, schneller, billiger, leichter und anders an den Kunden zu bringen. Steht bei Ihren Abläufen wirklich der Kunde an erster Stelle? Denken Sie auch an Parkplätze, Schilder, Zahlungssysteme, Verkaufsmethoden, Bestellwesen, Auslieferungssystem, Reaktionsbereitschaft, Geschwindig-

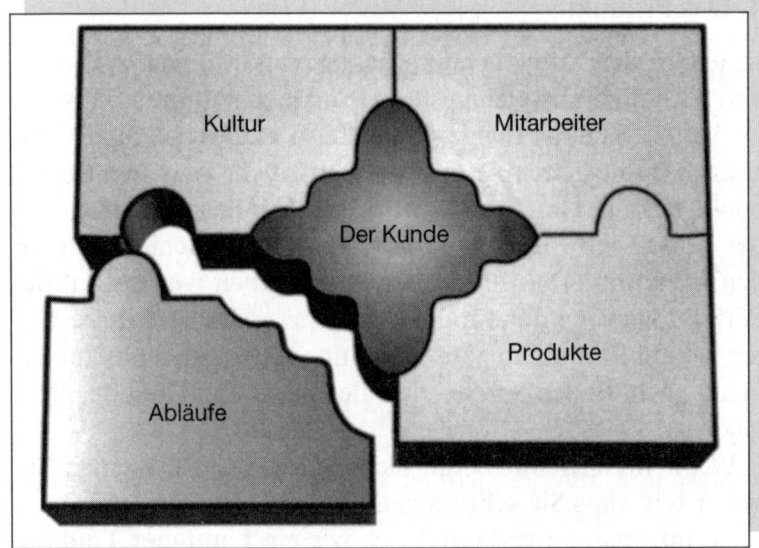

Abb. 37: Abläufe und System

keit usw. Manchmal ist man so mit dem Verkauf des Produkts beschäftigt, dass keine Zeit bleibt zu fragen:

„Können wir das auch besser?" oder „Warum machen wir das so?" Oft kann die Antwort lauten: „Das haben wir schon immer so gemacht!" Ihr Ziel sollte sein, nicht nur als die Besten zu gelten, sondern als „die Einzigen".

Bei der Entwicklung neuer Produkte verändern Unternehmen oft ihre Vorgehensweisen. Sie schulen zwar die Betreffenden über die Produkte, versäumen es aber, die Abläufe im Hintergrund und die Systeme an die Neuerungen anzupassen. Sie als unternehmerischer Manager sollten Ihre Abläufe in jeder Hinsicht innovieren, innovieren und nochmals innovieren. Machen Sie Schluss mit den alten Prozeduren!

Suchen Sie an den einfachsten Orten nach Verbesserungsmöglichkeiten: das Telefonsystem, die Computerunterstützung, die Weiterleitung von Nachrichten, Produktinformation, Büromaterial, Rechnungserstellung, Auftragsbearbeitung. Welches sind die zehn häufigsten Fehler? Warum passieren sie immer wieder? Machen Sie sich an die Eliminierung. Bedenken Sie, dass 80 % der Fehler, Verzögerungen und Frustrationen ihre Ursache in den Abläufen haben.

Sorgen Sie dafür, dass Systeme und Abläufe zum Empowerment der Führungskräfte und des Personals beitragen. Was geschieht zum Beispiel, wenn ein Kunde ein Produkt zurückgeben will? Sind Ihre Mitarbeiter autorisiert, einen kleinen Discount oder eine andere Form der Wiedergutmachung zu gewähren? Das beste System in Ihrer Firma werden Ihre Werte sein – wenn Sie sie anwenden und alle sie kennen. Gesunder Menschenverstand wird nicht immer angewandt. Man muss ständig daran arbeiten.

Warum führen Sie nicht eine Marktanalyse durch? Das ist eine umfassende, systematische, unabhängige Untersuchung Ihrer Umgebung, Ihrer Ziele, Strategien und Aktivitäten mit dem Zweck, Problembereiche und Möglichkeiten aufzuzeigen. Philip Kotler, der amerikanische Professor, der das Konzept der Marktanalyse entwickelt hat, führt als häufigste Probleme an:

1. Mangelnde Information über Verhalten und Einstellungen der Kunden
2. Es wurde nicht nach der vorteilhaftesten Marktsegmentierung gesucht
3. Preisdruck anstatt Wertsteigerung
4. Fehlende Klarheit über die Stärken, Schwächen, Chancen und Gefahren
5. Die Tendenz, Werbung und Verkaufsförderung als Marketing zu betrachten
6. Keine Zukunftsinvestitionen in die Entwicklung von Humanressourcen und Marken

Damit ein Programm für hervorragenden Kundenservice maximale Wirkung erzielt, sollten Sie einige konkrete Dinge über einen längeren Zeitraum hinweg beobachten. Sie könnten zum Beispiel ermitteln:

- Die Durchschnittsbewertungen bei Kundenbefragungen
- Die Anzahl der eingehenden/bearbeiteten Kundenbeschwerden
- Die Anzahl der Nachfassanrufe bei den Kunden mit der Nachfrage, wie sie mit dem Produkt zufrieden sind
- Regelmäßige Untersuchungen des Managements über das Verhalten der Mitarbeiter gegenüber den Kunden, zum Beispiel Blickkontakt, Lächeln, freundlicher Gesichtsausdruck, Hilfsbereitschaft, Höflichkeit usw.
- Umfrage bei den Kunden über die Serviceleistung

Lassen Sie Ihr Unternehmen wachsen

Der letztendliche Zweck einer solchen Philosophie und eines Systems mit der Werkzeugkiste zum hervorragenden Kundenservice ist es, lebenslang loyale Kunden zu halten und einen Wettbewerbsvorteil zu erzielen. Den können Sie sich jetzt mit dieser Methode und dem beschriebenen Prozess sichern. Welche praktischen Schritte können Sie aber unternehmen, um Ihr Unternehmen zu vergrößern? Logischerweise haben Sie drei Möglichkeiten zur Ausweitung Ihres Betriebs:

1. Vergrößern Sie Ihren Kundenstamm – gewinnen Sie mehr Kunden.
2. Erhöhen Sie den Durchschnittswert je Transaktion – bringen Sie Ihre Kunden dazu, mehr Produkte oder Dienstleistungen zu kaufen.
3. Erhöhen Sie die Kaufhäufigkeit Ihrer Kunden.

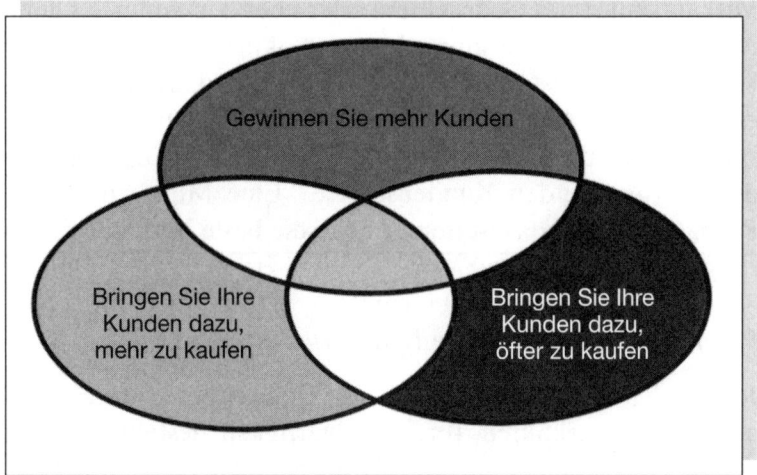

Abb. 38: Wachstum in Ihrem Unternehmen

1. Vergrößern Sie Ihren Kundenstamm

Hier sind bewährte Methoden, wie Sie Ihren Kundenstamm vergrößern können:

Entwickeln Sie die Mund-zu-Mund-Propaganda

Entwickeln Sie ein System, wie Sie mit momentanen und ehemaligen Kunden in Kontakt bleiben und laufend kommunizieren können, und erzielen Sie so weitere Abschlüsse. Ein entscheidender Teil des Unternehmenszwecks ist der Erhalt von Kunden. Bei vielen Unternehmen ist hier ein blinder Fleck. Nehmen Sie direkten Kontakt mit Ihren Kunden auf, per Telefon, per Post, per E-Mail oder durch persönliche Besuche. Liefern Sie ihnen laufend zwingende Gründe, warum sie mit Ihnen Geschäfte tätigen sollen. Seien Sie nicht naiv. Ihre Mitbewerber verkaufen auch konstant ihre Ideen. Loyalität muss verdient und wieder verdient werden.

Direkte Kommunikation sollte Ihre Kunden ermuntern, sofort zu reagieren. Direct-Response-Kommunikation ist

239

Verkaufskunst per Gedrucktem oder über den Äther. Es geht darum, dass Sie über ehemalige und aktuelle Kunden keine Vermutungen anstellen. Erklären Sie laufend, „warum" Ihre entscheidende Fähigkeit oder Ihr einzigartiges Verkaufsversprechen für die Kunden wichtig ist. Was ist das Endresultat des hervorragenden Kundenservice? Eine Mund-zu-Mund-Propaganda, und das ist immer noch die beste Verkaufsförderung der Welt.

Vermitteln Sie deutlich Ihre Einzigartigkeit

Jeder prägende Augenblick ist eine Gelegenheit, Ihre Einzigartigkeit zu verkaufen. Ihre Einzigartigkeit besteht aus den Aspekten, in denen sich Ihr Unternehmen oder Ihre Produkte von der Konkurrenz unterscheiden.

Ich frage Unternehmenseigentümer und -manager immer: „Was ist Ihr einzigartiges Verkaufsversprechen?" oder „Was unterscheidet Sie von der Konkurrenz?" Die Reihe unterschiedlicher Antworten sagt alles. In den meisten Betrieben herrscht keinerlei Klarheit über Verkaufsversprechen Nummer eins, zwei oder drei.

Klarheit in diesem Punkt ist aber von entscheidender Bedeutung. Sonst sind Sie nicht in der Lage, bewusst Verkaufsförderung zu betreiben und Ihren Kunden systematisch und fortlaufend zu erklären, warum sie mit Ihnen Geschäfte machen sollten. Als Professional geben Sie ständig Antworten. Nur ein Laie entwickelt das so nebenher.

Anders gefragt: „Was sind Ihre einzigartigen Stärken?" „Wie können Sie diese Stärke nutzen, um einen Vorteil im Wettbewerb zu erzielen?"

Ihre einzigartigen Fähigkeiten könnten Ihr breites Produktangebot sein, Ihr besserer Einkaufspreis oder niedrigerer Preis, Ihr zusätzliches Serviceangebot, zusätzlicher Komfort oder Prestige.

Unternehmen Sie mehr Verkaufsbesuche

Wenn Sie Ihren Umsatz in einem Business-to-Business-Markt steigern wollen, müssen Sie zunächst natürlich an mehr Türen klopfen (Kaltakquise). Das ist gut bis zu einem gewissen Grad, aber es ist eine Schinderei. Die Bedingungen sind hart und treiben manchen zur Verzweiflung. Die Vertreter müssen sehr gut ausgebildet sein und sehr professionell vorgehen, wenn diese Methode erfolgreich sein soll. Auf dem Konsumgütermarkt gibt man als Firma dem Kunden und dem potenziellen Kunden Gelegenheit, das Produkt anzufassen oder zu probieren. Man bietet Gratisproben für zu Hause, größere Verkaufsförderungsmaßnahmen, Produkteinführungen und Medienwerbung.

Bitten Sie um Weiterempfehlung

In einem Business-to-Business-Markt sollten Sie um Empfehlungen bitten. Das ist der wahrscheinlich beste Weg, potenzielle neuen Kunden zu finden. Überraschenderweise wenden aber nur wenige Vertriebsleute diese Methode systematisch an.

Sie funktioniert nur dann gut, wenn eine gute, vertrauensvolle Beziehung zwischen Käufer und Verkäufer besteht, wenn Respekt für das Produkt, die Dienstleistung und die Personen herrscht. Es kostet wenig, wenn Sie einfach fragen: „Wer könnte Ihrer Meinung nach noch an meinem Produkt interessiert sein?" oder „Ich baue meine Geschäftstätigkeit aus und möchte Sie um Hilfe bitten."

Schalten Sie das Risiko aus

Menschen sind auf Ängstlichkeit konditioniert – sie haben Angst vor Verlust. Manche sind risikoscheuer als andere. Sie fürchten, Fehler zu machen, auch kleine. Sie fürchten, eine falsche Wahl zu treffen, weil sie dann dumm dastehen könn-

ten. Schalten Sie daher das Risiko aus und bieten Sie Gratisproben, verzögerte Bezahlung oder eine 100-prozentige Garantie. Das kann anfänglichen Widerstand und nachfolgende
Kaufreue beseitigen. Ein guter Mitarbeiter der Kundeninfor-
mation erkennt einen ängstlichen oder risikoscheuen Käufer
schon von weitem.

Gehen Sie Mehrwertpartnerschaften ein

Mehrwertpartnerschaften sind eine effektive und interessante
Methode, um Kontakte zu knüpfen und neue Kunden zu
gewinnen. Viele Unternehmen, die nicht in Konkurrenz zueinander stehen, aber denselben Kundenstamm haben, setzen
ihre Ressourcen zum gegenseitigen Nutzen ein.

Vor einiger Zeit besuchte ich eine Präsentation von einer
Bank, einer Auktionsfirma und einer Buchhaltungsfirma. Sie
hatten Firmenleitungen zu einer Veranstaltung über Steuern
und finanzielle Auswirkungen von Immobilienerwerb eingeladen. Die Bank hatte 200 ihrer Kunden eingeladen. Die
Auktionsfirma und die Buchhaltungsfirma konnten offensichtlich von diesem Auftritt und der Vorstellung profitieren.
Sechs Monate später gab es ein ähnliches Arrangement von
einer der anderen Firmen.

Setzen Sie Werbung ein

Werbung ist eine der am häufigsten eingesetzten Methoden in
der Marketingkommunikation. Zweifellos spielt sie auf dem
Konsumgütermarkt eine bedeutendere Rolle als bei Busi-
ness-to-Business-Produkten.

Werbung erfordert ein systematisches Vorgehen. Werbe-
kampagnen und Werbeslogans und die Reaktionen darauf
werden in jeder Entwicklungsphase auf Effektivität und Rentabilität getestet. Direct-Response-Werbung ist messbar und
kann daher als Grundlage für weitere Kampagnen dienen. Sie
können die Resultate direkt vergleichen. Lord Leverhulme,

der Gründer von Unilever, sagte einmal, die Hälfte der Werbeausgaben sei verschwendet, er wisse jedoch nicht, welche. Mit den heutigen computerisierten schnellen Test- und Forschungsmethoden können die Unternehmen die Effektivität ihrer Werbemaßnahmen so planen, dass möglichst wenig verschwendet wird.

Durch Werbung können Sie Ihre Botschaft schnell und kosteneffektiv an Ihre Kunden und Interessenten bringen, sei es durch Massenwerbung oder durch gezieltere Maßnahmen. Im Rahmen einer umfassenden Marketingkampagne kann Werbung natürlich die Gesamteffektivität der Maßnahmen erhöhen.

Betreiben Sie Direktmarketing

Wenn Ihre Ziele klar sind, kann Direktmarketing eine sehr vielseitige und exakte Methode der Kundenkommunikation sein, sowohl im Business-to-Business-Bereich als auch auf dem Konsumgütermarkt. Sie können Direktmarketing entweder für sich oder als Teil einer übergreifenden Marketingkampagne einsetzen.

Der Schlüssel zum Erfolg liegt hier in einer effektiven Datenbankverwaltung. Damit können Sie detaillierte Profile vom Markt, von Marktsegmenten und von einzelnen Kunden erstellen. Wegen seiner größeren Zielgenauigkeit kann Direktmarketing extrem kosteneffektiv sein und natürlich genau abgestimmt werden.

In Verbindung mit einer übergreifenden Marketingkampagne kann Direktmarketing beträchtlichen Zusatznutzen bringen. Es verstärkt die Wirkung von Werbung, Public Relations, Direktmailings, Bestellungen per Post, Telemarketing und persönlichem Verkauf. Das ist auf die Präzision, die sofortige Wirkung und die Messbarkeit zurückzuführen.

Direktmarketing hat sich zu einer Wissenschaft entwickelt, funktioniert aber sehr einfach. Planen Sie kreativ, wie Sie den größtmöglichen Gewinn erzielen können. Dann tun Sie es einfach. Die meisten kleinen und mittleren Unternehmen nutzen die Methoden für Marketing und Vertrieb viel zu wenig. Folgende Vorteile bietet das Direktmarketing:

- Hohe Rücklaufquote und Umwandlungsrate (von Interessenten zu Käufern)
- Hohe Kundenbindung und Loyalität
- Gelegenheit, auch andere Produkte zu verkaufen oder mehr zu verkaufen
- Kosteneffektiv
- Bessere Segmentierung
- Messbarkeit
- Lässt sich mit einer übergreifenden Marketingkampagne verbinden oder kann eine solche unterstützen

Betreiben Sie Telemarketing

Telemarketing entwickelt sich national und international zur neuen Geschäftsmethode. Der Boom im Telemarketing wird sich fortsetzen und es funktioniert täuschend einfach. Das Geheimnis liegt jedoch in einer disziplinierten, systematischen Herangehensweise mit langfristiger Perspektive. Es gibt zwei Formen von Telemarketing: 1. Einlaufend, dabei reagiert der Kunde oder Interessent auf ein Angebot hin an oder bittet um weitere Informationen. 2. Nach außen, dabei ergreifen Sie die Initiative und treten über Telefon oder im Rahmen einer übergreifenden Kampagne mit dem Kunden in Kontakt, um:

- Empfehlungen nachzugehen
- Direkt zu verkaufen
- Marktforschung zu betreiben
- Den Verkauf zu unterstützen

Sie können selektiv, präzise, flexibel, reaktionsschnell und messbar handeln.

Wenn Sie ehemaligen, gegenwärtigen oder potenziellen Kunden ein Mailing schicken, kann eine nachfolgende, nicht aggressive Telemarketingaktion mit dem Schwerpunkt auf Information das Ergebnis um 300 bis 1000 % steigern. Das ist keine leichte Aufgabe, weil der Kunde dagegen automatisch Widerstand leistet. Mitarbeiter im Telemarketing brauchen eine sehr hohe soziale Kompetenz und analytische Fähigkeiten. Sie müssen auch in der Lage sein, sehr diszipliniert vorzugehen.

Als Nachfolgeanruf, bei dem gefragt wird, ob mit dem ursprünglichen Kauf alles in Ordnung war, kann Telemarketing sehr wirksam sein. Sie können dann noch mehr verkaufen, wenn Sie weiter fragen: „Wussten Sie übrigens, dass…?"

Der Anruf bei gegenwärtigen Kunden ist leichter und meist erfolgreicher. Wenn Sie den Kontakt aufrecht erhalten, Ihre Kunden am Telefon weiterbilden und informieren, dann ist das angewandtes personalisiertes Marketing. Stellen Sie keine Vermutungen an. Falsche Vermutungen sind ein Hauptgrund für den Verlust von Kunden.

Werden Sie zum Experten… bilden Sie Ihre Kunden

Eine sehr gute Möglichkeit, sich von den anderen abzuheben und sich als Experte in der Branche zu etablieren, ist die Organisation von Special Events, kurzen Informationsveranstaltungen für Führungskräfte oder der Gratisversand wertvoller Information an Kunden und potenzielle Kunden. Die Menschen haben gern Sicherheit bei den Produkten, die sie kaufen, und über den Händler, bei dem sie kaufen. Der Kauf ist primär ein emotionaler Vorgang. Wenn Sie zu Ihrem Kaufversprechen (Wunsch nach Gewinn) noch Sicherheit, Glaubwürdigkeit und Information bieten können, dann verhilft das nicht nur zum Erstkauf, sondern dient auch dem Erhalt langfristiger Geschäftsbeziehungen. So hält man Kunden!

Buchstäblich jedes Unternehmen hat Möglichkeiten, Kunden zu bilden und ihnen wertvolle Gratisinformationen zukommen zu lassen. Unterstellen Sie nicht, die Kunden seien daran nicht interessiert. Special Events, Informationsveranstaltungen und spezieller Service erhöhen den wahrgenommenen Wert Ihrer Dienstleistung, weil Sie den Kunden besser verstehen und ihn informieren. So können Sie Ihren Absatz steigern.

Zunächst sollten Sie Ihre Hausaufgaben machen. Lesen Sie so viel wie möglich über Ihr Produkt und seien Sie auf dem Laufenden, was Trends und Vorhersagen angeht. Schreiben Sie Artikel für Fachzeitschriften, die Sie dann Ihren Kunden und Interessenten zukommen lassen. Halten Sie in Ihrem Absatzgebiet Seminare ab oder tun Sie sich mit anderen zusammen. Versuchen Sie zu erreichen, dass im Lokalradio oder in der Presse etwas von Ihnen erscheint. Schreiben Sie ein Buch.

Alles wirkt zusammen. Tun Sie es einfach. Vielleicht schlummern in Ihnen mehr Kenntnisse und Fachwissen, als Sie glauben. Nutzen Sie das. Setzen Sie es ein.

Entwickeln Sie Ihr Image

Ob es Ihnen gefällt oder nicht, Sie haben ein bestimmtes Image beim Kunden. Das kann gut oder schlecht sein, gerechtfertigt oder nicht. Aus Sicht des Kunden stellt jedoch die Wahrnehmung die Realität dar, und Ihre Aufgabe ist es, dafür zu sorgen, dass Ihr einzigartiger Zusatznutzen, durch den Sie sich von Ihren Mitbewerbern unterscheiden, wahrgenommen wird. Wenn Ihre Public Relations, Ihre Werbung, Ihr Marketing und die prägenden Augenblicke in der Kombination so wirken, dass der Kunde Sie tatsächlich für besser hält, als Sie sind, dann ist das die Realität. Wenn der Kunde trotz all Ihrer

Bemühungen oder Nichtbemühungen das Gegenteil annimmt, so ist auch das Realität.

Das Geheimnis, wie Sie diese Kunden halten können, liegt darin, dass Sie die Kundenerwartung übertreffen, indem Sie überragenden Kundenservice leisten, indem Sie häufig mit dem Kunden kommunizieren, so dass Ihr Produkt und Ihr Unternehmen dem Kunden immer gegenwärtig sind. Ich glaube, die Kunden hoffen, wünschen und beten sogar darum, dass Sie ihre Erwartungen erfüllen oder übererfüllen. Also entscheiden Sie sich für einen hervorragenden Kundenservice. Es ist ein fortlaufender Erziehungsprozess.

2. Erhöhen Sie den Durchschnittswert je Transaktion

Als zweite Möglichkeit, Ihr Unternehmen zu expandieren, können Sie den Durchschnittswert je Kundentransaktion steigern. Dazu können Sie Ihre professionellen Verkaufstechniken, Ihr Gesamtmarketing und Ihr Management der hervorragenden Kundenservice verbessern. Wie erhöhen Sie Ihren Umsatz mit sehr geringem Aufwand zum Wohl Ihres Kunden? Lesen Sie weiter.

Verkaufen Sie an Menschen, die in Kauflaune sind

Sorgen Sie dafür, dass sich alle in Ihrem Unternehmen darauf konzentrieren, dem einzelnen Kunden mehr zu verkaufen, ihm zusätzlich andere Produkte anzubieten sowie verstärkt Hilfs- und Zusatzprodukte abzusetzen.

Vor einiger Zeit ging ich in einen Fotoladen und wollte eine Kassette für meinen Camcorder kaufen. Das hätte 12 Euro gekostet. Als ich den Laden wieder verließ, hatte ich 60 Euro ausgegeben und war sehr zufrieden mit meinen Neuerwerbungen. Bei genauerer Überlegung wurde mir jedoch klar, dass mir ein echter Profi gerade 48 Euro mehr als geplant abgenommen hatte.

Wenn ich in meinem Lieblingsgeschäft einen Anzug kaufe, bietet man mir immer noch zusätzlich Krawatten, Hemden, Schuhe und Socken an. Zur Schlussverkaufszeit kann man sich dort an der Kaffeemaschine einen Kaffee holen. Zu Weihnachten gibt es sogar Alkoholisches. Man ist dort so nett, dass man sich verpflichtet fühlt, etwas zu kaufen.

Hier ein Beispiel für eine verpasste Gelegenheit. Ich ging in einen Heimwerkerladen und wollte Farbe kaufen, um ein Zimmer zu streichen. Zu Hause bemerkte ich, dass ich keine Pinsel hatte. Hätte mich der Verkäufer auf andere Kleinigkeiten angesprochen, die ein Heimwerker braucht, hätte ich wahrscheinlich noch Pinsel, einen Spachtel und eventuell eine Rolle Kreppband gekauft. Verpasstes Geschäft. Ich borgte Pinsel und Spachtel von meinem Nachbarn.

Wenn Ihr Kunde in Kauflaune ist, können Sie ihm leichter Zubehör und Hilfsprodukte verkaufen. Später ist das schwieriger, selbst zu einem niedrigeren Preis.

Wenn Sie zusammengehörige Produkte und Dienstleistungen als Paket anbieten, erzielen Sie möglicherweise einen höheren wahrgenommenen Wert. Bei dieser Methode können Sie in der Verhandlung mit dem Kunden einer Sache hohen Wert zuschreiben, die für Sie selbst relativ billig ist.

Um langfristig glaubwürdig zu bleiben, sollten die Zusatzverkäufe von vertretbarem Wert und Nutzen für Ihren Kunden sein. Meister des Zusatzverkaufs sind die Autohändler: vom Service bis hin zum Verkauf von Ersatzteilen, Accessoires und Finanzdiensten. Banken verkaufen ständig mehrere Produkte und Dienstleistungen gleichzeitig. Wie ist das bei Hotels, Fluggesellschaften und Restaurants?

In buchstäblich jedem Unternehmen kann man im Grunde einen viertel-, halb- oder ganzjährigen Vertrag zur Beratung oder für eine Dienstleistung anbieten. Überlegen Sie immer, wie Sie Kunden halten und sich einen dauerhaften Wettbewerbsvorteil sichern können.

Erhöhen Sie die Preise

Eine sehr simple Möglichkeit, den durchschnittlichen Wert je Transaktion zu steigern, ist eine Erhöhung der Preise und damit Ihrer Gewinnspanne. Viele Unternehmen blicken nur gebannt auf die Preise der Konkurrenz. Das ist Unsinn. Wenn Sie sich selbst von den anderen mit den in diesem Buch beschriebenen Methoden abheben, können Sie durch höhere Preise sogar an Glaubwürdigkeit und Format gewinnen.

Sie haben schon Produkte vom einfachen Kuli bis zum großen Familienurlaub nur wegen der Person oder der Firma, die sie anbietet, gekauft – oder wegen der Marke und dem damit verbundenen Prestige.

Ihre Aufgabe als unternehmerischer Manager ist es, bei einer großen Palette von Aktivitäten in Ihrer Organisation kleine Zusatzgewinne zu erzielen und sich so einen Wettbewerbsvorteil zu schaffen. Diese Bemühungen bedeuten in ihrer Summe, dass die Kunden mehr für Ihr Produkt und Ihre Dienstleistung bezahlen. Daher steigt der Durchschnittswert Ihrer Transaktion, Ihr Umsatz, Ihre Einnahmen und Ihr Gewinn.

Wir bezahlen ständig extra für Beratung, Service und Produkte. Hören Sie für einen Augenblick auf zu lesen und sehen Sie sich an, was Sie im Augenblick tragen oder benutzen! Gibt es da etwas, das Sie auch für einen niedrigeren Preis hätten kaufen können? Natürlich gibt es das. Also seien Sie nicht so empfindlich beim Preis. Und hören Sie auf, sich dafür zu entschuldigen. Oder davor zu fürchten. Konzentrieren Sie sich auf eine Wertsteigerung bei Ihren Produkten. Konzentrieren Sie sich auf eine Differenzierung Ihres Angebots.

Ihre Aufgabe ist es, immer neue Wege zu suchen, wie Sie sich selbst, Ihr Produkt, Ihr Unternehmen als besser, schneller, anders, einfacher und angenehmer im Umgang präsentieren können. Kurz gesagt, die Leute sollen sagen, wenn man mit Ihrem Unternehmen zu tun hat, erhält man immer eine professionelle Teamleistung. Ihre Aufgabe ist es, dafür zu sorgen, dass alle professionell denken, sprechen, handeln und sich verhalten. Das ist hervorragender Kundenservice!

Eine Marke ist nicht nur ein Etikett. Sie ist Ihr Markenzeichen bei Ihren Kunden und sie muss beschützt, genährt, sorgfältig und gezielt eingesetzt werden.

Gehen Sie Langzeitbeziehungen ein

Eine weitere Methode, um den Durchschittswert je Transaktion bei Ihrem Produkt oder Ihrer Dienstleistung zu erhöhen, ist es, über längere Zeit hinweg größere Einheiten zum Verkauf anzubieten. Überlegen Sie, wie Sie den Kunden „festhalten" können, damit er nur noch bei Ihnen kauft.

Die Verkäufer von Zeitschriftenabonnements versuchen ständig, Ihnen Abonnements für zwei oder drei Jahre im Voraus zu verkaufen anstatt monatlich, vierteljährlich oder jährlich. Buchstäblich jede Firma findet irgendeine Möglichkeit, so etwas zu machen. Eine Friseurin bietet jeden fünften Besuch in ihrem Salon gratis an. Produktionsgüterhersteller haben erkannt, dass der Wartungsvertrag einen „lebenslangen" Kunden schafft – der zweite und der dritte Abschluss kosten relativ weniger Zeit und Mühe. Ziel ist es, den Kunden professionell zu bedienen, damit er wieder kommt und lange bleibt.

3. Erhöhen Sie die Kaufhäufigkeit Ihrer Kunden

Die dritte Möglichkeit zur Expansion ist eine Steigerung der Kaufhäufigkeit – bringen Sie Ihre Kunden dazu, regelmäßig mehr zu kaufen.

Um die Häufigkeit der Transaktionen zu steigern, können Sie die Produkte fortlaufend erneuern, neu erfinden, forschen und neue Produkte und Dienstleistungen entwickeln, die den Originalprodukten, die Sie bereits verkauft haben, einen zusätzlichen Nutzen verleihen. Oder Sie bieten den Kunden einfach eine neue Produktpalette an.

„Woher wissen die Leute, dass Sie bemüht sind, der Beste in Ihrem Bereich zu werden, dass Sie ständig mit ihnen im Geschäft bleiben wollen, dass Sie über das normale Verkaufsversprechen Ihrer Konkurrenz hinausgehen?" Die Antwort ist einfach. Sie sagen es ihnen, Sie erziehen sie, Sie informieren sie. Sie entwickeln Systeme, mit ihnen in Verbindung zu bleiben. Die Menschen haben keine telepathischen Fähigkeiten, sie denken über Sie nicht so viel nach, wie Sie glauben. Unterstellen Sie nichts.

Überlegen Sie für vier mögliche Ebenen, wie Sie die Zahl der Kundentransaktionen erhöhen könnten, sei es im Business-to-Business-Bereich, im Einzelhandel oder im Direktverkauf. Vielleicht können Sie Ihr Angebot flexibel positionieren und so Qualität, Quantität und Kaufhäufigkeit erhöhen. Die vier Ebenen sind:

- Ebene 1 Transaktionen
- Ebene 2 Produktlösungen
- Ebene 3 Unternehmenslösungen
- Ebene 4 Partnerschaften

Ebene 1: Einfache Kauf-/Verkaufstransaktionen

Bei einfachen Kauf-/Verkaufstransaktionen hat der Kunde nicht die Absicht, loyal zu sein, und Faktoren wie Bequemlichkeit können wichtiger sein als die Qualität. Wenn Sie Kopfschmerzen haben, kaufen Sie ein Schmerzmittel. Ein einfacher Kauf, ein einfacher Verkauf. Ihr Ziel sollte es sein, diese Transaktionen besser, schneller, billiger, leichter und vor allem bequemer zu machen.

Ebene 2: Produktlösung

Auf der Produktlösungsebene ermitteln Sie die Bedürfnisse Ihres Kunden, indem Sie ihm zuhören, ihn beobachten und befragen. Aus der Reihe der Möglichkeiten, die Ihnen ein

Bedarfsprofil bietet, liefern Sie Ihr Produkt als Lösung. Sie könnten Ihre Produkte auch auf den Kunden abstimmen oder sogar extra für Ihren Kunden herstellen. So lernen Sie ihn viel besser kennen und sind immer noch darauf konzentriert, Ihr Produkt als Lösung für seine Probleme zu liefern. Man könnte Sie mit einem Arzt vergleichen, der untersucht, eine Diagnose stellt und Medikamente zur Heilung verschreibt.

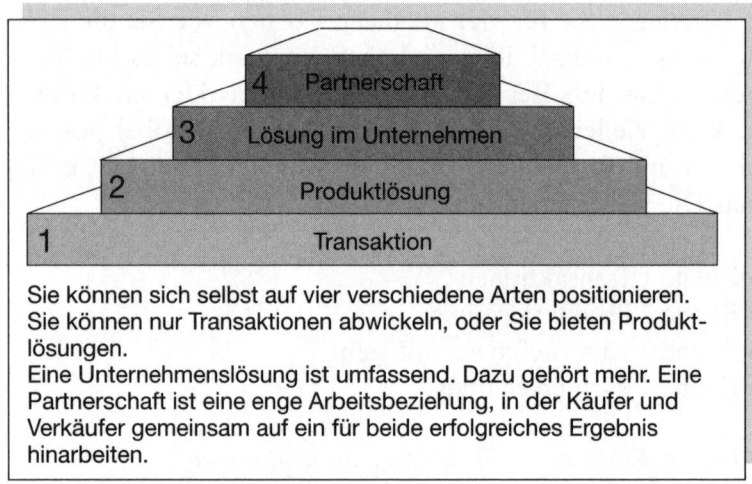

Abb. 39: Flexible Positionierung

Ebene 3: Unternehmenslösung

Auf dieser Ebene hören Sie sorgfältig zu und suchen die Ursachen für Probleme und deren Auswirkungen. Sie gehen den Ursachen auf den Grund und suchen eine Antwort auf die Frage: „Wo tut es wirklich weh?" Wie der Arzt, der eine gründliche medizinische Untersuchung vornimmt, inklusive Ultraschall und Röntgen. Oft ist Ihr Kunde sich nicht im Klaren darüber, was sein Problem ist. Als Mediziner für Unternehmen untersuchen Sie die Situation gründlich, stellen das Problem fest und empfehlen eine Lösung.

Ebene 4: Partnerschaft

Auf der Partnerschaftsebene verschwindet das alte Käufer-Verkäufer-Spiel allmählich. Partnerschaften basieren auf vollkommenem Vertrauen und der klaren Vereinbarung, dass beide Partner zusammen auf eine Problemlösung hinarbeiten. Partnerschaften brauchen Zeit, um sich zu entwickeln. Entscheidend für ihren Erfolg sind gute Beziehungen.

Die Entwicklung dieser partnerschaftlichen Beziehungen gleicht dem alten Schema „Junge trifft Mädchen". Wenn ein Junge ein Mädchen kennen lernt, entscheiden sie sich sofort, sich zusammenzutun, sich zu verloben oder zu heiraten? Nein! Bestenfalls beschließen sie ein weiteres Treffen. Dann noch eines usw. Nach einer gewissen Zeit, wenn beide sich gegenseitig mögen und achten, beschließen sie vielleicht, sich zu verloben und dann ihrer Vereinbarung einen formelleren Rahmen zu geben und sich in einer langfristig angelegten Partnerschaft zu binden, die man Ehe nennt.

Im Kontext von Geschäftsbeziehungen schließen Sie einen Vertrag und übernehmen die Gesamtverantwortung für die Beziehung. „Wenn es für Sie nicht in Ordnung ist, ist es auch für mich nicht in Ordnung." Es ist ein Spiel, bei dem beide gewinnen, bei dem nicht einer gewinnt und der andere verliert. Wie bei der Ehe handelt es sich hier natürlich um eine anspruchsvollere Beziehung, aber das streben Sie letztendlich auch an – eine Beziehung festzuschreiben und somit Qualität, Quantität und Häufigkeit der Käufe zu erhöhen.

Vernetzung

Betrachten Sie Vernetzung als Möglichkeit, proaktiv längere und bessere Beziehungen zu Ihren Kunden zu entwickeln. Seien Sie kreativ. Fragen Sie: „Mit wem könnte ich zusammenarbeiten, so dass wir gemeinsam einen Wettbewerbsvorteil erzielen und für unsere Kunden und uns selbst Wert schöpfen?" Gehen Sie davon aus, dass Sie selbst zentraler

Knotenpunkt des Netzes werden. Sie können auch fragen: „Was sind Ihre Träume, und wie könnten wir das zusammen erreichen?" „Wie könnten wir uns gegenseitig von Nutzen sein?"

Sehen Sie sich die Anforderungen Ihrer Kunden an, speziell bei den Produkten und Dienstleistungen, bei denen Sie nicht konkurrieren. Gute Partnerschaften basieren auf festen Beziehungen und Vertrauen. Ergreifen Sie die Initiative und bieten Sie Ihren Netzwerkpartnern etwas an noch ehe sie damit rechnen. Empfehlen Sie einen neuen Partner weiter und nennen Sie ihm mögliche Interessenten, sobald Sie ein Bündnis geschlossen haben. Tun Sie ihm etwas Gutes.

Wenn Sie Ihre Initiative gestartet haben, bitten Sie selbst auch um Empfehlungen und Angaben von möglichen Interessenten. Sollte sich im Lauf der Zeit herausstellen, dass die neue Partnerschaft einseitig ist, suchen Sie sich eine neue. Schicken Sie immer einen Dankesbrief und berichten Sie, wie sich die Beziehung zu den Kunden, an die Sie weiterempfohlen wurden, entwickelt. Wenn Sie gut vernetzt sind, überflügelt das alle konventionelleren Marketingmethoden.

Wenn Sie immer noch die Kundenerwartungen mehr als erfüllen und die Kundenbedürfnisse befriedigen, dann ist auf lange Sicht der beste Weg zur Steigerung von Transaktionen und Nachfolgekäufen der persönliche Kontakt zum Kunden, per Telefon oder per Brief. Tun Sie das möglichst auf unverwechselbare Weise.

Mein Bekleidungsgeschäft schickt mir mit der Post einen Strumpf und wirbt damit für neue Anzüge oder informiert mich über bevorstehende Preisreduzierungen. Bei einer anderen Gelegenheit schickte man mir ein weißes Taschentuch mit Informationen über einen bevorstehenden Ausverkauf. Kein Papier. Das war sehr einprägsam, und das Taschentuch konnte man auch benutzen. Bemühen Sie sich, Ihre Kunden als etwas Besonderes zu behandeln. Laden Sie sie zu Informationsveranstaltungen oder Zusammenkünften außerhalb der Ladenzeiten ein, zu nicht öffentlichen Sonderverkäufen oder Seminaren.

Mit Preisreduzierungen, Finanzierungsplänen, Programmen für besondere Kunden usw. können Sie den Kunden an sich binden, damit er über längere Zeit hinweg mit Ihnen Geschäfte tätigt.

Den Kundenvorteil schaffen und erhalten

Wenn Sie eine Kultur des hervorragenden Kundenservice entwickeln und Methoden zur erfolgreichen Marketingkommunikation einführen, dann geht es darum, den Umsatz und den Gewinn mit denselben Marketingkosten und den Anstrengungen, die Sie bereits unternehmen, zu erhöhen. Es sind wirklich die einfachen Dinge, die bei systematischer Anwendung gewaltigen Gewinn erbringen. Seien Sie schlau und machen Sie die einfachen Dinge gut. Verwechseln Sie nicht große Ausgaben und gute Resultate. Betrachten Sie Verkauf und Marketing nicht als Fähigkeit, Funktion, Kunst oder Wissenschaft, sondern als eine Haltung. Betrachten Sie eine Kultur des hervorragenden Kundenservice als Kernkompetenz und als Haltung, mit der Kunden gewonnen und gehalten werden können.

Versuchen Sie, mit einer Reihe von Nachfassmethoden Ihren Kunden auf immer höhere entscheidende Handlungsebenen zu bewegen. Sobald Sie den Kommunikationsprozess mit den Kunden einmal begonnen haben, sollten Sie in Kontakt bleiben, denn die Lebensumstände und Bedürfnisse der Menschen ändern sich laufend. Meine besten Freunde/Kunden haben bis zu sieben Mal solche „Kontakte" aufgenommen. Sie kamen zum Beispiel zu Informationsveranstaltungen oder Kurzseminaren, tätigten kleinere Käufe, ehe sie uns grünes Licht für größere Initiativen gegeben haben (Partnerschaften).

Rufen Sie Neukunden immer eine Woche bis zehn Tage nach dem ersten Einkauf an, und Sie werden erstaunt sein, wie viele davon als Langzeitkunden erhalten bleiben. Das zeigt, dass Sie interessiert sind, und es hilft, jede Art von nachträglichen Bedenken zu reduzieren. Außerdem werden die Kunden so empfänglicher für Ihre nächsten Angebote, und man nennt Ihnen weitere Interessenten oder andere Informationen. Mein Unternehmen bietet ein Programm zur Führungsentwicklung, das sechs bis zehn Tage im Jahr umfasst. Wir rufen die Führungskräfte immer nach dem ersten Tag an und fragen nach ihrer Meinung und eventuellen Problemen.

Bleiben Sie mit ehemaligen und potenziellen Kunden in Kontakt, auch mit Arbeitgebern, Angestellten und Lieferanten. Sie können nie wissen, wann und wo sie als einflussreiche Partei oder als Kunden wieder auftauchen. Die Welt ist klein. Also geben Sie sich alle Mühe, damit der letzte Eindruck so gut ist wie der erste. Brechen Sie möglichst niemals alle Brücken zu jemandem ab – das könnte zu teuer und die verlorene Gelegenheit zu lukrativ sein.

Praktische Übungen

1. Führen Sie eine Umfrage über die Kundenzufriedenheit beim Personal (interne Kunden) und bei externen Kunden durch und testen Sie so die Stimmung in Ihrem Unternehmen.
2. Bauen Sie in alle Stellenbeschreibungen eine primäre oder wenigstens sekundäre Verantwortung für hervorragenden Kundenservice, Umsatz und Marketing ein. Jeder sollte auf diesem Gebiet eine genau beschriebene, praktische Funktion übernehmen.
3. Frischen Sie die Grundlagen auf. Alles zählt. Jedes Detail erhöht oder vermindert Ihre Glaubwürdigkeit und Ihr Ansehen beim Kunden. Sammeln Sie im Brainstorming 100

günstige, einfache Dinge, in denen Sie innerhalb der nächsten 30 Tage besser werden wollen. Sorgen Sie dafür, dass diese schriftlich festgehalten werden.

4. Lassen Sie sechs Freunde als Kunden in Ihrem Unternehmen einkaufen. Lassen Sie sie den gesamten Verkaufszyklus durchlaufen. Sagen Sie ihnen, zu welchen Kriterien Sie Rückmeldung wünschen, und hören Sie sich deren emotionale Darstellung an. Daraus erfahren Sie mehr als aus jeder teuren Untersuchung.

5. Bitten Sie bei einer Betriebsversammlung jeden, auf einzelnen Karteikarten die folgenden vier Fragen zu beantworten:

a) Welches ist Ihr einzigartiges Verkaufsversprechen? Die Menge unterschiedlicher Antworten wird Sie erstaunen. Einigen Sie sich in der Diskussion über das wichtigste Verkaufsversprechen.

b) Warum arbeite ich hier?

- Wie viele Mitarbeiter fühlen sich dem Dienst am Kunden verpflichtet?
- Wie viele betrachten Unternehmensentwicklung als Teil ihrer Aufgabe?

c) Welche drei Dinge könnten wir in den nächsten 24 Stunden unternehmen, um hervorragenden Kundenservice zu leisten? Einigen Sie sich auf eine bestimmte Anzahl von Dingen, die ein schnelles Erfolgserlebnis vermitteln. Vereinbaren Sie, dass in der Gruppe darüber berichtet wird. Dann bitten Sie um weitere Vorschläge zur Entwicklung des überragenden Kundenservice.

Die Prinzipien des Marketings sind universell und können auf allen fünf PITOK®-Ebenen angewandt werden. Wenn Sie Erfolg im Marketing haben wollen, sollten Sie PITOK® beherrschen. Beide sind unlösbar mit der Schaffung persönlicher und unternehmerischer Vorteile verbunden.

Abb. 40: PITOK®-Kundenservice

Kapitel 6

Vom kreativen Denken zur Innovation

Warum erreichen manche Menschen beruflich und privat mehr als andere? Warum übertreffen manche Unternehmen die Konkurrenz auf dem gleichen Markt mit denselben Ressourcen?

Ihr Denkvermögen ist ein immaterieller Vermögenswert. Es ist vermutlich unbegrenzt, weil die Entstehung von Ideen unendlich ist. Jeder kann lernen, kreativer zu denken. Die Herausforderung für Sie besteht darin, die eigenen und die besten Ideen anderer zu erfassen und daraus einen Wettbewerbsvorteil zu ziehen.

Der gewöhnliche Manager denkt selten über das Denken nach. Er hält Denken für eine natürliche, gegebene Fähigkeit. Sie als unternehmerischer Manager wissen, dass kreatives Denken erlernbar ist und dass diese Fähigkeit von grundlegender Bedeutung für die Schaffung von Wettbewerbsvorteilen und die Optimierung Ihrer Ressourcen und charakteristischen Kompetenzen ist. Kreatives Denken trägt zu Glück und Erfolg im Geschäfts- und Privatleben bei.

Sie müssen unterscheiden zwischen dem Zahlen von Gehalt an Ihre Mitarbeiter und der Investition in deren Denkvermögen. Um das Potenzial des Humankapitals zu erschließen, das bereits vorhanden ist, aber vermutlich ruht, müssen Sie in Ihrem Unternehmen zunächst ein geeignetes Umfeld schaffen. Das Humankapital kann Ihre wertvollste Ressource sein. Wenn Sie diese Ressource voll ausschöpfen wollen, müssen Sie in sie investieren. Dadurch investieren Sie auch in Innovationen – den Katalysator für jede Entwicklung.

Warum handeln nicht mehr Unternehmen entsprechend? Der Grund liegt darin, dass Innovationen immateriell sind und Zuversicht benötigen. Der Kauf von Investitionsgütern ist einfach – man kann sehen, wie sie Leistung bringen. Der Kauf von Grundstücken oder Immobilien ist einfach – man kann darauf gehen, seinen Besitz berühren und sehen.

Denken unterscheidet sich von Intelligenz. Intelligenz lässt sich mit der Hardware beim Computer vergleichen. Denken ist wie die Software, die das Potenzial dieses Computers optimiert. In unserem Buch *Personal Leadership: Wege zur persönlichen Spitzenleistung* erklärt Brian Tracy: „Intelligenz ist eine Art zu handeln." Er schreibt auch, dass es verschiedene Intelligenzformen und Denkmethoden gibt. Ich schließe mich seiner Meinung an. Der gesunde Menschenverstand ist nicht bei jedem gesunden Menschen zu finden.

Ich traf schon viele hochintelligente Menschen – nach Intelligenztests und Universitätsnoten zu schließen –, die schwache Denker waren. Sie geraten in die Intelligenzfalle und denken, sie wüssten alles, was sie wissen müssten. Andererseits traf ich viele „weniger intelligente" Menschen, die clever waren, hervorragende Denker mit ausgezeichneten Leistungen. Universitäten unterschätzen das Wissen in Form von Erfahrung. Meiner Meinung nach heißt etwas zu wissen, es aber nicht anzuwenden, dass man es noch nicht richtig weiß.

Peter Drucker sagte einmal, dass ein Unternehmen nur zwei grundlegende Funktionen habe: Marketing und Innovation. Das Marketing hat in den vergangenen 30, 40 Jahren sehr viel Aufmerksamkeit erfahren. Die meisten Unternehmen haben eine eigene Marketingpolitik oder -strategie. Innovation dagegen wird deutlich weniger anerkannt und angewendet.

Wie bei den Begriffen Marketing, Strategie und Informationstechnologie herrscht auch bei den Definitionen von Kreativität und Innovation einige Verwirrung. Und wohin gehört der Bereich Forschung und Entwicklung? Ich betrachte Kreativität als Ausgangspunkt für Innovation. Kreativität ist die Phase der Ideenschöpfung – der freie Fluss von „Möglichkeiten". Im weiteren Verlauf dieses Kapitels werden wir Möglichkeiten zur Erschließung dieser Kreativität betrachten.

Innovation ist die Anwendung kreativer praktischer Ideen auf Produkte und Projekte, die rentabel sind. Innovationsgeist stellt daher eine Kernkompetenz dar, die Wandel und Wachstum erleichtert. Innovationsgeist ist der Motor für die Sicherung Ihres zukünftigen Absatzes und Gewinns.

Warum werden aus kreativen Ideen nicht immer Innovationen?

Aber warum werden aus vielen kreativen Ideen keine Innovationen? Warum werden so viele großartigen Ideen nicht zu Geld gemacht? Ich nenne Ihnen sechs allgemeine Gründe.

1. Komfortzonen und Ausreden

Kreativität braucht Zeit und Raum. Die meisten Manager ziehen aber das Sichere und Logische (den Status quo) dem Neuen und möglicherweise sogar Verrückten vor. Sie haben eine Komfortzone, die sie bewusst oder unbewusst schützen. Sie fürchten Versagen und Ablehnung, falsche Annahmen und andere Fehler. Sie flüchten sich in lahme Ausreden („Das haben wir schon versucht!").

Als innovativer unternehmerischer Manager müssen Sie die Situation aus einer anderen Perspektive betrachten. Sie müssen jede Technik einsetzen, die in diesem Buch vorgestellt wird, und Ihre eigene Kreativität sowie das kreative Potenzial Ihres Teams voll ausschöpfen.

2. Die Idee wird schlecht präsentiert

Die Präsentation einer kreativen Idee ist so wichtig wie der kreative Prozess selbst. Aus der Idee wird nie eine Innovation, wenn Sie nicht andere von deren Wert überzeugen. Viele Ideen scheitern bereits in diesem Stadium. Bedenken Sie, dass sich der Mensch von Natur aus Veränderungen widersetzt. Diese Eigenschaft muss Ihnen bekannt sein, darauf müssen Sie sich vorbereiten. Erinnern Sie sich an die zwei grundlegenden Motivationsformen. Die eine ist positiv – das Streben nach Gewinn und Verbesserung. Die andere ist negativ – die Angst vor Verlust (von Geld, Status, Macht). Sie sollten sicherstellen, dass in den Augen der anderen die Vorteile gegenüber den Risiken überwiegen.

Wie können Sie eine Idee legitimieren und sie glaubhafter machen? Eine Möglichkeit wäre, sie schriftlich niederzulegen. Enthusiasmus ist gut, aber ein richtig präsentierter Vorschlag ist überzeugender.

Vor vielen Jahren war ich Mitglied eines Verkaufsteams. Jeder wurde aufgefordert, Verbesserungsvorschläge zu machen. Ich erstellte einen umfassenden, gut durchdachten Entwurf, die anderen dagegen reichten handschriftliche Vorschläge ein. Das hatte nicht nur zur Folge, dass meine Ideen zwölf Monate lang umgesetzt wurden, sondern auch, dass sich mein Gehalt in diesem Unternehmen im Lauf der folgenden drei Jahre verdreifachte. Glauben Sie, dass eine Verbindung zwischen meinen schriftlich eingereichten Ideen und meinem Gehalt bestand?

3. Mangelnder Fokus

Ein anderer Grund für das Scheitern kreativer Ideen ist ein Mangel an Fokus und Richtung im Unternehmen. Sie müssen an Ihrem strategischen Denken und Planen festhalten, sonst lassen sich gute Ideen nicht umsetzen, weil sie nicht in das Gesamtkonzept passen. Mangelndes Empowerment und negatives Denken schwemmen sie sonst einfach aus. Als unternehmerischer Manager treffen Sie die strategische Entscheidung, die Konkurrenz durch Ideen und Leistung zu schlagen.

4. Der Teufelskreis

Viele Manager wissen nicht, dass kreatives Denken, Entscheidungsfindung, Innovationsgeist und die Fähigkeit zur Problemlösung erlernbar sind. Sie erkennen nicht, wie wichtig diese Fähigkeiten in der Geschäftswelt von heute sind. Ihnen ist nicht bewusst, dass es zahlreiche Kreativitätstechniken gibt, die sich auf nahezu jedes Problem anwenden lassen. Der Gedanke, dass es für ein bestimmtes Problem keine Lösung gibt, hat auf die operative und strategische Ausrichtung eine auszehrende Wirkung.

Die meisten Gründe für eine Kreativitätsblockade sind psychischer Natur. Daher lassen sie sich in den meisten Fällen lösen. Achten Sie auch bei sich selbst darauf:

- Verkrustete Haltungen – „blinde Flecke". „Eine tolle Idee, aber…"
- Herkunft und Konditionierung. *Ich glaube nicht…"*
- Der Richtig/Falsch-, Ja/Nein-Absolutheitsanspruch
- Angst vor Erfolg und Versagen
- Komfortzonen (Status quo). *Ich war schon immer so…"*
- Minderwertigkeitskomplexe. *Ich bin kein besonders guter…"*
- Ethos: „Geschäft ist eine ernste Angelegenheit."
- Abneigung gegen Fehler

Viele Manager sind in einem Teufelskreis gefangen, weil sie die Gründe für die Blockaden nicht erkennen. Das hat einen auslaugenden Effekt für Haltung, Engagement, Ausdauer und Klarheit und führt oft zur Lähmung, einem Gefühl von Kontrollverlust und enormen Belastungen.

Dadurch werden persönliche Zweifel, Ängste und die heimliche Frage nach den eigenen Fähigkeiten und Kompetenzen verstärkt. Die Folgen sind dann Vertuschungsversuche, Schuldzuweisungen und eine Mentalität des „schneller Arbeitens". Geschäftigkeit wird mit Geschäft verwechselt, Aktivität mit Fortschritt. Und so setzt sich der Teufelskreis fort.

5. Die Intelligenzfalle

Die meisten Manager wissen nicht, wie sie mit Themen wie Problemlösung, Kreativität und Innovation umgehen sollen. Offenbar ist unklar, wie und wo man die Probleme erkennt. Dabei gibt es nur sechs allgemeine Bereiche, in denen man Einschränkungen erkennen muss: 1. Systeme, 2. Struktur, 3. strategische Ausrichtung, 4. Prozesse, 5. Menschen und 6. Unternehmenskultur. Die Fähigkeit, den entsprechenden Bereich zu nennen, ist ein wichtiger Schritt bei der Beseitigung des Hindernisses. Wenn Sie das Problem nicht benennen können, kennen Sie es auch nicht.

Die meisten Manager werden durch das Management noch zusätzlich verwirrt. Sie leiden an der schlimmsten Form der Lernkrankheit – der Intelligenzfalle. Sie wissen einfach nicht, was sie nicht wissen, und das wiederum bedeutet, dass sie meinen, sie wüssten alles, was man wissen könne. Ihre Köpfe sind so voll gestopft mit altem Wissen, dass für neue Erkenntnisse kein Platz ist. Sie wissen nicht, dass es erprobte und bewährte Methoden für die Lösung fast jeden Problems gibt.

Bei einer Konferenz zum Thema „Für das Leben lernen", bei der ich zu den Vortragenden gehörte, erklärte ein anderer Redner, Professor Brendan Kennelly vom Trinity College in Dublin: „Ein Teil des Lernens besteht aus nicht lernen." Das ist eine tiefsinnige Äußerung mit einer wichtigen Botschaft für die meisten Manager. Vergessenlernen ist eine Geisteshaltung des 21. Jahrhunderts.

6. Die Blockade beim persönlichen Können

Das sechste große Hindernis für kreatives Denken und Innovationen ist ein Mangel an persönlichem Können. Sein Fehlen wirkt sich auf die interpersonellen, Team- und Unternehmenskompetenzen aus. Die Kunden spüren den Mangel, der Abwärtstrend setzt sich fort. Weil jede Institution der verlängerte Schatten eines einzelnen Menschen ist, wie schon Ralph Waldo Emerson sagte, herrscht im Team und vermutlich im ganzen Unternehmen ein niedriges Maß an Kreativität, Fähigkeit zur Problemlösung und Innovationsgeist. Die Belastung wächst, was zu schlechterer Kommunikation, niedriger Arbeitsmoral und schlechtem Zeitmanagement führt. Das Konzept, dass man durch Lernen einen Weg aus den Schwierigkeiten oder zu einer besseren Situation finden kann, wird nicht einmal in Erwägung gezogen.

Ich habe mit Hunderten von Unternehmen gearbeitet – mit kleinen, mittleren und großen. Meiner Ansicht nach sind nur wenige durch einen Mangel an Ressourcen, Kernkompetenzen oder Marktchancen eingeschränkt. „Wir sind dem Feind begegnet – der Feind ist in uns selbst" ist eine Äußerung, die besonders gut zu dieser Situation passt. So haben Sie zum Beispiel zahlreiche Möglichkeiten, Kosten zu senken und die Erträge zu steigern. Ihr „Geheimnis" liegt in der Konzentration auf die Lösung bestehender Probleme, der Förderung kreativer Ideen und der Umsetzung kreativer Lösungen. Nutzen Sie all diese Möglichkeiten in Ihrem Einflussbereich.

Die Anwendung von Kreativität und Innovationsgeist
Ihre Kreativität ist nicht angeboren, sondern sie wird im Lauf der Zeit systematisch entwickelt, geübt und angewandt. Wie beim Genie sagt man auch von der Kreativität, dass 1 % Inspiration sei und die übrigen 99 % Schweiß. Für Kreativität und innovative Ansätze gibt es folgende Verwendungsmöglichkeiten:

- Mit weniger mehr tun. Wie wäre es mit einer Wertanalyse der Betriebskosten? „Warum stehe ich auf der Gehaltsliste?" „Was trägt meine Tätigkeit bei?" „Und für wen?" Dann bitten Sie Ihren Chef oder einen Kollegen, mit Ihnen zu vergleichen.
- Ihr Unternehmen neu organisieren und umstrukturieren. Welche Kosten würden wegfallen? Wie könnten Sie den Absatz um 20 % steigern?
- Die Arbeitsmoral Ihrer bereits hervorragenden Belegschaft ankurbeln, damit der Kundendienst noch besser wird. „Der Kunde kommt an zweiter Stelle" klingt merkwürdig. Aber Ihr Personal bietet einen hervorragenden Kundendienst. Daher kommt das Personal zuerst. Wenn von den Mitarbeitern (den Graswurzeln) Ideen kommen, verdoppelt sich die Chance, dass sie ankommen oder „keimen".
- Ihr Produkt und Ihre Serviceleistung verbessern. Egal, für wie gut Sie Ihr Produkt oder Ihre Dienstleistung halten, irgendwo versucht irgendjemand gerade, Sie zu übertreffen. Vertrieb und Logistik beispielsweise werden wie andere Managementfunktionen zu einer Wissenschaft.
- Trends auf dem Markt vorausahnen und aus neuen Entwicklungen (besser, schneller, billiger und leichter) in Richtung Wachstum und Expansion Gewinn ziehen. Bedenken Sie, dass Innovation und Marketing zusammengehören und dass alle anderen Funktionen Kosten sind.

Wie wendet man kreative Denktechniken an?

Die meisten Menschen wissen, in welchen Bereichen sie kreativ sein sollen. Sie wissen auch, warum aus großartigen Ideen nicht immer Produkte oder erfolgreiche Unternehmen werden. Ihre Herausforderung besteht darin, einen systematischen Ansatz zu finden.

Ich möchte Ihnen eine Problemlösung in mehreren Schritten vorstellen, die sehr gut funtkioniert, wenn es darum geht, kreative Lösungen für Innovationen zu finden.

Schritt 1: Definieren Sie das Problem

Fragen Sie sich: „Was ist das Problem?" „Gibt es ein Problem?" „Welche Auswirkungen hat es?" Definieren Sie verschiedene Problemaussagen so klar wie möglich. Das ist der Schlüssel. Wichtig ist dabei die Vorbereitung. Stellen Sie die Fakten zusammen. Entscheiden Sie, welche kreative Denktechnik Sie verwenden werden. Wählen Sie nicht vorschnell eine Lösung.

Abb. 41: Schritte zur Innovation

267

Beginnen Sie Ihre Problemdefinition mit den Worten „Wie wir...":

- Wie wir... verstärken.
- Wie wir... verändern.
- Wie wir... lösen.
- Wie wir... fördern.
- Wie wir mit... umgehen.
- Wie wir... abschaffen.
- Wie wir... liefern.
- Wie wir... am besten nutzen.
- Wie wir... kontrollieren.
- Wie wir... beginnen, planen.
- Wie wir... verkaufen.
- Wie wir... anfangen.
- Wie wir... etablieren.
- Wie wir... inspirieren.
- Wie wir... schaffen.
- Wie wir... verteilen.
- Wie wir... ersetzen.
- Wie wir... vorwärtskommen.

In dieser Phase bringen Sie all Ihre persönlichen Kompetenzen, Erfahrungen, Fachkenntnisse und Ihre Ausbildung ein. Woran man verweilt, das wächst. Behalten Sie das Problem über einen längeren Zeitraum hinweg im Auge. Auch das alternative Prinzip indirekter Bemühungen hilft. Versteifen Sie sich nicht darauf, sofort eine Lösung zu finden. Nehmen Sie sich Zeit. Kümmern Sie sich um andere Dinge. Lassen Sie das Problem in Ihrem Unterbewusstsein ruhen. Viele geniale Lösungen entstehen auf diese Weise.

80 % der Lösungen finden sich durch eine klare Definition des Problems; verwenden Sie also ausreichend Zeit auf diese Phase und klären Sie die folgenden Fragen:

Welche Voraussetzungen bestehen? Wessen Problem ist es? Wer versteht das Problem wirklich? Welcher Natur ist das

Problem (finanzieller Art, im Bereich Marketing, Verwaltung, Vertrieb oder Personal)? Das alles hilft Ihnen bei der endgültigen Problemdarstellung.

Kenichi Ohmae verwendet in seinem Buch *The Mind of the Strategist – The Art of Japanese Business* eine Patttechnik. Anstatt in einem Brainstorming Lösungen zu nennen, sollen die Gruppen bei ihm Vermutungen äußern. Dann erstellen sie eine vollständige Liste mit Möglichkeiten, wie man diese Voraussetzungen ändern könnte.

Ein wichtiger Aspekt sind in dieser Phase die Auswirkungen des Problems. Welche Auswirkungen hat es momentan? Wie sehen die langfristigen Auswirkungen aus? Wie wirkt sich das Problem auf die Gesamtsituation des Unternehmens aus? Wie viel kostet es?

Sie können das Problem auch aus einer ganz anderen Perspektive betrachten. Halten Sie es schriftlich fest und betrachten Sie es dann, als ob Sie ein Marsmännchen, ein Kind oder ein Tier wären. Das hört sich verrückt an, aber probieren Sie es ruhig einmal aus.

Manchmal sieht eine „Wie-wir"-Problemformulierung schon anders aus, wenn man sie anders ausdrückt. Anstelle von „Wie werden wir dieses Produkt los, das sich nur schleppend verkauft?" kann man beispielsweise auch fragen: „Wie steigern wir den Absatz von...?" Das ist der Ansatz des Optimisten, und Optimismus ist ein Schlüssel zur Kreativität.

Schritt 2: Machen Sie die Ursachen des Problems ausfindig

Um ein Problem zu verstehen und zu lösen, ist es von entscheidender Bedeutung, die Ursache zu kennen. Hier kommt das Prinzip von Ursache und Wirkung ins Spiel. Manchmal lässt sich ein Problem schon bei der Entstehung lösen. Mit Hilfe eines Ursache-Wirkung-Diagramms oder Fishbone-Diagramms (es ähnelt in fertigem Zustand einem Fisch) kann man zahlreiche Ideen und Problembereiche in übersichtlichen Gruppen anordnen.

Zunächst definiert man das Problem und schreibt es in das Kästchen auf der rechten Seite des Blatts oder des Flipcharts. Dann zeichnet man ein Fischskelett mit sechs Gräten.

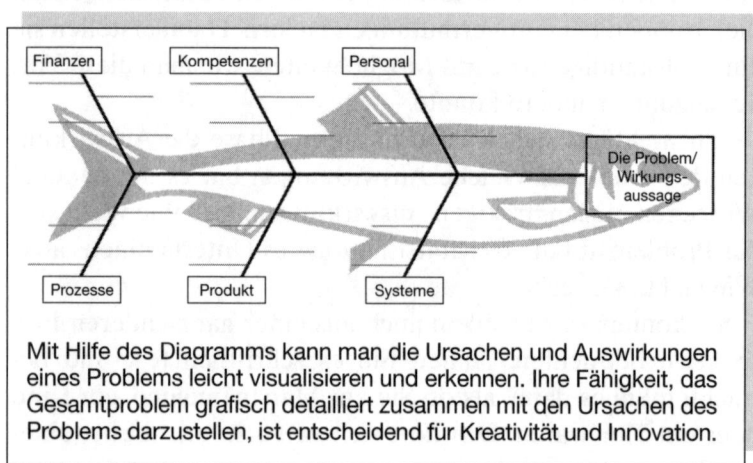

Mit Hilfe des Diagramms kann man die Ursachen und Auswirkungen eines Problems leicht visualisieren und erkennen. Ihre Fähigkeit, das Gesamtproblem grafisch detailliert zusammen mit den Ursachen des Problems darzustellen, ist entscheidend für Kreativität und Innovation.

Abb. 42: Das Ursache-Wirkung-Diagramm

Sie können bestimmte Punkte mit Post-it-Aufklebern an den „Gräten" anbringen. Die Methode eignet sich hervorragend, um einen Überblick zu bekommen. Sie zeigt die möglichen Beziehungen zwischen den Ursachen und den Problemen auf und trägt dazu bei, die Ideen frei fließen zu lassen. Sie können das Schaubild auf zwei Arten entwickeln. Entweder entwickeln Sie zuerst Kategorien (die „Gräten"), machen dann ein Brainstorming und ordnen die Ideen den Kategorien zu. Oder Sie führen zuerst das Brainstorming durch und unterteilen dann die Ideen/Ursachen in verschiedene Kategorien.

Wenn Sie die Ursachen erkannt haben, müssen Sie genauer nachforschen, bevor Sie sich sofort auf eine Lösung/Schlussfolgerung stürzen. Seien Sie sachlich. Besorgen Sie sich Zahlen. Stützen Sie sich nie nur auf Vermutungen. Verfolgen Sie die Probleme bis zu ihren Wurzeln oder den Hemmschuhen zurück, die sich oft wiederholen. Ziehen Sie in dieser Phase Experten heran. Stellen Sie Fragen, hören Sie allen Betroffenen zu. Wo liegen die Ursachen für die Auswirkungen am Arbeitsplatz? Sie werden feststellen, dass die meisten leicht erkennbaren Auswirkungen (Verschwendung, Qualitätsprobleme, Betriebsstörungen usw.) psychische (weiche) Ursachen haben. Leider neigen viele Manager dazu, das falsche Problem zu lösen. Diese Vorgehensweise sorgt vielleicht vorübergehend für Erleichterung, löst aber nur selten das eigentliche Problem (die Ursachen). Sie sollten sich darauf konzentrieren, die *wirklichen* Ursachen zu erkennen und zu beheben.

Wichtig ist auch, wie Sie die „Gräten" bezeichnen. Einige Bezeichnungen werden sich bei den wichtigsten Punkten überschneiden. In der Produktion werden zum Beispiel traditionell die vier „Ms" gebraucht: Mensch, Maschinen, Methoden und Materialien. Ein Beispiel dafür, wie die sechs „Gräten" entwickelt werden können, ist im folgenden Schaubild zu sehen. Als Muster wurde ein kleines Unternehmen mit dem Problem „niedriger Absatz" genommen. In dieser Phase sieht das Schaubild wie eine Mind Map aus.

Wichtig ist in diesem Stadium, dass man sich über die Natur des Problems völlig im Klaren ist. Lassen Sie dem Problem Zeit, sich zu entwickeln. Aber konzentrieren Sie sich weiterhin darauf, es zu erkennen. Die meisten Menschen sind leicht abzulenken. Manche können sich nicht einmal für drei Minuten konzentrieren, geschweige denn für 30 Minuten oder drei Stunden. In 80 % der Fälle ergeben sich die Lösungen daraus, dass Problem und Ursache klar erkannt und schriftlich dargelegt wurden.

Weiche Ursachen
eventuell psychisch/mental

Niedrige Selbstachtung
• Mangel an Verantwortung
• Kultur des „Vermeidens"
• fühlt sich für Probleme nicht zuständig
• mangelnde interne Kommunikation
• Schuld wird anderen zugeschoben
• niedriges Selbstwertgefühl

Unklare Strategie
• niedrige Akzeptanz der Unternehmenswerte
• mangelndes Interesse
• mangelndes Verantwortungsgefühl
• Fähigkeit zur Problemlösung schwach ausgeprägt
• Total Quality Management ist aufgezwungen

Negative Einstellungen
• „Das ist nicht meine Schuld!"
• Details wird wenig Aufmerksamkeit geschenkt
• wenig Initiative, kein Verantwortungsgefühl
• schlechte Zeitkontrolle

Demotivation
• niedriges Verantwortungsgefühl
• schwache Beteiligung
• hohe Belastung
• Unzufriedenheit
• Kommunikationsprobleme
• kein Teamgeist

Negative Kultur
• unklare Werte, Strategien, Ziele
• Ängste und Verunsicherung überwiegen
• mangelnde Motivation/Beteiligung
• mangelnde Kommunikation
• keine persönlichen Schulungen

Schwache Kontrolle
• Langeweile/Ermüdung/Stress
• schlechte Ausbildung – Fachwissen
• schlechte Ausbildung – innere Einstellung

Innere Einstellung
• minderwertiges Produkt
• keine Erfahrung in der Kundenbetreuung
• mangelnde Kommunikationsfähigkeit
• Geringschätzung gegenüber Kunden

Schlechte Präsentation
• minderwertiges Produkt
• keine gute Verkaufsmethode
• Verkäufer unzureichend geschult
• ineffektives Verkaufsmanagement
• mangelnde Akquise

Harte Bedingungen
Probleme, Auswirkungen

Verschwendung
• Fehler in der Produktion
• Überproduktion
• Ausstattung
• Bewegung/Warten
• Prozesse
• Transport

Qualitätsprobleme
• höhere Kosten
• Kosten, wenn etwas noch einmal gemacht werden muss
• verlorene Aufträge
• stumpfes Image
• lange Produktionszeit

Zusammenbrüche
• Engpässe/Verzögerungen
• Beschwerden der Kunden
• zusätzliche Kosten
• Krisenmanagement

Fehlzeiten
• niedrigere Produktion
• niedrigere Qualität
• Belastung des Systems
• Verzögerungen für Kunden
• Kosten für Vertretungen
• niedrige Produktivität

Wechsel bei der Belegschaft
• Kosten für Schulungen
• Einstellungskosten (Zeit/Ausgaben)
• Qualität leidet
• Kundendienst leidet
• Belastung für Teams

Unfälle
• Versicherungskosten
• Zeit
• Produktivitätsprobleme

Beschwerden der Kunden
• Kosten für Retouren
• negativer Eindruck/schlechte PR
• verlorene Aufträge/Kunden
• vergeudete Zeit

Niedriger Absatz
• niedriges Umsatzpotenzial
• wenig Aufträge
• falsche Kundenmischung
• Gewinn-/Rendite-Probleme
• niedrige Rentabilität
• niedrige Umsatzzahlen beim Personal

sehr niedrig – niedrig – neutral – hoch – sehr hoch
0 1 2 3 4 5

Kreuzen Sie rechts die Folgen (Probleme) für Ihr Unternehmen an. Betrachten Sie dann die möglichen Ursachen auf der linken Seite. Hängen die Auswirkungen (die aktuellen Bedingungen) direkt mit den Ursachen zusammen? Kämpfen Sie mit den Auswirkungen und berücksichtigen dabei die Ursachen zu wenig? Bedenken Sie: „Alle Kosten haben zwei Beine. Die meisten Ursachen sind mentaler Natur. Bedingungen sind Auswirkungen."

Abb. 43: Ursachen und Auswirkungen am Arbeitsplatz

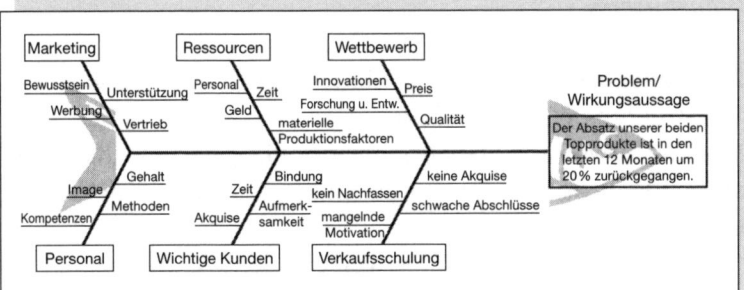

Marketing	Ressourcen	Wettbewerb

Bewusstsein — Unterstützung — Personal — Zeit — Innovationen — Preis
Werbung — Vertrieb — Geld — Forschung u. Entw. — Qualität
materielle Produktionsfaktoren

Image — Gehalt — Zeit — Bindung — keine Akquise
Kompetenzen — Methoden — Akquise — Aufmerksamkeit — kein Nachfassen — schwache Abschlüsse
mangelnde Motivation

Personal	Wichtige Kunden	Verkaufsschulung

Problem/
Wirkungsaussage

Der Absatz unserer beiden Topprodukte ist in den letzten 12 Monaten um 20 % zurückgegangen.

Dieses Unternehmen hat ein Absatzproblem. Durch die Verwendung eines Ursache-Wirkung-Diagramms war es einfach, die Gründe für den schlechten Absatz herauszufinden. Der Marketingmanager erkannte sechs Hauptursachen für das Absatzproblem. Es handelte sich dabei um ein schwaches Marketing, eine unzureichende Nutzung der Schlüsselressourcen, wachsende Konkurrenz, unzureichende Verkaufsschulungen, Vernachlässigung der Hauptkunden und ein unzureichendes Personalmanagement.

Abb. 44: Erkenntnis schützt vor Problemen: Ursachen und Wirkungen

Schritt 3: Schaffen Sie mögliche Lösungen

Undisziplinierte Mitarbeiter und Teams erreichen zu schnell die Phase der möglichen Lösungen. Allerdings gibt es absolut keine Garantie dafür, dass Ihnen eine magische Lösung einfällt. Aber wenn Ihre Vorbereitung, Ihr Denken und Ihre Erwartungen richtig aufeinander abgestimmt sind und wenn Sie die hier vorgestellte Technik des kreativen Denkens verwenden, steigt die Wahrscheinlichkeit für eine brauchbare Lösung erheblich.

Betrachten wir also einige Kreativitätstechniken, mit denen Sie Ideen und Lösungen finden und klar definierte Probleme beheben können. Erinnern wir uns: Kreativität ist ein Denkprozess, mit dessen Hilfe man Ideen findet, Innovation ist die Anwendung dieser Ideen; damit kann man alles besser, schneller, billiger, leichter, neuer und anders machen. Re-Inventing, Re-Engineering, Restrukturierung, Reorganisation.

Brainstorming

Das Brainstorming ist eine ideale Technik zur Problemlösung. Sie wurde von Alex F. Osborne in seinem Buch *Applied Imagination* entwickelt. Dabei nennt die Gruppe zunächst zahlreiche Ideen und Lösungen zu einem Thema, bevor sie die Auswahl wieder einschränkt.

Von dieser Technik gibt es verschiedene Variationen. Bei einer treffen sich fünf bis sieben Gleichgestellte und tauschen Ideen aus. Eine Person notiert die Vorschläge auf einem Blatt oder dem Flipchart. Bei einer anderen Variante macht man drei Minuten Brainstorming, schweigt dann für drei Minuten, macht wieder drei Minuten lang Brainstorming usw. Bei einer dritten Variante geht man die Mitglieder der Gruppe durch und lässt sich von jedem eine Idee nennen (wer will, kann verzichten). Allerdings halten sich dann stillere Menschen manchmal zurück.

Um die Zahl der genannten Ideen zu erhöhen, schlägt Osborne folgende Richtlinien vor:

- Kommentare oder Beurteilungen sollten Sie auf später verschieben: Das ist besonders wichtig, denn manchmal halten sich Teilnehmer zurück, weil sie ein niedriges Selbstwertgefühl oder Angst vor Kritik haben. Wenn wir etwas bewerten, stützen wir uns meist auf unsere gewohnten Denkweisen und alten Ansätze. Fragen und Bewertungen sollten erst später kommen. Mit Spaß kann man den Prozess in Gang halten. Sogar das Herausrufen der Antworten ist gut.
- Offene Diskussion: Je wilder die Ideen, desto besser. Ideen außerhalb des Gewöhnlichen entstehen beim kreativen Freilauf.
- Quantität: Je mehr Ideen es gibt, desto größer ist die Wahrscheinlichkeit, dass sich darunter eine innovative und nützliche Idee befindet.

• Gegenseitige Befruchtung: Kombinieren Sie Ideen und nehmen Sie sie „huckepack". Sie können Ideen als Auslöser für noch bessere Ideen verwenden.

Mind Maps

Vernetzte Diagramme („Spinnennetze") stellen eine Alternative zu linearen Aufzeichnungen dar. Mind Maps, die durch Tony Buzan bekannt wurden, dienen dem Festhalten von Notizen, der Ordnung der Aufzeichnungen und als Gedächtnisstütze. Mind Maps liegt das Prinzip zugrunde, dass der Prozess der Kreativität eher organisch als linear ist. Die Hauptkategorien erstrecken sich wie Speichen von der Mitte der Karte zu den Rändern, und die Unterkategorien zweigen davon ab.

Mind Maps sprechen die rechte Gehirnhälfte an und sind ein frei fließender ganzheitlicher Ansatz zur Sammlung und Präsentation von Informationen. Die Erstellung guter Mind Maps erfordert eine gewisse Übung und kann sehr „persönlich" sein.

Unkonventionelles Problemlösen

Dr. Edward de Bono unterscheidet beim Denken zwei Formen. Die eine bezeichnet er als „vertikales" Denken, das heißt, dass logische Denkprozesse oder die traditionelle Methode verwendet werden. Die andere Methode bezeichnet er als „laterales" Denken – eine Denkweise, bei der die Lösung für ein Problem mittels unkonventioneller Methoden oder Elemente gesucht wird, die vom logischen Denken normalerweise ignoriert werden würden. Nach Ansicht von Dr. de Bono muss die Entwicklung bahnbrechender Ideen nicht das Ergebnis von Glück oder eines breit gefächerten Ansatzes sein.

Mit seinen Methoden zur unkonventionellen Problemlösung propagiert de Bono eine Technik, die eindimensionale Denk- und Kommunikationsformen durch sechsdimensiona-

les Denken und Kommunizieren ersetzt. Seine sechs meta-
phorischen Hüte trennen unterschiedliche Denkweisen – Gefühle von Fakten, positiv von negativ, kreativ von kritisch. Mit
Hilfe dieses Vorgangs können Sie mühelos zwischen den
sechs Denkweisen (Hüten) hin- und herwechseln, denn die
Hauptschwierigkeit beim Denken besteht in der Verwirrung,
zu viel auf einmal zu tun.

Die Storyboard-Methode

Bei der Storyboard-Technik wird jede neue Idee auf ein Blatt
geschrieben. Während die Ideen nur so strömen, werden die
Zettel an die Wand gehängt und später in Kategorien und/
oder Reihenfolgen geordnet. Besonders nützlich sind hierbei
Post-it-Kleber: Die farbigen Blätter mit der Klebeseite lassen
sich leicht zusammensetzen und an der Wand anbringen.

Die 20-Ideen-Methode

Die 20-Ideen-Methode ist meine Lieblingstechnik und eine
der besten Möglichkeiten, in kurzer Zeit viele Ideen zu produzieren. Der Trick besteht darin, das Problem als Frage
umzuformulieren und die Gruppe so zu schulen, dass sie in
den Brainstorming-Richtlinien geübt ist. Das Problem muss
als SMART-Ziel formuliert werden. Verwenden Sie dann die
„Wie"-Methode, um eine Problemaussage zu entwickeln.

So sollten Sie beispielsweise nicht schreiben: „Wir sollten
den Absatz steigern", sondern: „Wie können wir unseren
Absatz innerhalb der nächsten 30 Tage um 5 % steigern?" Bei
der 20-Ideen-Methode wird dann ein Brainstorming abgehalten, bei dem die Teilnehmer mit Energie und Enthusiasmus
20 Ideen vorbringen, wie man dieses Ziel erreichen kann. Ein
zuvor ernannter Vermittler muss die Teilnehmer ermutigen
und ermuntern, damit sie nicht aufgeben, bevor 20 Ideen genannt wurden. Oft ist die 20. Idee die wertvollste und produk-
tivste.

Eine bessere Lösung

Meine Firma wurde von einem Transportunternehmen in Großbritannien engagiert, um ihm beim Change-Management zu helfen. Der Hauptgeschäftsführer hatte Probleme mit dem Lager. Er hatte schon viel Zeit und Mühe auf die Suche nach zusätzlichem Lagerraum verwendet. Schließlich fand er ihn. Allerdings hörte er bei einem 20-Ideen-Brainstorming mit den Lagerarbeitern eine bessere Lösung. Die Lagerarbeiter nannten drei Ideen zur Reorganisation der Lagerhausstruktur, mit denen der Geschäftsführer 30000 Euro im Jahr sparte.

Zu den Vorschlägen gehörte, die alten Lagerbestände auszumisten, den Packbereich neu zu ordnen und eine Stapellösung einzuführen, die die Lagerhausarbeiter, die „Experten an vorderster Front", bereits ausprobiert hatten. Die Lösung war perfekt. Ein Beispiel für angewandte Kreativität. Die personifizierte Innovation.

Brainwriting

Ich verwende die Technik des Brainwriting andauernd. Der Schlüssel liegt im automatischen Schreiben. Beginnen Sie irgendwo, egal wo. Worte, Sätze, Ideen, Abkürzungen, Diagramme – alles ist möglich. Denken Sie auf Papier. Diese Technik funktioniert hervorragend, wenn Sie ein neues Projekt haben, aufgeschlossen gegenüber Neuem sind und eine Welle von Enthusiasmus verspüren.

Ich kann mit einer Idee 10 bis 15 Minuten lang „Achterbahn fahren" und dann aufhören. Ich lege die entsprechende Seite dann einfach ab und komme immer wieder darauf zurück. Unweigerlich kann ich jedes Mal wieder etwas hinzufügen, ein Muster ordnen oder aus dem ursprünglichen Ideenbüffet aussondern. Manchmal kann ich in ein paar Minuten, in denen ich auf jemanden warte oder in einem Stau stehe, auf der Rückseite einer Visitenkarte ein ganz neues Projekt auf die Beine stellen.

Brainwriting im Rahmen einer Projektplanung bietet Kreativität und ein System, das harmonisch funktioniert. Ich habe bis zu 20 Projekte auf einmal in Vorbereitung. Alle sind unter Kontrolle. Für jemanden, der mit zwei oder drei Projekten völlig überlastet ist, habe ich nur ein mitleidiges Lächeln übrig.

Die Problemgalerie

Eine Variante des Brainwriting findet sich in der Problemgalerie. Dabei schreibt man jedes Problem auf ein eigenes Flipchart und stellt die Flipcharts dann entlang der Wand im ganzen Raum auf. Die Beteiligten gehen in dieser Galerie von Bild zu Bild, studieren jedes Problem und schreiben ihre Ideen und Lösungsvorschläge auf angeheftete Zettel oder direkt auf das Flipchart. Die anderen können dann sehen, was geschrieben wurde, und sich von den Vorschlägen zu neuen Ideen anregen lassen.

Die körperliche Betätigung beim Umhergehen bietet eine Abwechslung und stimuliert die rechte Gehirnhälfte. Ich fordere die Teilnehmer immer auf, Diagramme, Karikaturen und reichlich Farbe zu verwenden.

Schritt 4: Wählen Sie die beste Lösung

Mit ein Grund dafür, dass kreative Problemlösungen nicht häufiger verwendet werden, besteht darin, dass die meisten Menschen die Aspekte des „Achterbahn"-Brainstorming, bei dem jeder mitmachen kann, damit verwechseln, dass man an einem disziplinierten, strukturierten Modell festhalten muss. Sie produzieren zahlreiche wertvolle Ideen und Lösungsvorschläge, lassen sich dann aber ablenken und verlieren sich in der schier unendlichen Zahl der Möglichkeiten. Daher ist es so wichtig, die beste Lösung auszusondern und zu kategorisieren. Normalerweise gibt es immer eine beste Lösung. Die anderen Ideen müssen aber nicht verloren sein. Sie können auf einer Ideentafel in verschiedenen Kategorien angeordnet werden.

Schritt 5: Setzen Sie Entscheidungen um

Viele Gruppen verwenden viel Enthusiasmus und Energie auf die Suche nach Ideen und Lösungen. Oft zerschlagen sich diese Ideen wieder, weil es ihnen an Fokus mangelt oder weil den Gruppen die Energie ausgeht. Diese Probleme hat man nicht, wenn man nach einem Modell arbeitet. Das Modell hilft, den nächsten Schritt zu planen. Die Frage „Was muss getan werden?" ermöglicht es dem Leiter, SMART-Ziele zu setzen. Das bringt uns zum nächsten Schritt, der Durchführung. Kreativität ist der Anfang, doch die Innovation ist die Anwendung. Der Werbeguru David Ogilvy ist der Ansicht: „Etwas ist erst kreativ, wenn es sich verkauft." Entschlossenheit. Entscheidungen. Mut.

Schritt 6: Übertragen Sie jemandem die Verantwortung für das Ergebnis

Sie müssen sicherstellen, dass jemand die Verantwortung für die Durchführung der Handlungsschritte und Pläne übernimmt. Der Name des/der Verantwortlichen sollte dann auf dem Flipchart eingetragen werden.

Sie sollten nicht davon ausgehen oder erwarten, dass alle einfach die Handlungen ausführen, die auf dem Chart festgelegt sind. Egal, wie enthusiastisch alle wirken mögen oder wie sehr sie auch beteuern, sie würden sich daran halten, die meisten werden es nicht tun.

Eine Person, die mit ihrem Namen für das Ergebnis steht, ist besser als 20 enthusiastische Teilnehmer. Dahinter steht keine böse Absicht. Jeder ist mit seinen Aufgaben beschäftigt und erwartet zu viel vom anderen. Irrtümliche Annahmen sind in diesem Bereich die häufigste Fehlerquelle.

Schritt 7: Berichterstattung und Feedback-Verfahren

Diese Phase ist für den Abschluss des Vorgangs von entscheidender Bedeutung. Hier werden die Beteiligten darauf festgelegt, Verantwortung zu übernehmen und ihren vorherigen Verpflichtungen nachzukommen.

Der Schritt ist wichtig für die Arbeitsmoral der Gruppenmitglieder, die in einer früheren Phase beteiligt waren. „Was gemessen wird, wird auch erledigt", ist ein gutes Managementprinzip. An diesem Punkt sollte auch geklärt werden, wie und wann die Ergebnisse der Hauptgruppe vermittelt werden sollen. Sonst stößt jede weitere kreative Denktechnik auf Ablehnung.

Die Erstellung eines Baumdiagramms für die Ziele bietet bei einer Besprechung eine effektive Möglichkeit, die „nächsten Schritte" mit primären, sekundären und tertiären Handlungen zu planen. Die Planung kann auf dem Schaubild visualisiert und an alle Beteiligten ausgegeben werden.

Es kann nützlich sein, die Effektivität Ihrer kreativen Problemlösungsversuche zu bewerten. Fordern Sie die Gruppe auf, Ihnen ein Feedback zum Einsatz des Modells zu geben.

Teilen Sie einfach ein Flipchart mit einem Strich in zwei Hälften. Auf die eine Seite schreiben Sie: „Was war gut?" Auf die andere Seite: „Was könnten wir verbessern?" Fragen Sie am Ende der Besprechung nach einem spezifischen Feedback der Teilnehmer zur Effektivität des Ablaufs. Das Feedback kann mündlich oder schriftlich auf Post-it-Stickern abgegeben werden, die dann wiederum am Flipchart befestigt werden.

Inspiration für Kreativität und Innovation

Halten Sie alles so einfach wie möglich. Bei der organisatorischen Kreativität geht es nicht einfach nur darum, sich eine brillante Idee auszudenken. Ebenso wenig ist die Innovation

280

einfach die Anwendung dieser Idee. Die organisatorische Kreativität ist ein Vorgang, bei dem Ideen kontinuierlich untersucht und systematisch genutzt werden. Die Ideen beziehen sich auf drei entscheidende Bereiche.

1. Kunden

- Was kaufen sie von Ihnen und warum?
- Was gefällt ihnen an Ihrem Unternehmen?
- Welche Verbesserungen würden sich die Kunden bei Ihrem Produkt und Ihrer Serviceleistung wünschen?
- Wie verändern sich deren Branchen?
- Wie verändert sich deren Welt?
- Hören Sie den üblichen Fragen Ihrer Kunden stets aufmerksam zu.

2. Mitarbeiter

- Von welchen Kernkompetenzen machen Ihre Mitarbeiter derzeit zu wenig Gebrauch?
- Welche Kompetenzen werden in drei Jahren gebraucht werden (technisch gesehen)?
- Über welches System zur Sammlung von Informationen, mit dem wichtige Handlungen und Abläufe überwacht werden und ein Feedback gegeben werden kann, verfügen Sie?
- Fühlen sich Ihre Mitarbeiter „verantwortlich", Verbesserungsvorschläge zu machen?

3. Die Umwelt

- Welche wirtschaftlichen und gesellschaftlichen Trends entwickeln sich? (Lebensstil, Konsumverhalten?)
- Wie verhält sich die Konkurrenz?
- Wie fördern und verwenden die besten Unternehmen kreative Ideen?

Das Ziel der Firma 3M besteht darin, mit dem Verkauf ihrer Produkte, die in den vergangenen vier Jahren auf den Markt gebracht wurden, 30 Millionen Euro zu erzielen. Die Mitarbeiter des Unternehmens dürfen 15 % ihrer Zeit auf kreative Ideen und Innovationen verwenden, die außerhalb ihres Aufgabenbereichs liegen: Wichtig ist die Unternehmenskultur. Kreativität und Innovation sind institutionalisiert, und jeder ist daran beteiligt. Das ist angewandtes Empowerment. Die Philosophie, ein Projekt nicht vorzeitig sterben zu lassen, ermöglichte es Spencer Silver, an seiner Idee eines nicht dauerhaften Klebers festzuhalten. Eines Tages brauchte ein Kollege ein leicht haftendes Buchzeichen für sein Gesangbuch. Damit war der Post-it-Sticker geboren! Der Rest ist, wie man so sagt, Geschichte.

Kreativität ist Öl im Getriebe

Alles, was in diesem Buch vorgestellt wird, wird durch kreative Innovation gefördert. Change-Management *ist* Kreativität und Innovation. Change-Management ist angewandte Kreativität. Die Frage, wie Sie Ihre Ressourcen einsetzen, verlangt Innovationsgeist. Ihre Persönlichkeit ist ohne Lernen und Wachstum nur eine leere Hülle. Das ist Kreativität. Strategie ist Kreativität, Marketing, Kommunikation, Innovation.

Hier ist die Lösung!

Kreative und innovative unternehmerische Manager haben ständig ihre Werte, ihren Auftrag, ihre Visionen und strategischen Ziele vor Augen. Sie denken an nichts anderes. Jeder Gedanke gilt ihren Kunden und den Marktchancen. Sie verwenden informelle, doch systematische Denkansätze. Sie kultivieren ein hohes Maß an Vertrauen, Kommunikation und Informationsfluss. Sie investieren in die weichen immateriellen Ressourcen Humankapital, Wissen und Zeit. Sie sind unternehmerische, innovative Manager.

Anwendungsschritte

1. Bringen Sie Ihrem Team einige Kreativtechniken bei, suchen Sie dann nach Ideen. Das ist Kreativität. Wenden Sie diese Ideen an und verbessern Sie so Ihre derzeitige Situation. Das ist Innovation. Wählen Sie ein offensichtliches Problem, das Ihnen einen frühen Sieg ermöglicht, zum Beispiel eine Absatzsteigerung oder die Auftragsbearbeitung.
2. Sie sind kreativ. Akzeptieren Sie das. Bauen Sie dann darauf auf. Denken Sie auf Papier. Machen Sie das ständig. Sie sind innovativ. Wenden Sie einfach diese kreativen Ideen an. Und jetzt kommt eine kreative Idee für Sie: Führen Sie bei Ihrem Team einmal im Monat ein Meeting für kreatives Denken ein und wenden Sie die beschriebenen Techniken an.
3. Über welches Projekt der Forschung und Entwicklung könnten Sie jetzt sofort eine Akte anlegen? Handelt es sich dabei um ein Projekt, das nur Sie durchführen können? Würde es einen Unterschied machen, wenn Sie das Projekt wirklich gut durchführen würden? Na dann los, beginnen Sie mit einem Blatt Papier und einem leeren Ordner.
4. Genie besteht zu 99 Prozent aus harter Arbeit. Folgen Sie bei einem Projekt im nächsten Monat den sieben Schritten, die in diesem Kapitel vorgestellt wurden.

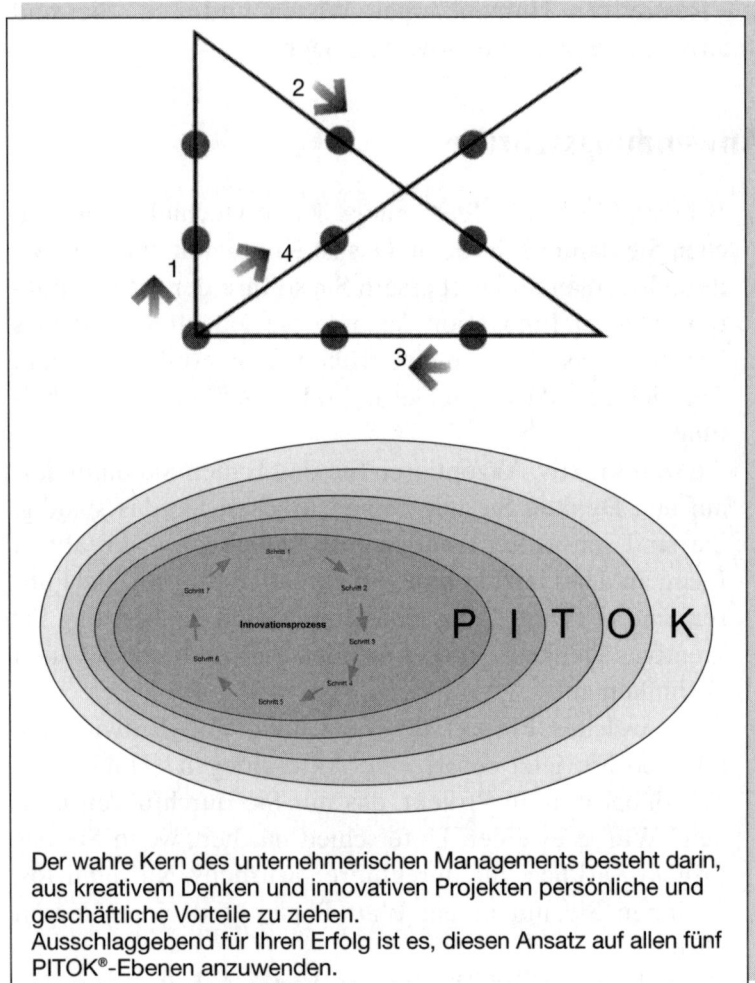

Der wahre Kern des unternehmerischen Managements besteht darin, aus kreativem Denken und innovativen Projekten persönliche und geschäftliche Vorteile zu ziehen.
Ausschlaggebend für Ihren Erfolg ist es, diesen Ansatz auf allen fünf PITOK®-Ebenen anzuwenden.

Abb. 45: PITOK®-Innovation

284

Kapitel 7

Lernen auf persönlicher und unternehmerischer Ebene neu erfinden

Etwas wissen und nicht tun, ist noch nicht wissen
Wissen ist, Kenntnis erlangt zu haben
Tun heißt, Weisheit erlangt zu haben.

Der reine Unternehmer lernt meist durch Versuch und Irrtum im harten Alltagsgeschäft. Der professionelle Manager lernt eher, indem er einen Abschluss in Wirtschaftswissenschaften erwirbt, Seminare besucht und Bücher liest. Beide Lernmethoden sind kostspielig. Sie sind auch potenziell unproduktiv oder aus unterschiedlichen Gründen sogar schädlich für Unternehmen.

Eine progressivere Herangehensweise ist notwendig. Sie als unternehmerischer Manager sollten zur „Lernmaschine" werden. Damit können Sie die Flut an Informationen, die Informationsexplosion, besser bewältigen, mit der technologischen Entwicklung, dem Zeitdruck und dem immer schneller werdenden Wandel Schritt halten. Sie müssen Möglichkeiten finden, immer besser, schneller, billiger, leichter, auf neue Art und anders zu lernen.

Früher genügte es, wenn man zur Schule ging, einen Beruf erlernte und ins Berufsleben eintrat. Die anfängliche Ausbildung war ausreichend für ein ganzes Leben. Heute wäre ein solches Verhalten katastrophal. Im 21. Jahrhundert muss man sich darauf einstellen, sich im Lauf seines Berufslebens mindestens fünf bis zehn Mal völlig neu auszubilden, weil die

Informationen sich explosionsartig vermehren und Veränderungen immer schneller vor sich gehen.

Ein MBA-Abschluss ist bereits zum Zeitpunkt des Examens wieder veraltet. Diese Herangehensweise kann teuer, langsam, viel zu traditionell und sogar buchstäblich unbrauchbar sein, wenn sie nicht praxisorientiert ist. Es gibt viele nicht allzu schlaue Wirtschaftswissenschaftler und genauso viele, die gut informiert sind und ständig dazulernen. Doch viele haben die schockierende Realität noch nicht erkannt, dass viel Lernen auch ein Vergessen des bereits Gelernten bedeutet.

Als unternehmerischer Manager treffen Sie die bewusste Entscheidung, nicht einfach aus der Erfahrung zu lernen. Das wäre reaktives Lernen, bei dem zunächst der Versuch steht, dann die Lektion. Stattdessen holen Sie sich das Wissen und die Fertigkeiten und Methoden schon vor den anderen von den besten verfügbaren Köpfen. Sie können sich jedoch den Luxus eines drei bis vier Jahre währenden Studiums nicht leisten, um all die Informationen zu erfassen. Sie müssen eine neue Art des Lernens suchen – schneller, besser, billiger, leichter, neuer, ganz anders.

Das Lernen wieder lernen

In diesem Zeitalter des strategischen Wandels, des Wissensmanagements, des neu Erfindens, des Umdenkens und der neuen Technologien müssen Manager gerüstet sein, sich schnell auf neue Situationen und Möglichkeiten einzustellen. Sie müssen alte Methoden (Gewohnheiten) vergessen und die neuen Methoden lernen, aber in einem viel kürzeren Zeitraum.

Nach meiner Erfahrung wählt der reine Unternehmer selten eine proaktiven Methode beim Lernen. Professionelle Manager in großen Unternehmen erhalten meist eine formelle Ausbildung im Management. Manager in kleinen und mittleren Unternehmen erhalten, wenn überhaupt, sehr wenig Aus- oder Weiterbildung in Management. Man erwartet von ihnen, dass sie die Wissenschaft des Managements irgendwie kennen, weil sie auf betrieblicher Ebene gut sind oder weil sie bestimmte persönliche Qualitäten besitzen. Diese Herangehensweise ist so naiv wie erschreckend. Aber sie ist eine Tatsache.

Übernehmen Sie zuerst die Verantwortung für Ihr eigenes Lernen

Als unternehmerischer Manager erkennen Sie darin nicht nur ein größeres Problem, sondern auch eine große Chance. Sie investieren Ihre Zeit, Ihre Energie und Ihr Geld in die persönliche und berufliche Weiterentwicklung. Sie nehmen die in diesem Kapitel umrissenen Gedanken begeistert auf, ohne Ansehen der Hindernisse, Zeitknappheit oder dem Mangel an Voraussicht in Ihrem Unternehmen. Sie suchen das nahezu grenzenlose Wissen und die Informationen, die greifbar sind.

Sie wissen, dass Sie niemals zu den alten Methoden zurückkehren werden, sobald Sie erst einmal Ihren Horizont durch neue Ideen erweitert haben. Sie wissen, dass der Durchschnittsbürger etwa 250 Euro jährlich für das Äußere seines Kopfes aufwendet (Shampoo, Hautcreme, Seife, Zahnpasta usw.), der Durchschnittsmanager jedoch kauft höchstens zwei oder drei Bücher zur persönlichen und beruflichen Weiterbildung und zur Unternehmensentwicklung.

Sie wissen, dass Sie nicht alle Fehler selbst machen müssen, dass Sie im Voraus das Wissen und die Fähigkeiten aus den Erfahrungen anderer gewinnen können. Sie erörtern neue Methoden, besuchen Seminare, lesen und ziehen sich an einen ruhigen Ort zurück, um nachzudenken, zu reflektieren und zu planen.

Als unternehmerischer Manager wissen Sie, dass die meisten Menschen unser Schulsystem mit einem Widerwillen gegen das Lernen oder zumindest wenig Neigung zum Selbststudium verlassen. Irgendwie hat sich die Vorstellung entwickelt, die Regierung oder unsere Arbeitgeber trügen die Verantwortung für unsere Aus- und Weiterbildung. Dieser Glaube führt zur Selbstbeschränkung und birgt auch Gefahren.

Fassen Sie genau jetzt den Entschluss, an Ihrer eigenen persönlichen und beruflichen Weiterentwicklung zu arbeiten, als ersten Schritt zur Maximierung Ihrer Leistung und zur Freisetzung allen Potenzials, das in Ihnen schlummert. Das ist eine Sache der Eigenverantwortung. Sie müssen das Tempo beschleunigen, mit dem Sie Ihre Kompetenzen erweitern. Ihr nächster Schritt ist die Zusammenarbeit mit anderen in Einzelsitzungen. Sie ermutigen sie, unterrichten sie und bieten Coaching an, damit sie als Mitarbeiter, Manager oder Arbeiter so gut wie möglich werden können. Dadurch gewinnen Sie einen zusätzlichen Nutzen, denn Sie als „Lehrer" lernen immer mehr als Ihr „Schüler". Wenn Sie diese Ideen lehren und sie anderen erklären, werden Sie selbst automatisch immer besser. Wie Sie diesen zweiten Schritt angehen, wird später in diesem Kapitel erörtert werden.

Die natürliche Fortsetzung nach persönlicher Entwicklung und der Förderung Einzelner ist die Arbeit im Team oder in einer kleinen Gruppe. Gelingt es Ihnen, mehr als ein oder zwei Menschen zu beeinflussen, anzuleiten, zu motivieren oder zu mobilisieren, so dass sie die positive Einstellung zum Lernen und zur Weiterentwicklung annehmen und sie zum Wohl der ganzen Gruppe einsetzen?

Ihre letzte Aufgabe ist es, durch Lernen und die Leistungsfähigkeit der Mitarbeiter einen Wettbewerbsvorteil für Ihr Unternehmen zu erzielen. Wie setzen Sie das in Ihrem Unternehmen bereits vorhandene, nicht voll ausgeschöpfte Humankapital ein? Zielen Sie nicht darauf ab, als die beste Firma in Ihrem Bereich zu gelten. Sie sollten so gut sein, dass man Ihre für die einzige Firma in Ihrem Bereich hält. Als lernendes Unternehmen könnten Sie dieses Ziel erreichen.

Ich persönlich bin ein begeisterter Anhänger von Lernen und Weiterentwicklung. Ich lese über 50 Bücher im Jahr gründlich. 50 weitere lese ich im Schnelldurchlauf. Ich lese (achtseitige) Zusammenfassungen von weiteren 50 Titeln für Führungskräfte. Beim Autofahren höre ich stundenlang Kassetten. Ständig sehe ich mir Videos an. Ich investiere mindestens 20 Tage im Jahr in Konferenzen und Seminare. Ich suche im Internet nach interaktiven computergestützen Trainingsmöglichkeiten und nach Forschungsquellen. Ich habe etwa 20 Zeitschriften abonniert und lese Zeitungen, um auf dem Laufenden zu bleiben. Zu allem, was wir in unserem Unternehmen tun, lesen wir ständig. So lautet unser Auftrag: „Wir gehen mit unseren Kunden eine Partnerschaft ein, um Wettbewerbsvorteile zu erzielen, indem wir Einzelpersonen, Gruppen und Unternehmen einen Energiestoß versetzen, damit sie ihr volles Potenzial maximal nutzen können." Unsere vier Kernwerte sind:

1. Wir führen unser Unternehmen in einer kundenorientierten Teamkultur mit Energie, Integrität, Professionalität.
2. Wir wollen fortlaufend zum Wohl und für den Erfolg unserer Kunden die Effektivität unserer Lösungen, Dienstleistungen und Produkte verbessern.
3. Wir wollen fortlaufend lernen und uns durch Innovationen persönlich, gegenseitig, im Team, als Unternehmen sowie auch unsere Kunden weiterentwickeln.
4. Wir wollen mit allen Beteiligten gegenseitig lohnende Beziehungen aufbauen und weiterentwickeln.

Lernen, Innovation und Veränderung haben zentrale Bedeutung für alles, was wir selbst tun und was wir mit unseren Kunden tun. Leider fasst dieser Gedanke bei manchen Managern nur langsam Fuß – er muss bei Ihnen ankommen, wenn Sie Ihr volles Potenzial nutzen wollen.

Beachten Sie die Hochs und Tiefs beim Lernvorgang

Wenn Sie zum „wiedergeborenen Schüler" werden wollen, müssen Sie einige Modelle und Methoden kennen, um Ihren Lernweg zu beschleunigen. Sie werden bei jeder neuen Bemühung, die Sie unternehmen, Hochs und Tiefs durchleben. Wenn Sie auf dieser Reise jeweils wissen, wo Sie stehen, kann Ihnen das zu einem erfolgreicheren Fortkommen verhelfen.

Lernen bedeutet Veränderung. Veränderung bedeutet Risiko. Seien Sie deshalb auf der Hut vor den Hochs und Tiefs des Lernens. Lassen Sie mich das erklären: Wenn Sie sich an die Verbesserung Ihrer augenblicklichen Leistung machen, können Sie Hochs voller Begeisterung durchleben („Ich hab's") oder deprimierende Tiefs („Es wird nicht funktionieren"). Ich rate Ihnen, verlieren Sie in keinem dieser Stadien die Kontrolle. Machen Sie sich einfach bewusst, dass das natürliche menschliche Gefühle sind, während Sie sich von Ihren alten Gewohnheiten ablösen und sich auf ein neues Lernplateau zubewegen.

Im Folgenden werden die fünf Stadien des Lernens anhand von Kompetenz und Bewusstheit umrissen.

Stadium 1: Unbewusst inkompetent

„Unbewusst inkompetent" bezeichet das Lernstadium, in dem Ihnen die Kompetenzen fehlen, etwas zu tun, Sie es aber nicht wissen. Es kann auch sein, dass Ihr Selbstvertrauen Ihre Fähigkeiten übersteigt. Das ist die schlimmste, die tödliche Falle im Management – die Intelligenzfalle. Gedanklich könnte sich das so äußern: „Ich weiß nicht, dass ich etwas nicht weiß" oder „Ich muss in keinem speziellen Gebiet lernen, wachsen, mich entwickeln", oder noch schlimmer: „Aufgrund meiner Erfahrungen oder meiner Ausbildung weiß ich schon alles, was man wissen muss".

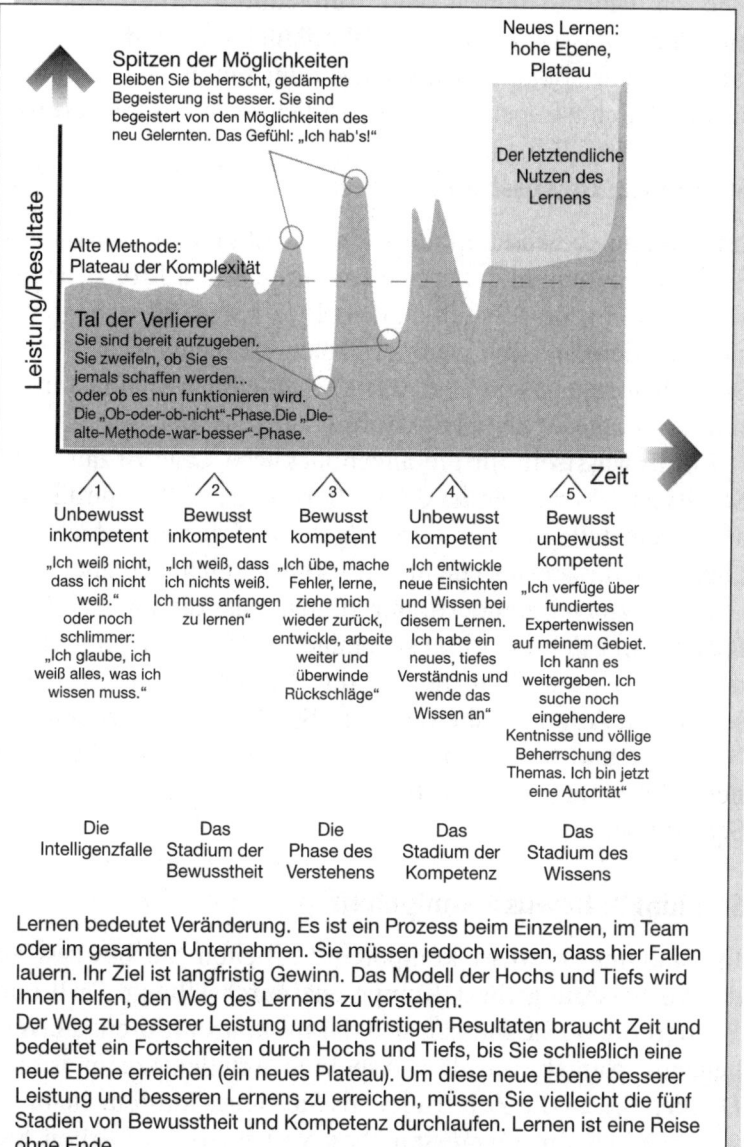

Lernen bedeutet Veränderung. Es ist ein Prozess beim Einzelnen, im Team oder im gesamten Unternehmen. Sie müssen jedoch wissen, dass hier Fallen lauern. Ihr Ziel ist langfristig Gewinn. Das Modell der Hochs und Tiefs wird Ihnen helfen, den Weg des Lernens zu verstehen.

Der Weg zu besserer Leistung und langfristigen Resultaten braucht Zeit und bedeutet ein Fortschreiten durch Hochs und Tiefs, bis Sie schließlich eine neue Ebene erreichen (ein neues Plateau). Um diese neue Ebene besserer Leistung und besseren Lernens zu erreichen, müssen Sie vielleicht die fünf Stadien von Bewusstheit und Kompetenz durchlaufen. Lernen ist eine Reise ohne Ende.

Disziplin bedeutet, dass Sie die Dinge tun, die Sie tun müssen (bis zum Ende durchhalten), ob Sie das mögen oder nicht (in den Tiefs).

Abb. 46: Die Hochs und Tiefs des Lernens

291

Ehe wir Fahrrad fahren oder Auto fahren lernen, sind wir meist unbewusst inkompetent. Wir glauben nicht, dass es einfach ist, aber sobald wir im Sattel oder hinter dem Lenkrad sitzen, stellen wir fest, dass es eigentlich recht kompliziert ist.

Stadium 2: Bewusst inkompetent

Im Stadium „bewusst inkompetent" wird Ihnen bewusst, dass Sie inkompetent sind. Ihr Selbstvertrauen und Ihre Leistung sinken, wenn Sie feststellen, dass Ihre Fähigkeiten begrenzt sind. Sie denken: „Ich weiß jetzt, dass ich nichts weiß." Oder Sie stellen fest: „Mein augenblicklicher Wissensstand ist nicht relevant in dieser neuen Situation."

Ein Bewusstsein für die augenblickliche Lage ist der erste Schritt nach vorn. Das ist die Verliererfalle; viele kapitulieren an dieser Stelle vor der Lernaufgabe und geben einfach auf. „Ich kann das sowieso nicht, dafür bin ich nicht geeignet."

Ein Golfprofi schilderte mir einmal, dass die meisten Golfer ein Tief erlebten, wenn sie einige Golfstunden bei ihm genommen hatten. Manche kehren einfach zu ihren alten, schlechten Angewohnheiten beim Spielen zurück, geben das Neue auf und lernen nichts. Manche aber bleiben bei dem neu Gelernten, werden besser und gehen zum nächsten Schritt über.

Stadium 3: Bewusst kompetent

Im Stadium „bewusst kompetent" arbeiten Sie bewusst an der Verbesserung Ihrer Kompetenz durch Übung, Drill und Wiederholung. Sie müssen sich darauf konzentrieren, die vorliegende Aufgabe in allen Aspekten exzellent zu meistern. Denken Sie an die Zeit früher, als Sie Neues lernten. Sie müssen dran bleiben. Sie müssen üben, verbessern und lernen. Sie verlassen den bequemen Bereich der „erlernten Hilflosigkeit" – weichen Sie nicht vom neuen Weg ab. Sie müssen aus der Verliererfalle herauskommen.

Sie sollten davon ausgehen, dass man durch mangelhafte Praxis schließlich zur Perfektion gelangt. Der Weg selbst muss Ihnen Spaß machen, die Fehler, der Kampf – nicht das Ziel, das Endprodukt. Ein 29-jähriger MBA schrieb mir, er suche eine Stelle in der Unternehmensberatung. Er fühlte sich durch seine Ausbildung befähigt zu beraten, und ihm stehe als Anfangsgehalt das Doppelte von dem zu, was ich ihm geboten hatte. Er hatte den Schritt der bewussten Kompetenz ausgelassen.

Stadium 4: Unbewusst kompetent

Im Stadium der unbewussten Kompetenz müssen Sie nicht über das Wissen nachdenken. Sie handeln automatisch. Wenn Sie im Auto sitzen, wechseln Sie völlig selbstverständlich den Gang und achten auf Vorbeifahrende ohne Stress oder Anspannung. Die unbewusste Koordination einer ganzen Reihe von Kompetenzen bereitet Ihnen keine Schwierigkeiten. Ihr eingehendes Wissen, Ihre Fertigkeiten und Ihre geistige und physische Beweglichkeit sind ausgezeichnet aufeinander abgestimmt. Spitzenleistungen werden ganz selbstverständlich für Sie.

Stadium 5: Bewusst-unbewusst kompetent

Dieses Stadium ist die ultimative Herausforderung für den unternehmerischen Manager. Es stellt den Beginn einer Lernkurve höherer Ordnung dar, wenn Sie erkennen: „Je mehr ich weiß, desto mehr weiß ich nicht." Vielleicht stürzen Sie zunächst in eine Krise, wenn Sie erkennen, dass Sie nicht so viel wissen, wie Sie zu wissen glaubten. Doch dann gewinnen Sie schnell verlorenen Boden zurück und starten in eine neue Umlaufbahn. Sie können nicht nur etwas automatisch, Sie können das Wissen auch an andere Personen, Teams und sogar das gesamte Unternehmen weitergeben.

Viele, die eine Spitzenleistung im Verkauf erbringen (Stadium 4), haben zum Beispiel große Schwierigkeiten, ihr „in-

tellektuelles Kapital" und Know-how an andere weiterzugeben. Dasselbe Problem haben oft Computer-Cracks: Sie vergessen, wie man sich als Anfänger fühlt, und sprechen über
ihr Thema auf einer Ebene, die keiner versteht. Sie können
erklären, wie sie vorgehen. Sie können Ihnen auch zeigen,
was sie tun. Aber irgendwie fehlt manchen das Verbindungs-
glied.

Wenn Sie sich Ihrer unbewussten Kompetenz bewusst sind
und wissen, dass nicht jeder verstehen kann, was Ihnen offensichtlich scheint, ist das der letzte Lernschritt. Sie setzen Ihr
Wissen, Ihre Fertigkeiten und Kernkompetenzen nicht unbewusst ein, sondern Sie sehen den Prozess in seinem Verlauf
und entwickeln daher ein tieferes Verständnis dafür.

Bei meinen öffentlichen Vorträgen und Präsentationen ergibt sich oft Gelegenheit zu spontanem Humor. Ich bin kein
Komiker, bringe aber meine Zuhörer immer spontan zum
Lachen, weil ich weiß, dass Humor verbindet und locker
macht. Das ist eine bewusst-unbewusste Kompetenz. Ich
bilde jedes Jahr viele Manager und Trainer international aus,
wie man in der Öffentlichkeit spricht und präsentiert, aber
normalerweise im Stadium 3 (bewusst kompetent). Wenn ich
jemanden dabei ins Stadium 4 bringen kann, so ist das eine
Ausnahme. Während ich also selbst spreche, laufen bei mir
parallel zwei Denkprozesse ab: 1. der Inhalt meiner Rede
und 2. der Verlauf und die Methoden, mit denen ich ihn ver-
mittle.

Den meisten reicht die Stufe „unbewusst kompetent" (Stadium 4) völlig aus. Vielleicht haben Sie aber das Bedürfnis,
Ihr Spezialgebiet eingehender zu erforschen. „Wir lehren das,
was wir am meisten zu lernen wünschen", ist eine zutreffende
Erkenntnis aus der Psychologie und könnte erklären, warum
Sie sich in ein Thema besonders vertiefen. Wissen und Einsicht erlangen – sogar Erleuchtung –, dafür brauchen Sie
sicher umfassenderes Wissen, sowohl über das Lernen selbst
als auch über das Thema. Abraham Maslow sagt, die letztend-

liche Motivation sei die Suche nach Wahrheit. Das bedeutet Erforschen, Entdecken und Lernen.

Sie müssen Ihr Thema fortlaufend erkunden, und der Lehrer/Coach/Mentor wird das Thema noch besser durchdringen. Das ist eine höhere Ordnung des Denkens: Sie finden schnell die besten Lösungen, die richtigen Antworten schießen Ihnen in den Kopf, und Sie gelten generell als Experte und Autorität zu Ihrem Thema. „Der führende Kopf" zu werden, ist die letztendliche Herausforderung für den unternehmerischen Manager.

Die Erfahrungskurve spielt natürlich auch immer eine Rolle. Eine Person mit wenig oder ohne Erfahrung bräuchte zehn Stunden, um das zu tun, was Sie in einem erkenntnisreichen Moment tun könnten. Einfalt jenseits des Wissens ist eine Gabe. Einfalt ohne Erfahrung und Wissen kann gefährlich werden. „Ein Augenblick der Einsicht kann manchmal so viel wert sein wie die Erfahrung eines ganzen Lebens", schrieb Oliver Wendell Holmes. Genauso ist es.

Kolbs Lernzirkel

In diesem Zirkel von David Kolb umfasst der Prozess des Lernens aus der Erfahrung vier Stufen. Sie können überall einsteigen, je nach Ihrem persönlichen Stil. Kolb sagt, man solle nicht zu lange an einer Stelle verweilen.

Handeln

Das Erlernen neuer praktischer Aufgaben durch einfache Konfrontation mit der Situation kann sehr wirkungsvoll sein. Fangen Sie einfach irgendwo an. Irgendwo. Es ist eine Hier-und-jetzt-Methode. Es ist praktisch, aus Fehlern und Erfahrung zu lernen. Wenn Sie Schwimmen lernen wollen, müssen Sie ins Wasser. Wenn Sie Brainstorming lernen wollen, versammeln Sie Ihre Gruppe und fangen Sie an. Wenn Sie den

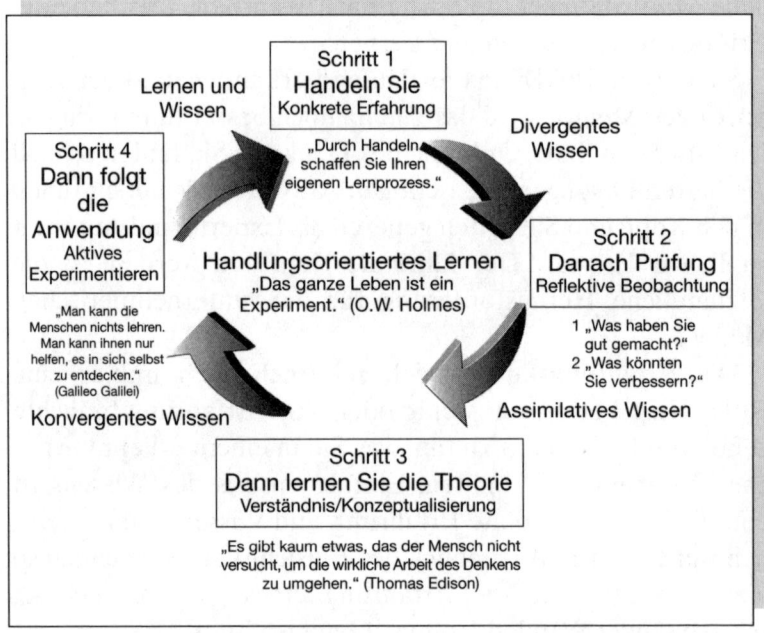

Abb. 47: Der Aktionslernprozess

Umgang mit dem Computer lernen wollen, setzen Sie sich vor ein Gerät, schalten Sie es ein und fangen Sie an, damit zu arbeiten. Wenn Sie lernen wollen, wie man lernt, dann wenden Sie die Methoden in diesem Kapitel an. Ein altes chinesisches Sprichwort fasst das zusammen: „Du wirst lange mit offenem Mund dastehen, ehe eine Ente hineinfliegt."

„Ich habe noch nie gern gelesen", sagte ein Unternehmer zu mir, als wir über Bücher sprachen. „Dann fangen Sie jetzt damit an", schlug ich vor. „Kaufen Sie ein Buch" (sein allererstes Buch über Wirtschaft). Er tat es, studiert jetzt und lernt mit einer Kassette, wie man im Schnellverfahren liest.

Praktisches Handeln ist ein guter Ausgangspunkt, bringt aber oft divergentes Wissen, das zusammengeführt werden muss. Gelbe Farbtypen gehen gerne so an etwas heran (siehe Kapitel 3).

Reflexion

Reflektierende Beobachtung, effektives Feedback und Prüfung der Aktionen sind wesentlich für das Stadium 2. Stellen Sie zunächst die motivierende Frage: „Was habe ich gut gemacht?" Fragen Sie dann zur Weiterentwicklung: „Was könnte ich verbessern?" So vermeiden Sie einfach, aber effektiv, dass sich blinde Flecken entwickeln, und finden Ansatzpunkte für die Zukunft. Bedenken Sie, Sie sind selbst verantwortlich für Ihren eigenen Lernprozess.

Zu den wichtigsten Aufgaben des Vertriebsleiters gehört das „Beschatten" seiner Verkaufsrepräsentanten bei Kundenbesuchen. Er sitzt bei Kundengesprächen dabei, ohne etwas zu sagen, einzuschreiten oder die Initiative zu ergreifen. Das echte Lernen geschieht nach dem Besuch, wenn er die beiden oben genannten Fragen stellt und ein Feedback gibt. Im Rückblick wird das Wissen, das Sie im Handlungsstadium erwerben, transformiert und assimiliert. Grüne Farbtypen tendieren mehr zur Reflexion.

Theorie

Zum Stadium 3 gehört die Einführung oder Formulierung einer Theorie oder eines Konzepts für eine Leistungsverbesserung in der Zukunft. Wenn Sie das jetzt tun, hat der Lernende die praktische Erfahrung, wie er ohne sie gehandelt hat, und kann sie daher in Kontext setzen und verstehen, wie und warum sie angewandt werden soll. Der Lernende erkennt die Beziehung zwischen der Erfahrung, der Theorie und den Methoden. Zum Beispiel kann der Vertriebsleiter seine eigenen Kenntnisse, sein Wissen und seine Verkaufstechniken einsetzen, um seinen Verkaufsrepräsentanten zu unterstützen.

„Es gibt kaum etwas, das der Mensch nicht versucht, um die wirkliche Arbeit des Denkens zu umgehen", schrieb Thomas Edison. Sie müssen konzeptualisieren und auf einer höheren Ebene verstehen, damit Sie wirklich langfristigen Nutzen daraus ziehen können. Sie bringen alle Handlungen und die Theorie in konvergentem Wissen zusammen. Dieser Lernstil ist typisch für die blauen Farbtypen.

Adaptation: Lernen und Wissen

Wo Aktion und Reflexion den Rahmen für neue Lernmodelle geschaffen haben, können vertraute Aufgaben nun mit einer neuen Herangehensweise geplant und durchgeführt werden. Dabei sollte das Beste aus der praktischen Erfahrung und dem theoretisch Möglichen ausgewählt und an die Situation angepasst werden. Das ist pragmatisch angepasste Verhaltensänderung.

Rote Farbtypen sind risikofreudig, lieben die praktische Anwendung, Übung und Vorbildfunktion. Sie lernen gern und wollen Wissen erwerben, um es anzuwenden.

Bei diesem Modell ist es sehr wichtig, dass Sie der Versuchung widerstehen, den Vorgang abzukürzen. Bedenken Sie, die Natur könnte stärker sein als Ihr persönlicher Vorsatz. Nehmen Sie sich Zeit, reflektieren Sie über das Lernmodell und wenden Sie es an. Dann werden Sie eine einfache Aufgabe weitaus leichter und beim zweiten Mal auch schneller erledigen können. Mit Kolbs Lernmodell steht Ihnen ein System zur Verfügung, mit dem Sie jede Erfahrung über sich selbst und die eigene Erfahrung hinaus verwerten können.

Die Revolution der persönlichen Weiterentwicklung

Bei der eigenen Weiterbildung oder der persönlichen Weiterentwicklung geht es darum, dass Sie, der unternehmerische Manager, die primäre Verantwortung für Ihr eigenes Lernen und Ihre Weiterbildung übernehmen, dass Sie entscheiden, wie Sie hier vorgehen wollen. Das erfordert einen fundamentalen Paradigmenwechsel – weg vom gewohnten Ausbildungssystem und der formalen Managerausbildung.

Durch die formale Ausbildung verlieren Manager – ohne Absicht – eher Fähigkeiten. Deshalb begegnen manche der an sich guten Herangehensweise mit beträchtlichem Zynismus und großer Skepsis. Im Jahr 1967 schrieb der kanadische Professor Marshall McLuhan ein Buch mit dem Titel *The Medium is the Message*. Darin äußerte er die Ansicht, der Einfluss von Büchern sei mehr auf die formalen Eigenschaften des Mediums und psychologische und gesellschaftliche Zusammenhänge zurückzuführen als auf den Inhalt oder die Botschaft auf den Seiten selbst.

Vor einigen Jahrhunderten wurden Ideen und Wissen durch das gedruckte Wort einer großen Menge von Menschen zugänglich gemacht. Nun verfügte nicht mehr ausschließlich die gebildete Elite darüber und konnte damit auch nicht mehr über andere herrschen. Das Fernsehen kann Ideen und Wissen im Nu weiterverbreiten und konditioniert uns, die Welt auf eine bestimmte Weise zu sehen. Die elektronische Kommunikation heutzutage ist noch schneller und breitet sich noch stärker aus. Das Potenzial von Internet, Intranet und Extranet wird noch lange nicht voll genutzt.

Ironischerweise löst das herkömmliche Programm zur Managerausbildung viele Aufgaben und kommt vielen Bedürfnissen des heutigen Managers entgegen. Die Lehrpläne, die Inhalte und die Botschaften ähneln sich sehr. Aber was leistet das Medium? Die mitgelieferte Botschaft lautet anscheinend, dass es für jede Situation im Management einen Experten gibt. Wenn Sie also ein Managementproblem haben, gehen Sie zum Experten. Die andere Botschaft besagt, man brauche nicht zu wissen, wie man lernt, denn wir – die Experten – sind die Quelle allen Wissens, und Sie können immer auf uns zurückgreifen.

Diese Denkweise hat, glaube ich, Generationen von Managern in einem Zustand der Lähmung gehalten. Schlimmer noch, wahrscheinlich hat sie dazu geführt, dass die Manager sich selbst nicht in der Lage sahen, ihre eigenen Fähigkeiten zu verbessern und ihr eigenes Potenzial zu erschließen. Die meisten Unternehmenseigentümer und Manager, die ich täglich kennen lerne, glauben einfach nicht, dass sie selbst die Fähigkeit in sich tragen, ihre eigenen Probleme zu lösen. Das ist „erlernte Hilflosigkeit". Davor sollten Sie sich hüten.

Der Großteil meiner Arbeit als Unternehmensberater besteht in Hilfestellungen, damit Menschen lernen, ihre Probleme selbst zu lösen. Die meisten sind schlicht verblüfft, wenn man ihnen den Schlüssel gibt, ihr eigenes Potenzial zur Leistung und zur Karriereentwicklung oder für eine bessere Gesamtleistung des Unternehmens zu erschließen. Zentrale Aufgabe für das Lernen im 21. Jahrhundert ist die Definition, die Bewertung und die Entwicklung Ihrer Kernkompetenzen.

Ein Rahmen für das Lernen

Ihre Kernkompetenzen oder Ihre „kollektive Lernfähigkeit" umfassen Faktoren Ihres Charakters, Ihres Temperaments (siehe Kapitel 3) und Ihres Handelns, das die sichtbare Reflexion Ihrer Kompetenzen darstellt. Akademiker werden ewig darüber debattieren, was Kompetenz ist. Sie und ich, wir nehmen nur das Wesentliche des Begriffs und wenden uns seiner Anwendung zu. Sie erkennen Ihre naturgegebenen Kompetenzen und Begabungen und kultivieren sie. Die drei Bereiche des Lernens sind Wissen, Fertigkeit und Einstellung. Damit haben Sie einen einfachen Rahmen für die Entwicklung und für ein besseres Verständnis Ihrer Kompetenzen. Nutzen Sie diesen Rahmen für Ihren eigenen Lernprozess und Ihre Kompetenzen.

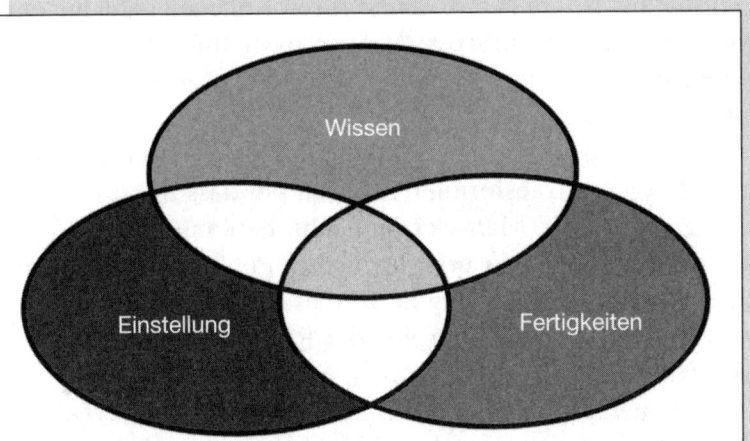

Sie können selbst entscheiden, welchen Stellenwert Sie den drei Bereichen des Lernens jeweils einräumen wollen, ob das Wissen, die Fertigkeiten, die Einstellung oder alle drei Bereiche im Vordergrund stehen sollen. Sie entscheiden auch, zu welcher Zeit Sie die Betonung auf welchen Faktor legen wollen. Es kann sein, dass Sie in einem Bereich eine Stärke und in einem anderen eine Schwäche feststellen. Welchen Stellenwert sollten Sie diesen drei Lernbereichen zuweisen? Wann? Welcher „Knopf" muss genau jetzt gedrückt werden?

Abb. 48: Die Bereiche des Lernens

Wissen

Als unternehmerischer Manager „holen" Sie sich das Grundwissen und die Information, die Sie brauchen. Sie warten nicht, bis solches Wissen zu Ihnen gebracht wird oder bis ein Engel oder ein Mentor wie durch ein Wunder erscheint und Sie weiterbildet. Weiterentwicklung in Eigenregie bedeutet Eigenverantwortung. Sie kümmern sich darum, die strategischen Absichten Ihres Unternehmens zu erfahren. Sie verfügen über solide Produkt- und Fachkenntnisse. Sie wissen, dass Einzelne, ebenso wie Unternehmen, Kernkompetenzen haben und dass diese entwickelt werden. Sie kennen die Bedeutung „harter" Informationen wie Fakten und Zahlen und der „weichen" Information, bei der es um Werte, Kultur und

Gefühle bei Ihrem Personal und Ihren Kollegen geht. Sie entwickeln einen unstillbaren Appetit nach Informationen, die Sie zu Wissen weiterverarbeiten. Daraus erwachsen Erkenntnis und Weisheit.

Was ist Wissen? Meine Antwort lautet: „Wissen ist Information, die so transformiert worden ist, dass daraus für Ihr Unternehmen ein Mehrwert entsteht. Es kann dazu verwendet werden, über den ursprünglichen Punkt hinaus zusätzlichen Wert zu schöpfen." Sehen Sie es so: Jedes Unternehmen verfügt über Daten. Daten sind der Rohstoff für Information. Mit Hilfe von Prozesssystemen, Softwareprogrammen und IT-Systemen können Sie die Daten so weit organisieren, dass daraus Information wird. Es gibt viele bekannte Automatisierungslösungen, mit denen Daten und Informationen in Unternehmensintelligenz und Wissen umgewandelt werden können. IBM-Experten sagen, weniger als 10 % der Unternehmensdaten würden überhaupt analysiert.

Ihr Problem beginnt an der Stelle, wo aus Information Mehrwertwissen werden soll. „Seien Sie vorsichtig, dass Sie mit Ihrem Wissensdurst nicht in all der Information ertrinken", schrieb Anthony D'Angelo. Ihre Aufgabe ist es, bei Ihren Mitarbeitern um Akzeptanz für diese Idee zu werben.

Eine Einzelhändlerin aus der Bekleidungsbranche konnte diesem Konzept zunächst nicht ganz folgen und fragte, an welchem Punkt denn beim Kleidereinkauf aus Information Wissen wird. Nun, denken Sie einmal nach. Beim Anprobieren natürlich. Die Kombination von Kleidung, Accessoires und Farbpalette erfüllt die Bedürfnisse des Kunden und stellt eine Wertschöpfung dar.

Das letzte Stadium im Wissensdreieck ist Weisheit – Ihre kollektive Erfahrung, Ihr Fachwissen, Ihre Fähigkeiten und Erkenntnisse. Sie sehen, dass Wissen und Weisheit von der Einstellung und dem Menschen abhängig sind, während Daten und Information vom System oder den Fertigkeiten abhängen. Eine große Herausforderung für Führungskräfte ist

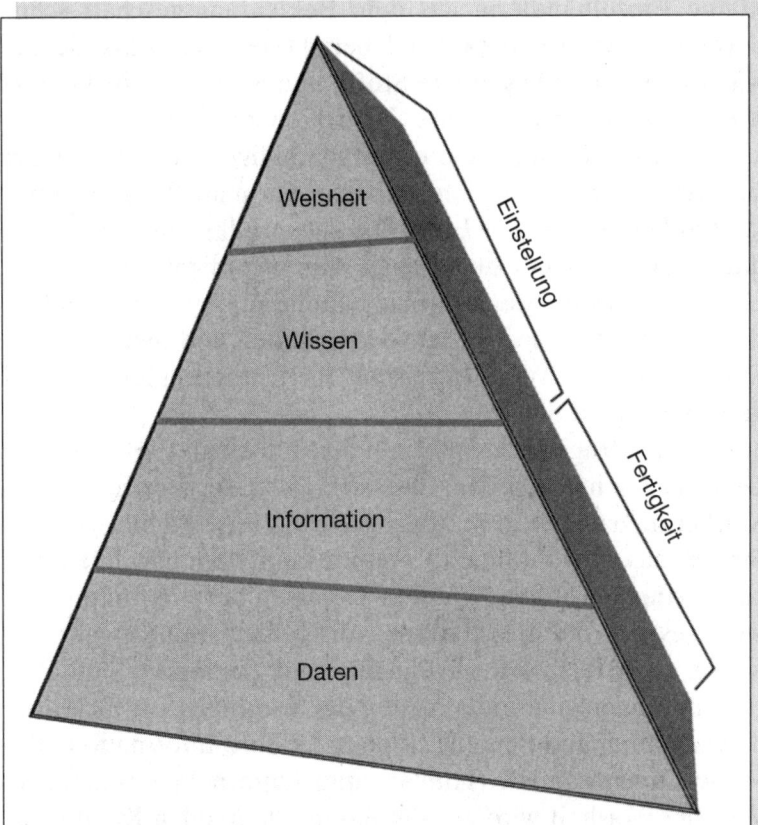

Weisheit

Wissen

Information

Daten

Einstellung

Fertigkeit

Bei der Umwandlung von Daten in Wissen gibt es vier Stadien. Es ist ein Destillationsprozess. Jedes Stadium stellt eine höhere Ordnung dar als das vorherige.
Wie Sie die Ihnen zur Verfügung stehenden Daten und die Informationen nutzen, ist eine Frage der betrieblichen Fähigkeiten. Ihre Intelligenz und Ihre Einstellung entscheiden darüber, welche Ebene von Wissen und Weisheit Sie von diesen Daten und Informationen aus erreichen können.

Abb. 49: Von den Daten zur Weisheit

eine Institutionalisierung ihres Wissens, damit andere es nutzen können. Die Herausforderung lautet natürlich: „Wissen kommt, Weisheit bleibt."

Meine Einzelhändlerin aus dem Bekleidungsgeschäft schilderte mir, wie sie berät, und berichtete auch, dass sie für wichtige Kunden besondere Stoffe und Kleidungsstücke auswählte. Diese schätzten ihre Spezialkenntnisse beim Kleiderkauf. Teurere Kleider sind eigentlich billiger, denn man trägt sie länger und sieht auch noch besser darin aus. Viele Männer kaufen Schuhe für 100 Euro. Die sehen billig aus, sind unbequem und schneller abgetragen. Ein offensichtlich besseres Geschäft machen Sie, wenn Sie Schuhe für 250 Euro kaufen, die gut aussehen, sechs Mal so lang halten und bequem sind. Das ist Weisheit. Wie sich das auf Ihr Unternehmen übertragen lässt, das ist die Frage.

Eine Umfrage in Großbritannien mit dem Titel *The Fact Gap Survey* hat ergeben, dass sich 88 % der Vertriebs- und Marketingmanager in 75 % der Fälle auf ihr Gefühl verlassen. Sie tun das, obwohl ihnen Computer mit allen harten Fakten zur Verfügung stehen. Wie sehr verlassen Sie sich auf andere, wenn es um die Beschaffung von Informationen geht (zu wenig, zu spät?)? Wie regelmäßig und zugänglich sind Ihre Informationen (nur eine Version der Wahrheit) zur Entscheidungsfindung und Planung? Haben Sie Ihre Informationen in Wissen umgewandelt (Human- und Unternehmenskapital)? Wie viel Weisheit wird aus diesem intellektuellen Kapital gezogen? Hat Ihr Unternehmen eine Strategie, wie diese Technologien des Informationszeitalters genutzt werden können?

Vielleicht müssen Sie in Ihrem gesamten Unternehmen Projekte zur Zusammenführung von Daten und Informationen starten. Da sich die immer zahlreicher werdenden Untersuchungen zur Loyalität und Profitabilität von Kunden als hoch effektive Marketingwerkzeuge erwiesen haben, versuchen die Vertriebs- und Marketingabteilungen, ihre potenziellen Kundengruppen immer stärker zu segmentieren, damit eine proaktive Selektion und Aussonderung stattfinden kann.

Bei der Datenpflege zum Beispiel werden Daten abgeglichen, zusammengeführt, bereinigt und umgewandelt. So sind sie aktuell, leichter zugänglich und können besser bearbeitet werden.

Zu Sokrates kam ein junger Mann und fragte: „Wie kann ich zu mehr Wissen gelangen?" Sokrates ging mit dem jungen Mann an den Strand und in das Meer. Als sie beide bis zu den Hüften im Wasser standen, packte Sokrates ihn am Hals, drückte ihn unter Wasser und hielt ihn einige Minuten fest, ehe dieser sich freikämpfte, um Atem zu holen. Sokrates ließ ihn los und fragte: „Was wolltest du unter Wasser mehr als alles andere auf der Welt?" Der junge Mann antwortete, noch ganz außer Atem: „Luft." Der weise alte Sokrates antwortete: „Nun, wenn du Wissen mit derselben Leidenschaft begehrst, mit der du Luft brauchtest, dann wirst du all das Wissen (und die Informationen) erhalten, das du wünschst." Wenn der Schüler bereit ist, werden der Lehrer und die Gelegenheit sich zeigen. Das ist die richtige Einstellung.

„Sei vorbereitet! Eines Tages wird der Winter kommen und dich fragen, was du den ganzen Sommer lang getan hast", schrieb Henry Clay.

Der unternehmerische Manager ist immer „auf dem Sprung", bereitet sich vor, lernt und erkennt daher die Chancen, die sich unweigerlich ergeben werden. Der normale Mensch ist selten bereit und sieht daher nie die Chancen, die vor ihm liegen. Er beklagt ständig, dass sich ihm keine Chancen bieten und dass er großes Pech hat. Er ist in Wahrheit der unbewusst Inkompetente in der Intelligenzfalle, und es gibt viele unbewusst Inkompetente mit guter Ausbildung.

Jeder gute Manager sollte in der Lage sein, laufend Probleme zu lösen. Hier treten Wissen, Erfahrung und Fachwissen zutage. Als unternehmerischer Manager werden Sie häufig um Ihr Urteil gebeten. Ihre Fähigkeit zu qualitativ überdurchschnitlichen Entscheidungen wird proportional davon abhängig sein, wie viel Hintergrundarbeit Sie leisten und wie viel Zeit Sie mit Lesen, Forschen, Fragen und zur sorgfältigen Pflege Ihrer Wissensdatenbank zubringen. Das ist kein Glück, sondern Arbeit unter Einsatz korrekter Kenntnisse (engl.: LUCK = Labour Under Correct Knowledge).

Dazu kommt es, wenn gute Vorbereitung, Wissen und die entsprechende Gelegenheit zusammentreffen. Wenn Sie in ständiges Lernen investieren, haben Sie einen entscheidenden Vorsprung gegenüber jenen, die das nicht lernen. Ein altes chinesisches Sprichwort besagt: „Wenn du für zehn Jahre im Voraus denkst, pflanzt du einen Baum. Wenn du für 100 Jahre im Voraus denkst, pflanzt du Bildung und Lernen." Weisheit sucht den Geist, der vorbereitet ist.

Fertigkeit: Vom Wissen zum „Gewusst wie"

Eine alte Definition für Management lautet: „Dinge durch andere erledigen lassen." Als unternehmerischer Manager werden Sie das Management unter einem viel weiteren Blickwinkel betrachten. Diese Definition beleuchtet nur eine wichtige Fähigkeit eines Managers, die soziale Intelligenz. Sie entwickeln daneben auch die Fähigkeit, Ihr Wissen zur Einschätzung der Lage zu nutzen, vernünftige Werturteile abzugeben und Probleme zu lösen. Außerdem entwickeln Sie Fertigkeiten und Fachwissen zum Thema Change-Management, in den Bereichen Innovation, strategisches Denken und Planen, Delegieren, Verhandeln, Konfliktlösung, Stressmanagement, maximale Nutzung von Technologie, Motivation, lebenslanges Lernen, Zeitmanagement, Präsentationstechniken, Überzeugung, Verkauf und natürlich Kommunikation.

Haltung: Vom Wissen zum „Gewusst wie" und zum Wissen, „wie man sein soll"

Jeder kann ein unternehmerischer Manager werden. Der größte Begrenzungsfaktor sind Sie selbst und Ihr Denken. Sie können lernen, Ihr Denken und Ihre Haltung zu regulieren. Wie das geht, ist vielen Managern ein Rätsel. Leider begreifen nur wenige die Einfachheit des Vorgangs. Vorsicht, es heißt „Einfachheit" und nicht „Leichtigkeit".

Die Entwicklung zum unternehmerischen Manager kann nur durch eine Verbesserung im Denken des Einzelnen und der sich daraus ergebenden Ideale, Handlungen und Bedingungen geschehen. Sie können alles Wissen, die Ausbildung und alle Fähigkeiten der Welt besitzen, doch erst die Komponente der Einstellung verleiht allen anderen Kompetenzen im Management ihre Feuerkraft. Charakter ist die Fähigkeit, sich ein Ziel zu setzen und bei der Entscheidung zu bleiben, bis man es erreicht hat, auch wenn der anfängliche Enthusiasmus schon lange verschwunden ist. Ihre alte Denkweise wird nur im Land des einfachen Unternehmers gefangen gehalten. Dasselbe gilt für den professionellen Manager. Der Hauptschlüssel zum unternehmerischen Management liegt in der eigenen Weiterentwicklung und der Einstellung zum Management.

Das Lernen neu lernen

Die folgenden Punkte helfen Ihnen, Ihre Lernfähigkeiten neu zu überdenken:

1. Die 100:1 Worte-Formel

Zu meinem Freundeskreis gehört Brian Tracy, einer der weltbesten professionellen Redner. Für jedes Wort, das er in einer Rede oder bei einer Präsentation vor einem Publikum im Seminar, im Fernsehen oder Radio gebraucht, hat er mindestens 100 andere zur Unterstützung im Hintergrund. Er verfügt über einen so reichen Wortschatz, dass er sich nicht an sein Originalmanuskript halten muss. Er kennt sein Thema in- und auswendig, kann es mit Überzeugung präsentieren und, wenn notwendig, auf viele unterschiedliche Publikums- und Zuhörerkreise abstimmen.

Ihr Ziel sollte es sein, die 100:1 Worte-Formel für Ihren wichtigsten Bereich zu entwickeln. Ihr Wortgebrauch sagt so viel über Sie aus wie Ihr Fingerabdruck. Ihre Worte sind die Musiker in Ihrem eigenen Orchester. Dirigieren Sie jetzt Ihr Orchester. Mit Methoden zum Gedächtnistraining und Auswendiglernen können Sie es hier zur Meisterschaft bringen.

Untersuchungen haben ergeben, dass eine gute Sprachbeherrschung in direktem Zusammenhang zum größeren Erfolg steht. Die Johnson O'Connor Research Foundation untersucht die Fähigkeiten der Menschen und deren Zusammenhang zum Erfolg. Sie berichtet:

„Eine extensive Kenntnis der genauen Wortbedeutungen steht stärker als irgendein anderes Merkmal im Zusammenhang mit außerordentlichem Erfolg."

Dieselben Studien haben ergeben, dass in schlechten Zeiten diejenigen mit geringem Wortschatz zuerst entlassen werden.

2. Lesen Sie Bücher von Praktikern

Bücher liefern nicht nur Informationen. Sie vermitteln Ihnen Kenntnisse und Wissen, einen konzentrierten Einblick in den Lehrstoff eines einzelnen Experten oder eines Teams. „Ein Buch ist wie ein Garten, den du in der Tasche bei dir trägst", sagt ein altes chinesisches Sprichwort.

Lesen Sie Bücher von Praktikern. Wenn Sie zehn Stunden lang lesen, gewinnen Sie mehr, als wenn Sie 1000 Stunden lang selbst die Informationen zum Thema suchen. Die Bücher, die Sie am meisten zum Nachdenken bringen, helfen Ihnen am meisten.

Am schwierigsten ist das Lernen aus Büchern, die leicht zu lesen sind. Ein großartiges Buch von einem großen Denker ist wie ein „Gedankenschiff", beladen mit Wahrheit und Schönheit. Bücher verändern die Dinge. Sie verändern Ihre Wahrnehmung und Ihr Verhalten. Sie verändern Erwartungen und Bestrebungen. Bücher gehen um die ganze Welt und formen das Denken und das Management der Zukunft. Beschließen Sie jetzt gleich, im nächsten Jahr mindestens 40 Bücher zu Ihrem Thema zu lesen. Lesen Sie Bücher von Praktikern. Dieses Buch hier ist von einem Praktiker verfasst worden. Wenn Sie sich nicht für Theorie interessieren, lesen Sie weniger Bücher, die von Akademikern geschrieben wurden. Ein gutes Buch birgt mehr Reichtum als eine Bank.

Irland rangiert an 17. Stelle, was den Pro-Kopf-Verkauf von Büchern angeht, nachzulesen in der Übersicht „World in Figures" im *Economist* im Jahre 1998. Die Iren geben 48 Euro pro Kopf aus, das ist wenig im Vergleich zu Schweden mit 120 Euro, Deutschland mit 102 Euro und Amerika mit 72 Euro pro Kopf. Die Briten liegen mit 54 Euro pro Kopf an 14. Stelle.

3. Hören Sie Audiokassetten, wenn Sie Leerlauf haben

Die Entwicklung der Audiolernbranche war ein großer Durchbruch, vergleichbar mit der Erfindung der Druckerpresse. Zeit ist Ihr wertvollstes Kapital, und jetzt können Sie beim Autofahren die besten Redner und Denker zum Thema Managemententwicklung hören. Sie können sie zu Hause auf Ihrer Stereoanlage oder mit Ihrem Walkman beim Spazierengehen hören. Wenn Sie über 30 000 Kilometer im Jahr mit einer Durchschnittsgeschwindigkeit von 70 Stundenkilometern fahren, verbringen Sie volle sechs Wochen im Auto. Was für eine Gelegenheit! Packen Sie Audiokassetten ins Auto und hören Sie sie immer wieder.

Hören Sie sie wiederholt in kurzen Abständen an. So haben Sie auch Ihr Einmaleins gelernt. Sie haben es durch Wiederholung behalten. Mit dieser Methode arbeiten auch die Werbetreibenden, die uns durch Gehirnwäsche Markenkenntnis vermitteln wollen. Bringen Sie sich mit dieser Methode das beste verfügbare Denken bei. Viele machen den

Fehler und hören eine Kassette nur ein oder zwei Mal an. Wenn Sie von einer solchen Kassette profitieren wollen, müssen Sie sie zehn, 20 oder 50 Mal hören, bis Sie sie fast wörtlich zitieren können.

4. Bauen Sie eine Videothek auf

Beim Lernen von Videos wird Ihr Gesichtssinn angesprochen. Das bedeutet, Sie können den Vorgang des Einprägens kynestetisch unterstützen. Sie können aktiv werden, die Anweisungen aus dem Video aufschreiben und befolgen. Da Erwachsene heutzutage viel Zeit von dem Fernsehgerät verbringen und auch Videos ansehen, kann diese neue Art des Lernens die Botschaft in Ihrem Team oder Ihrem Unternehmen oft besser, schneller, billiger, einfacher und einmal anders verbreiten als die herkömmliche Methode im Klassenzimmer. Bauen Sie außerdem eine eigene Videothek mit Videos über Training und Weiterbildung auf und verleihen Sie die Videos und Lernmaterialien an Ihr Personal.

Die meisten Manager leiden unter einem Komplex und halten sich nicht für fähig, zu unterrichten und ihr Wissen weiterzugeben. Diese Lücke schließen die Lernvideos. Überlassen Sie die Arbeit dem Video. Ein Unternehmer stellte nach der Arbeitszeit einen Bildschirm in der Kantine auf und ließ ein Video laufen: „Was hier verbessert werden könnte." So erreichte er in zwei Stunden eine freiere Diskussion zum Thema als in fünf Jahren langweiliger Personalversammlungen.

5. Lernen Sie am Computer

Computergestütztes Lernen, das Lernen am Computer, wird das Lernen und die Weiterentwicklung in der Zukunft revolutionieren, wenn erst neue Technologien und Möglichkeiten entwickelt werden, um Sprache und menschliche Interaktion zu übersetzen. Sie können jetzt einen MBA-Abschluss im

Internet erwerben. Mit interaktiven Workshops und Lesesälen im Netz können Sie leicht lernen.

Mit Hilfe der Intranettechnologie können Sie die Lernfortschritte und Kompetenzen in Ihrem Unternehmen regelmäßig überprüfen.

6. Entwickeln Sie Ihr Lernbewusstsein

Ihre Lernfähigkeit hat wenig mit Ihrem Intelligenzquotienten zu tun. Ihre geringe Aufmerksamkeit oder Ihr Widerwille beim Lernen haben viel mehr mit falscher Konditionierung zu tun, mit der Angst, Unzulänglichkeiten zu zeigen, mit dem Mangel an richtiger Methodik und mangelndem Bewusstsein für Ihre eigene Verstandeskraft (wie das Gehirn bewusst und unbewusst funktioniert).

Vielen Menschen fehlt das Bewusstsein für die Bedeutung des Lernens im 21. Jahrhundert, wo immer neue Informationen den Wandel beschleunigen.

Die gute Nachricht lautet: Sie können in den nächsten Jahren sehr schnell an Boden gewinnen, wenn Sie die in diesem Kapitel und in diesem Buch vorgestellten Ideen annehmen.

Was müssen Sie lernen?

Sie sollten sich auf drei entscheidende Bereiche konzentrieren:

1. Lernen im persönlichen Bereich
2. Berufliches Lernen
3. Unternehmerisches Lernen

1. Lernen im persönlichen Bereich

Wenn Sie das bisher noch nicht getan haben, sollten Sie Ihre Bemühungen am Anfang auf Selbstbestimmung konzentrieren. Das bedeutet, dass Sie die Kontrolle über die Kette der Ereignisse in Ihrem Leben erlangen. So lautet die zentrale Botschaft in diesem Buch. In einem ersten Schritt müssen Sie Ordnung in Ihr Leben bringen. Sie müssen Ihr persönliches Missmanagement erkennen und ein Feedback darüber einholen.

Haben Sie falsche Schwerpunkte gesetzt? Verwechseln Sie Aktivität mit Fortschritt? Verwechseln Sie Effizienz und Effektivität? Kennen Sie den Unterschied zwischen wichtig und dringend? Verwechseln Sie Perfektion und Spitzenleistung? Sind Sie bereit, eine Belohnung zu verschieben – kurzfristige Annehmlichkeiten zugunsten langfristiger Gewinne zu opfern? Welches sind Ihre persönlichen einzigartigen Fähigkeiten?

Wesentlich für die persönliche Weiterentwicklung ist die Selbstdisziplin. Selbstdisziplin hat mit Integrität zu tun. Shakespeare sagte, Integrität bedeute: „Sei dir selbst treu" – Verpflichtung und Integrität gehören zusammen. Niemand wird mit Selbstdisziplin geboren – ohne Selbstdisziplin wird Ihre Leistung leiden. Das wiederum schadet dem Erfolgserlebnis.

Eine einfache Orientierung bieten die Fragen: „Wie weit sind Sie von Ihren Zielen entfernt?" und „Wo liegen Ihre Belastungsgrenzen? Gefällt Ihnen der Weg?" Sie können unmöglich Selbstdisziplin an den Tag legen, wenn Sie sich nicht klar definierte Ziele zur eigenen Weiterentwicklung und Motivation gesetzt haben. Im ganzen Kapitel geht es eigentlich nur darum – Lesen, Zuhören, Schauen, die Intelligenz einsetzen und viel, viel mehr.

2. Berufliche Weiterentwicklung

Berufliche Weiterentwicklung bedeutet die Entwicklung Ihrer Kernkompetenzen, damit Sie Ihre Karriere oder Managementleistung maximieren können. In diesem Buch geht es um berufliche Weiterentwicklung. Zunächst müssen Sie das Prinzip der Konzentration verstehen. Sie müssen sich über längere Zeit hinweg auf die hier vorgestellten Ideen, Methoden, Modelle und Strategien konzentrieren. Sie müssen die Ideen aufnehmen, verändern, aufschreiben und sie sich zu Eigen machen.

Alle Information, die Sie für Ihren beruflichen Erfolg brauchen, ist in jeder guten Bibliothek frei verfügbar. Die meisten Menschen nutzen diese Möglichkeit aber nicht. Schlimmer noch, sie ignorieren sie vollständig. Mark Twain hat einmal gesagt: „Wer kein gutes Buch liest, hat keinen Vorteil vor denen, die nicht lesen können." Wählen Sie die Bücher, die Sie ausleihen oder kaufen, sorgfältig aus. Meiden Sie Triviales. Verwenden Sie Ihre Zeit und Ihr Geld nur für Bücher, die Ihre beruflichen Kenntnisse voranbringen oder sie verbessern.

Wenn Sie beruflich weiterkommen wollen, sollten Sie Ihre augenblicklichen Aufgaben außerordentlich gut erledigen. Tun Sie mehr als das, wofür Sie bezahlt werden, denn wenn Sie nicht mehr tun als heute, werden Sie niemals mehr Bezahlung oder Anerkennung erhalten. Wenn Sie später die Prämie oder den Lohn ernten wollen, müssen Sie zunächst investieren. Für viele Manager ist das ein Paradigmenwechsel, denn sie sind der irrigen Ansicht, sie seien zu einer Beförderung oder Weiterbildung berechtigt.

Bei der Beseitigung von Blockaden in Ihrer beruflichen Weiterentwickung helfen Ihnen am ehesten Ihr Chef, Ihre Kollegen und die Ihnen Unterstellten. Sie müssen jedoch zur richtigen Zeit und aus den richtigen Gründen die richtigen Fragen stellen: Dann werden sie Ihnen alles sagen, was Sie wissen müssen.

Meiner Meinung nach sitzen 50 % aller Manager an der falschen Stelle und verbringen einen erheblichen Teil ihrer Zeit mit Klagen und Jammern, beschweren sich und meckern über alles, „was hier falsch läuft". Sie suchen die Antwort bei anderen und in Umständen und Faktoren, die sich ihrer Kontrolle entziehen.

Sie, der unternehmerische Manager, müssen sich für Ihre persönliche und berufliche Weiterentwicklung ganz auf die Faktoren konzentrieren, die innerhalb Ihrer persönlichen Möglichkeiten liegen, und daran mit konsequenten, bewährten Methoden arbeiten. Lesen Sie dieses Buch fünf, zehn oder 20 Mal. Unterstreichen Sie die wichtigsten Passagen. Nehmen Sie einen Marker zur Hand. Stellen Sie das Wichtigste aus dem Buch auf einer A3-Seite zusammen. Seien Sie kreativ. Unternehmern Sie Handlungsschritte. Wenn Sie mir Ihre „kreative Seite" zuschicken, erhalten Sie eine spezielle Audiokassette für Ihre Bemühungen.

Falsch an der wirtschaftswissenschaftlichen Ausbildung sind nur ihre Geschichte und die Methode. Ich habe viele Manager kennen gelernt, die sagten, sie brauchten eben die „Buchstaben" vor ihrem Namen, um in ihrer Laufbahn weiterzukommen. Das ist Unsinn. Was nützt einem alle Information, wenn man sie nicht praktisch im Beruf anwendet? Wenn Sie die „Buchstaben" haben, heißt das nur, dass Sie in der Lage sind, ein Examen zu bestehen. Das ist alles! Die Praxis erst zeigt, dass Sie etwas gelernt haben. Ich sehe wirklich keinen Unterschied zwischen Spitzenmanagern mit MBA-Abschluss und ohne. Sie sollten das Lernen lieben, weil es Ihnen Ideen, Wissen und Weisheit vermittelt, nicht, weil es Ihr Ego bauchpinselt.

3. Unternehmensentwicklung

Was müssen Sie noch lernen? Sie müssen Ihre kaufmännischen Fähigkeiten entwickeln. Sie brauchen ein allgemeines Verständnis dafür, was ein Unternehmen antreibt und was die großen Denker und Führer tun. Welche Trends und Chancen gibt es? Begeben Sie sich ins Zentrum des Geschehens. Nehmen Sie an Konferenzen teil und sprechen Sie mit Managern.

Orientieren Sie sich an den Spitzenwerten zur Beurteilung anderer Unternehmen und Firmen. Arbeiten Sie vernetzt. Bringen Sie etwas über andere Wirtschaftssysteme und Kulturen in Erfahrung und reisen Sie dorthin, um sich anzusehen, wie diese im Vergleich zu Ihrem Land dastehen.

Ich habe mich mit über 500 Unternehmensberatern auf der ganzen Welt vernetzt. Oft verbringe ich bis zu sieben Tage in deren Unternehmen.

Einmal arbeitete ich mit einem sehr erfolgreichen Vertriebs- und Marketingmanager zusammen, der eine bedeutende Position in der Führungsgruppe innehatte. Er besaß jedoch keinerlei Interesse oder Verständnis für die finanziellen Maßstäbe in seinem Unternehmen. Sein Argument lautete: „Dafür haben wir die Buchhalter." Ich konnte ihn schließlich dazu bringen, wie ein Selbstständiger zu denken und die Dinge aus der Perspektive seines Unternehmens zu betrachten.

Interessanterweise war der Leiter des Finanzwesens in demselben Unternehmen der Ansicht, die bedeutende Rolle des Vertriebsmanagers sei völlig unerheblich für seine Tätigkeit. Wir konnten auch diese Einstellung verändern; innerhalb von drei Monaten besuchte der Finanzleiter einen Kurs über professionelles Vertriebsmanagement, und der Vertriebs- und Marketingmanager nahm an einem Programm über Finanzen teil. Die beiden wurden gute Freunde und lernten voneinander. Noch nützlicher war der Beitrag, den beide zum strategischen Management des Unternehmens leisteten.

Als unternehmerischer Manager müssen Sie sich disziplinieren, aus dem Konkurrenzkampf aussteigen und Führung, Strategie, Change- und Wissensmanagement auf globaler und lokaler Ebene studieren. Dann müssen Sie die Fähigkeit entwickeln, die Lerninhalte auf Ihre betriebliche Arbeit zu übertragen.

Das lernende Unternehmen

Wie jede Person und jedes Team wird das Unternehmen nicht gleich zu Anfang gut sein. Es lernt erst, gut zu werden. Ihre Fähigkeit, schneller zu lernen als Ihre Konkurrenz, ist vielleicht der einzige nachhaltige Wettbewerbsvorteil für Ihr Unternehmen im 21. Jahrhundert. Wie schaffen Sie aber das lernende Unternehmen?

Durch Systemdenken lernen Sie, die betriebliche Entwicklung in ihrem Gesamtbild zu betrachten. Peter Senge nennt das in seinem bahnbrechenden Buch *The Fifth Discipline* die fünfte Disziplin. Um einen solchen Vorteil zu erzielen und zu erhalten, müssen Sie laut Senge auch die verwandten Disziplinen Selbstbeherrschung, Arbeit mit Denkmodellen, Entwickeln einer gemeinsamen Vision und Lernen im Team beherrschen.

Durch Systemdenken – die fünfte Disziplin – lernen wir, Strukturen zu erkennen, sie zu verstärken oder effektiv zu verändern. Leider konzentrieren wir unsere Bemühungen zur Problemlösung und zur Fortsetzung des Erfolgs normalerweise auf isolierte Bereiche des Systems und wundern uns dann, warum sie fehlschlagen. Systemdenken bindet auch die anderen vier Disziplinen in ein zusammenhängendes Ganzes ein.

Mit Systemdenken erkennen Sie das Gesamtbild und Sie erhalten einen Rahmen für die Entwicklung von Strukturen und Wechselbeziehungen. Ihre Fähigkeit, die Welt als Ganzes zu sehen, ist in einer Zeit beschleunigten Wandels besonders wichtig. Dieses Buch bietet eine systemorientierte Methode für das unternehmerische Management. Alle Ideen, Techniken und Modelle vermischen sich im Lauf der Zeit. Deshalb müssen Sie das Buch viele Male lesen.

Systemdenken ist der Eckpfeiler des lernenden Unternehmens und geht von bestimmten Grundprinzipien aus, die Sie kennen müssen.

1. Lassen Sie etwas geschehen

Die Ursachen heutiger Bedingungen liegen in der Vergangenheit. Oft gehen wir davon aus, dass Ursache und Wirkung nahe beieinander liegen. Es kann aber auch sein, dass Ursache und Wirkung in Zeit und Raum weit auseinander liegen. Heutige Probleme stammen von gestrigen Lösungen. Ursachen sind meist Gedanken, und Auswirkungen sind meist Zustände. Daher ist im Denken oft schon etwas „faul", ehe die Verhältnisse das erkennen lassen. Wenn Sie wollen, dass etwas geschieht, müssen Sie veranlassen, dass es geschieht. Sie haben die Wahl. Die Effekte sind die Folgen.

2. Stimmen Sie den Einsatz Ihrer Ressourcen ab

Ihr Einsatz von Ressourcen muss synchron verlaufen. Sie müssen beim Einsatz der Ressourcen die Prinzipien guter Strategie beachten. Einer meiner Kunden investierte zwölf Monate lang enorm viel Zeit, Arbeit und Geld in die Einführung eines neuen „Lieblingsprodukts" auf dem Markt. Er ließ es buchstäblich „abheben". In anderen Bereichen seiner Marketing- und Produktionsabteilungen waren jedoch nachteilige Entwicklungen im größeren Maßstab zu verzeichnen. Es kam zu Qualitätseinbußen, und der Umsatz anderer Produkte ging zurück. Nach zwei Jahren prüfte er den „Erfolg" seines neuen Produkts kritisch. Glücklicherweise war er lernfähig und machte denselben Fehler bei anderen Produkteinführungen nicht mehr.

3. Legen Sie den „großen Hammer" weg

Betroffene des „Großen-Hammer-Syndroms" verstärken ihre Bemühungen, ohne zuerst darüber nachzudenken, wie sie es sich leichter machen könnten. Sie sehen die Aufgabe vor sich und stürzen sich darauf. Einfach mehr zu arbeiten, mehr Energie und Ressourcen zur Lösung eines bekannten Problems einzusetzen, kann zwar beruhigende Wirkung haben, hat aber nichts mit Systemdenken zu tun. Systemdenken bedeutet den Einsatz kreativer und innovativer Denkmethoden. Es bedeutet, dass Sie die Konsequenzen Ihrer Entscheidungen voraussehen können.

4. Lösen Sie Ihre persönlichen Probleme

Ein lernendes Unternehmen lernt im Lauf der Zeit, seine eigenen Probleme zu lösen. Ein Nachteil des Outsourcing ist, dass die eigenen Mitarbeiter nicht mehr in der Lage sind, die grundlegendsten Probleme zu lösen. Ich habe vor einiger Zeit auf einer Konferenz Peter Senges Vortrag aufmerksam verfolgt. Seine beiden Hauptaussagen lauteten:

- Alles Lernen findet im Kontext der Problemlösung am Arbeitsplatz statt. Wo nichts geschieht, wird auch nichts gelernt.
- Am besten lernt man durch Übung. Sportmannschaften trainieren ständig. Probleme sind Gelegenheiten zum Üben. Werden Sie zum Praktiker.

5. Eile mit Weile

Überstürzen Sie nichts. Lernen braucht Zeit. Lernen hat mehr Ähnlichkeit mit dem Wachstum einer Pflanze als mit einem Produktionsprozess. Sie müssen die Saat auslegen und ihr Zeit zum Keimen und Wachsen lassen. Eine materielle Ressource können Sie über Nacht austauschen. Eine Unternehmenskultur oder einen Denkprozess können Sie nicht so schnell verändern.

6. Sie müssen das Gesamtbild sehen

Manchmal können Sie mit kleinen, begrenzten Ansatzpunkten große Resultate erzielen. Leider fällt es den meisten Menschen schwer, diese Ansatzpunkte im System zu erkennen. Daher lernen Sie zunächst am besten, an Stelle der Einzelereignisse die Gesamtstruktur zu sehen. Betrachten Sie das Gesamtbild.

Vor einiger Zeit wurde ich zum Beispiel gebeten, an einem Termin mit einem CEO teilzunehmen, der sich als wichtigstes strategisches Ziel die Expansion seines Unternehmens von sechs Millionen Euro auf zwölf Millionen Euro innerhalb der nächsten fünf Jahre (und 24 Millionen Euro in zehn Jahren) gesetzt hatte. Im Verlauf des Treffens stellt ich fest, dass unser leitender Berater und der CEO erhebliche Zeit für zwei betriebliche Detailprobleme aufwandten. Für mich als Beobachter wurde offensichtlich, dass das kein Systemdenken war. Ich rief: „Stopp!" Dann bat ich beide Parteien, sich auf das Gesamtbild zu konzentrieren.

7. Denken Sie in Prozessen, nicht in Ereignissen

Denken Sie in Prozessen, nicht in Einzelereignissen. Manchmal ist man gefangen im „Hier und Jetzt". Man sieht das Dilemma oder das Problem nicht als Teil eines Gesamtsystems. Ein System besteht mindestens aus Input, Prozessen oder Aktivitäten und Output.

Man vertieft sich leicht in die Lösung lokal begrenzter, kleinerer Probleme in der irrtümlichen Annahme, das leiste einen großen Beitrag für den Hauptzweck. Das ist falsch gedacht. Ich erklärte dem CEO, selbst wenn er sein 24-Millionen-Ziel in zehn Jahren erreichen würde, blieben ihm immer noch eine Menge Probleme zu lösen. Probleme verschwinden nicht einfach. Sie müssen sich zwingen, im Modus des Systemdenkens zu bleiben.

Jeder im Unternehmen sollte im Modus Systemdenken operieren. Wie beeinflusst oder ergänzt das, was ich im Augenblick tue, die Arbeit eines anderen auf höherer Ebene, wie trägt es zur Wertschöpfung bei? Was trägt meine augenblickliche Tätigkeit zur Gesamtvision bei? Um schwierige Führungsprobleme zu verstehen oder um eine Strategie zu entwickkeln, müssen Sie das Gesamtsystem vor Augen haben, das die Probleme hervorbringt.

Die Geschichte von den drei Blinden, die jeweils einen unterschiedlichen Teil des Elefanten fühlen konnten, unterstreicht den Punkt. Jeder sieht aus einer anderen Perspektive und erkennt einen anderen Aspekt des Systems. Jeder hat größte Probleme zu erkennen, wie seine Perspektive sich in das Gesamtbild einfügt.

Ich wiederhole: Jeder im Unternehmen muss fortlaufend fragen: „Wie passt sich diese Arbeit in das Gesamtbild ein? Wie kann ich mehr Wert schaffen? Mit wem muss ich sprechen, wen muss ich informieren?" Von der einfachsten Tätigkeit, sei es, dass man sich am Telefon meldet, ein Paket zustellt oder die Post aufgibt, bis zum Abschluss eines Millionen-Euro-Vertrags muss jeder wissen, dass Systemdenken der Schlüssel zum lernenden Unternehmen ist.

Henry Ford hat sehr richtig festgestellt: „Vorahnungen reichen nicht. Intuition reicht nicht. Einfache Faustregeln reichen auch nicht, wenn Sie Ordnung und fortlaufenden Fortschritt in einem System erzielen wollen."

Lernen Sie zweckorientiert

Lernen ist eine Investition. Lernen bedeutet Wachstum und Veränderung. Zweckorientiert lernen bedeutet, Sie gehen proaktiv in Ihrem Lernen vor, anstatt eher informell durch Versuch und Irrtum zu lernen. Lassen Sie sich nicht von Ihren früheren Schulerlebnissen blockieren. Glauben Sie andererseits auch nicht, dass Ihre formellen Abschlüsse Sie auf magische Weise zum Spitzenmanager machen. Das Lernen geht ein Leben lang weiter. Es hört nicht plötzlich auf. Lernen Sie mit der besten Motivation, dem Lernen.

Altes vergessen, lernen, neu lernen

Die folgenden Schritte helfen Ihnen bei der Entwicklung zur „Lernmaschine", wie es Ihre Rolle als unternehmerischer Manager erfordert:

1. Richten Sie sich zu Hause einen Lernraum mit Ihrer Lernbibliothek ein. Es sollte Ihr behaglicher Zufluchtsort oder Ihre Rückzugsmöglichkeit zum Lernen sein.
2. Betreiben Sie Gedächtnistraining und erlernen Sie Schnelllesetechniken. So sparen Sie Zeit und erhalten sich die Freude am Lernen.
3. Treten Sie in ein Lernnetzwerk oder einen Verein ein und übernehmen Sie dort eine aktive Rolle. Gehen Sie zu den Zusammenkünften und Konferenzen. Lernen Sie vernetztes Arbeiten.
4. Machen Sie Ihr Auto zur „Universität auf Rädern" und hören Sie während der Fahrt Audiokassetten und CDs.
5. Teilen Sie Ihr Lesepensum im Verhältnis 70:30 zwischen Inhalten für ein Vorankommen und Inhalten, die Sie auf dem Laufenden halten (Zeitungen, Fachzeitschriften usw.). Sehen Sie weniger fern.
6. Helfen Sie beim Aufbau einer Lernressourcenbibliothek in Ihrem Unternehmen mit. Setzen Sie sich aktiv für diese Idee ein.

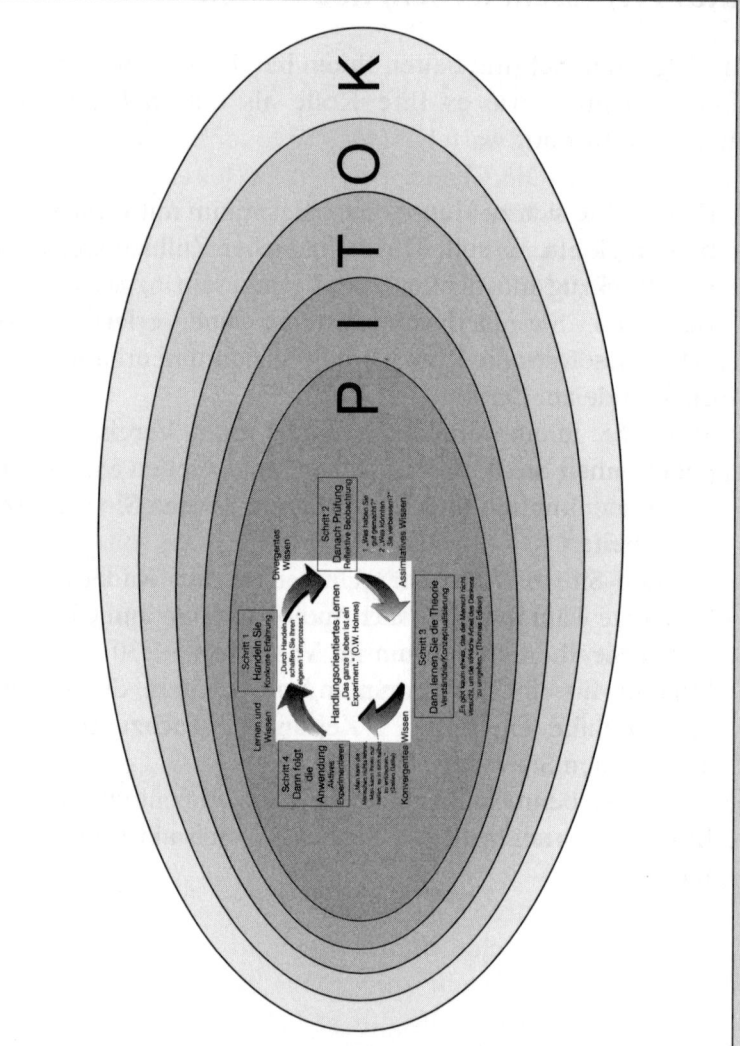

Im Leben und im Beruf geht es darum, etwas über sich selbst zu lernen, die Kompliziertheit Ihrer Beziehungen, die Dynamik der Teams, denen Sie angehören, über das Unternehmen, in dem Sie arbeiten und die Kunst, wie man Kundenloyalität gewinnt und Kunden hält. Das PITOK®-Lernen soll Ihnen den Weg weisen.

Abb. 50: PITOK®-Lernen

Epilog

Die nie endende Reise

Eine Überraschung wartet auf Sie. Ein oder zwei Krisen kommen auf Sie zu. Die Chancen stehen gut, dass das innerhalb eines Jahres geschehen wird, und es ist sehr wahrscheinlich, dass es in den nächsten drei Monaten geschieht. Vielleicht schrumpft der Markt für Ihr Produkt oder die Profite stürzen ab. Oder Sie verlieren Ihre Stelle. Oder wichtige Mitarbeiter verlassen Sie. Oder ein Konkurrent taucht auf dem Markt auf. Oder alles gleichzeitig.

Wenn Sie gerade eine Krise überstanden haben, kommt bald die nächste. Beim Krisenmanagement werden Ihre Kompetenzen als unternehmerischer Manager wirklich auf die Probe gestellt. Das ist der Test für Ihren Einsatz von Ressourcen, Ihre Kommunikationsfähigkeit, Ihre strategischen Absichten, Ihre Fähigkeit zur kreativen Problemlösung, zur Innovation, zum Lernen und zum Kundenerhalt.

Aber Krise und Chance sind nur verschiedene Seiten derselben Medaille. Glück ist es, wenn gute Vorbereitung und Chance zusammentreffen. Die Frage ist nur, wie gut Sie vorbereitet sind. Manche beklagen ihren Mangel an Chancen. Andere sind überwältigt von dem ungeheuren Potenzial, das sich ihnen bietet.

Ob Sie nun reiner Unternehmer, professioneller Manager oder unternehmerischer Manager sind, der Weg zum Erfolg ist derselbe. Immer steht am Anfang Ihr Denkprozess. Ihr Verstand ist das Kontrollzentrum für Ihre Einstellung, Ihr Verhalten und Ihr Handeln.

Erfolg erfordert auch eine klare Konzentration über einen längeren Zeitraum hinweg. Ihre Fähigkeit, sich auf die Hauptergebnisbereiche zu konzentrieren, kombiniert mit massivem und schnellem Handel, wird Sie von allen anderen unterscheiden.

Die Erkenntnis, dass Sie mehr Fehler und Schwächen haben als Tugenden und Stärken, sowie die Fähigkeit, Ihre schlimmsten Fehler als Teil des Wegs zu akzeptieren, verbinden sich in der Philosophie des unternehmerischen Managements.

In diesem Buch finden Sie viele bewährte Formeln aus dem Systemdenken. Aus persönlicher Erfahrung weiß ich, dass sie alle funktionieren. Ihre Aufgabe ist es, alle Teile so zusammenzufügen, dass das Ganze größer ist als die Summe der einzelnen Teile.

Das PITOK®-Modell des Wandels soll Ihnen zu dem Gefühl verhelfen, dass Sie mit den Übertragungseffekten und der zunehmenden Komplexität dieser fünf Faktoren zurechtkommen und sie beherrschen. Die Variablen Persönliches, Interpersonelles, Team, Unternehmen und Kunde können auf wirklich jeden Aspekt des unternehmerischen Managements angewandt werden.

Mit der sechsgliedrigen Kette der Ressourcen können Sie diese bestimmen, maximieren und so einsetzen, dass die Kapazitäten bestmöglich genutzt werden. Die Betrachtung der Welt unter dem Aspekt der Ressourcen ist entscheidend, wenn Sie für sich persönlich und für Ihr Unternehmen im 21. Jahrhundert Wettbewerbsvorteile erzielen wollen. Mit diesem System bringen Sie Ihren persönlichen und beruflichen Weg ins Gleichgewicht. Behalten Sie das schwächste Glied immer gut im Auge. Lösen Sie nicht das falsche Problem. Etwas sehr gut in Ordnung zu bringen, was überhaupt nicht repariert werden musste, das ist Torheit in Reinform.

Im Rahmen des Kompetenzmodells schaffen Sie Vorteile für Ihre Persönlichkeit und das Unternehmen. Sie können Ihre eigenen Kompetenzen definieren, messen und weiterentwickeln. Das ist Ihre vordringlichste Aufgabe. Sie können das auch für Ihr Team oder Ihr Unternehmen tun. Das erfordert Zeit und Konzentration. Für sich genommen, kann sich das Modell als Geheimcode zur Erschließung Ihrer Persönlichkeit, Ihres beruflichen Potenzials und das Ihres Unternehmens erweisen.

Das Modell des strategischen Denkens und Planens bringt die beiden Elemente emotionale und analytische Strategie in Einklang. Zum strategischen Denker wird man so, wie man allmählich Geschmack an etwas findet. Ein strategischer Planer zu werden, ist relativ einfach. Wenn aber das strategische Denken fehlt, bleibt man immer Amateur und wird nie ein Profi. Ihre Fähigkeit zu denken, zu planen und strategisch zu handeln, ist der Kern unternehmerischen Managements. Was ist Ihr Zweck, Ihr Ziel? Warum stehen Sie morgens auf? Ihr Zielbewusstsein ist der Kern Ihres Daseins, Ihre Energiequelle und Ihr Wegweiser. Es ist traurig, dass die meisten Menschen ihren wahren Lebenszweck nie finden. Mit dem strategischen Modell zum Systemdenken könnte es Ihnen gelingen.

Hervorragende Kundenpflege zu leisten, das ist der ultimative Schritt zum Gewinn – alles andere sind nur Grundlagen. Es findet laufend eine Abstimmung statt (wie bei einem Politiker in der Wahlperiode), und letztendlich geht es darum, ob Ihre Kunden genügend von dem, was Sie verkaufen, kaufen, um Sie im Geschäft zu halten. Ein unternehmerischer Manager lernt, dass Kreativität und Innovation alles in diesem Buch Genannte zusammenhalten. Achten Sie darauf, dass Sie nicht nur kreativ sind, weil Ihnen das richtig erscheint. Innovation ist die entscheidende Umsetzungsphase.

Lernen *ist* Veränderung, *ist* Einsatz von Ressourcen, *ist* eine Kernkompetenz, *ist* gewinnbringende Kommunikation in Aktion, *ist* Umsetzung einer Strategie, *ist* hervorragende Kundenpflege, *ist* Innovation.

Jetzt, wo Sie das Buch Seite für Seite gelesen oder hier und da hineingeschnuppert haben oder eingetaucht sind, es flüchtig durchgeblättert oder gründlich studiert haben, werden Sie festgestellt haben, dass Sie vieles vergessen müssen, was Sie einmal gelernt haben. Passen Sie Ihre alten Denkmodelle,

Methoden, Rahmenwerke, Konzepte und Philosophien an oder vergessen Sie sie. Ersetzen Sie sie durch Neuschöpfungen, die sich an den Erfordernissen des Managements im 21. Jahrhundert orientieren.

Sie haben die Wahl. Leben Sie einfach und sicher in Ihrer bequemen Ecke oder disziplinieren Sie sich und setzen Sie diese Ideen um.

„Jeder hat irgendwo einen ‚Risikomuskel'. Sie müssen ihn in Form halten, indem Sie Neues ausprobieren. Sonst verkümmert er, und Sie sind nicht mehr in der Lage, etwas zu riskieren. Wie können Sie Ihren Risikomuskel heute trainieren?", fragt Roger von Oech tiefgründig.

Sie haben schon etwas über Denkprozesse gelernt. In diesem Buch habe ich Sie an die Schwelle gebracht, wo Gedanken zu Taten werden. Mehr kann ich nicht tun. Jetzt sind Sie selbst verantwortlich für die Verbesserung Ihrer Kenntnisse und Fähigkeiten und für Ihren unternehmerischen Erfolg.

Unternehmerisches Management ist ein Konzept des 21. Jahrhunderts, aber es ist nur so gut, wie Sie es einsetzen. Viel Glück dabei!

Bitte nehmen Sie Kontakt mit uns auf und lassen Sie uns wissen, welche Fortschritte Sie auf diesem Weg machen.

John Butler
Frank M. Scheelen

Der Autor John Butler

John Butler ist professioneller Berater und Referent und kann auf eine über 20-jährige Erfahrung im Aufbau von Führungskräften und Unternehmen zurückgreifen. Er ist erfolgreicher Autor und Unternehmensberater.

Durch seine internationalen Kontakte zu den international führenden Consulting- und Ausbildungsinstituten und sein fundiertes Wissen in den Bereichen Management, Psychologie, Unternehmensentwicklung, persönliche und berufliche Weiterentwicklung und Geschichte, ist er über die neuesten Methoden der Unternehmensentwicklung und des Managements bestens informiert.

Zuallererst ist er jedoch erfolgreicher Unternehmer und setzt diese Ideen und Methoden in die Praxis um.

John Butler hält zahlreiche Vorträge und Seminare im In- und Ausland. Er arbeitet vor allem bei internationalen Projekten eng mit Frank M. Scheelen zusammen.

Das SCHEELEN® Institut für Managementberatung und Bildungsmarketing

„Nicht der Wind, sondern die Segel bestimmten den Kurs."
Dieses Sprichwort passt genau auf die unternehmerische Situation. Der Erfolg eines Unternehmens kommt in der heutigen dynamischen Wirtschaft nicht von allein. In diesem Umfeld besteht nur, wer die Auswahl seiner Führungskräfte und Mitarbeiter sowie ihre fachliche und persönliche Weiterentwicklung ernst nimmt. Dabei spielen die richtigen Diagnostik- und Trainingsinstrumente eine entscheidende Rolle. Immer mehr Unternehmen vertrauen auf unser führendes Know-how. Es bringt Sie auf den richtigen Kurs.

Frank M. Scheelen, Direktor
*SCHEELEN® Institut für Manage
mentberatung und Bildungsmarketing*

Unsere Philosophie basiert auf dem wichtigsten Gebot für die heutige Unternehmenswelt: Wer auch in Zukunft Erfolg haben will, muß schon heute seine Stärken mobilisieren. Wir vereinen führendes Know-how auf den Gebieten Personalentwicklung, Beratung, Training und Bildungsmarketing zu einem wirksamen Gesamtsystem. Die Steigerung des Unternehmenserfolges hängt von der Verwendung der richtigen Bausteine ab. Denn für jedes Unternehmen gilt: Bei der Optimierung des Ist-Zustandes hilft nur die richtige Kombination der Hilfswerkzeuge. In unserer Arbeit nutzen wir die hohe Qualität der INSIGHTS Management Development Instruments. Genauso erfolgreich greifen wir auf das renommierte Brian Tracy Trainingssystem zurück.

Überzeugende Trainingswerkzeuge untermauern Theorie durch Praxisnähe. Das Trainingsprogramm von Brian Tracy setzt sich aus über 30-jähriger Forschungsarbeit und Praxiserfahrung zusammen. Kombiniert mit den INSIGHTS Diagnostik-Instrumenten ermöglicht es einen ganzheitlichen Einsatz:

Es berücksichtigt objektiv die Eigenschaften eines Mitarbeiters oder einer Führungskraft und baut darauf auf. Wichtig ist auch, dass das Gelernte in den Köpfen nicht schon bald wieder verloren geht. Das ausgereifte System des Tracy Trainingsprogramms mit 130 Themen begleitet den Lernenden über die Lernzeit hinaus. Es gewährleistet die stetige Wiederholbarkeit des erlernten Wissens auf leichte und effiziente Art.

Frank M. Scheelen weiß aus langjähriger Erfahrung, wie wichtig der ganzheitliche Blick auf ein Unternehmen ist. Als externer Berater erkennt er die internen Probleme schnell und behebt sie mit wirkungsvollen, bewährten Methoden. Wer unternehmensinterne Fort- und Weiterbildung vernachlässigt, verzichtet auf wichtiges Energiepotenzial. In Zeiten steigender Kunden- und Qualitätsansprüche ein klarer Wettbewerbsnachteil. Frank M. Scheelen und sein kompetentes Team stehen mit ihrer persönlichen Beratung für Personal- und Organisationsentwicklung. Ihr übergreifendes System aus einer Hand geht auf individuelle Bedürfnisse ein und schafft die besten Voraussetzungen für dauernden Erfolg.

Auf einen Blick – wir sind Partner für:

✓Beratung
✓Training
✓Management-Development-Instruments
✓Weiterbildungsmedien

Die INSIGHTS Management-Development-Instruments gibt es in 10 Versionen:

✓INSIGHTS leadership-check
✓INSIGHTS Potential-Analyse für Management-Mitarbeiter, Verkaufsmitarbeiter, Manager, Team und Kundenservice
✓INSIGHTS Persönliche Interessen, Einstellungen und Werte

330

✓INSIGHTS Verkaufsstrategien-Indikator
✓INSIGHTS Arbeitsstellen-Analyse
✓INSIGHTS Kompetenz-Check

Seminare von Tracy College und dem SCHEELEN® Institut

Wir bieten: Öffentliche Seminare, Inhouse-Seminare und firmeninterne Einsatzmöglichkeiten

Seminare/Selbststudium-Audiohandbücher:

✓Leadership-Ausbildung (BTICU)
✓INSIGHTS MDI-Akkreditierung, Der Weg zum INSIGHTS Berater
✓Beziehungskompetenz: So gewinnen Sie jeden Kunden
✓Leadership Kompetenz
✓Rekrutierung von Gewinnertypen
✓Ausbildung: Präsentations- und Vortragstechniken
✓Personal Leadership by Brian Tracy
✓Leistungs-Psychologie by Brian Tracy
✓Verkaufs-Psychologie by Brian Tracy
✓Superior Sales Management by Brian Tracy
✓High Performance Leadership by Brian Tracy
✓Brian Tracy Live

Fachbücher:

✓*Das Gewinnerprinzip, Verkaufsstrategien für Gewinner, Thinking Big*, Erfolg ist eine Reise, Luckfactor von Brian Tracy
✓*Der neue Verkaufsmanager* von Brian Tracy und Frank M. Scheelen
✓*High Performance Leadership* von Brian Tracy, Hrg. Frank M. Scheelen

331

✓ *Personal Leadership* von Brian Tracy und Frank M. Scheelen
✓ *So gewinnen Sie jeden Kunden* von Frank M. Scheelen
✓ *Zukunftsmanagement, Trainingsperspektiven für das 21. Jahrhundert* u.a. von Brian Tracy und Frank M. Scheelen

Weitere Informationen erhalten Sie unter:
SCHEELEN®
Institut für Managementberatung und Bildungsmarketing
Klettgaustraße 21
D-79761 Waldshut-Tiengen
Telefon: 0049-(0)7741-65459
Fax: 0049-(0)7741-65403
Internet: www.Scheelen-Institut.de
E-Mail: Info@Scheelen-Institut.de

Literaturverzeichnis

Bonnstetter, Bill: The Universal Language. Phönix, USA 1993

Geffroy, Edgar K.: Clienting. 5. Aufl., Landsberg/Lech 1999

McLuhan, Marshall: Die magischen Kanäle. Understanding Media. München 2000

Ohmae, Kenichi: The Mind of the Strategist – The Art of Japanese Business. New York 1996

Osborne, Alex F.: Applied Imagination

Peters, Thomas J./Waterman, Robert H.: Auf der Suche nach Spitzenleistungen. Was man von den bestgeführten US-Unternehmen lernen kann. 7. Auflage, Landsberg/Lech 2000

Scheelen, Frank M.: Menschenkenntnis auf einen Blick. Landsberg/Lech 2000

Scheelen, Frank M.: So gewinnen Sie jeden Kunden. 2. Aufl., Landsberg/Lech 2000

Schein, E.: The Mechanics of Change. In: Bennis, Warren G. u. a.: Essays in Interpersonal Dynamics

Senge, Peter M.: Die fünfte Disziplin. Kunst und Praxis der lernenden Organisation. Stuttgart 1998

Stewart, Thomas A.: Der vierte Produktionsfaktor. Wachstums- und Wettbewerbsvorteile durch Wissensmanagement. München 1998

The Economist: World in Figures 1998

Tracy, Brian: Das Gewinner-Prinzip. Wege zur persönlichen Spitzenleistung. Wiesbaden 1998

Tracy, Brian/Scheelen, Frank M.: High Performance Leadership. Der Schlüssel zu erfolgreicher Führung und Motivation. Landsberg/Lech 1999

Tracy, Brian/Scheelen, Frank M.: Personal Leadership. So wird Spitzenleistung möglich. Landsberg/Lech 1999

Stichwortverzeichnis